矿冶企业生产事故安全预警技术研究

李翠平　侯　茜　秦洁璇　著

北　京
冶　金　工　业　出　版　社
2015

内 容 提 要

本书为作者近年在矿冶安全生产预警领域研究工作成果的总结，采用现场调研、理论分析、统计分析、模型构建、实例应用的研究方法，对矿冶企业生产事故风险预警技术进行了较为系统的探讨。通过分析国内矿冶企业典型的事故和风险管理资料，找出了影响国内矿冶企业生产安全的主要因素，构建了我国矿冶企业生产事故风险预警指标体系，建立了预警方法与模型，并通过在矿冶企业中的实际应用，验证了生产事故安全预警技术的实用性、可靠性。

本书可供矿冶安全生产领域的科技工作者，包括冶金、矿业企业安全生产人员与安全管理人员，高等学校矿业工程、冶金工程专业教师、研究生和高年级本科生以及相关领域工程技术人员参考。

图书在版编目(CIP)数据

矿冶企业生产事故安全预警技术研究/李翠平等著.—北京：冶金工业出版社，2015.4

ISBN 978-7-5024-6894-1

Ⅰ.①矿…　Ⅱ.①李…　Ⅲ.①矿山企业—工业企业—安全生产—生产管理—研究—中国　②冶金工业—工业企业—安全生产—生产管理—研究—中国　Ⅳ.①F426.1　②F426.3

中国版本图书馆 CIP 数据核字（2015）第 074291 号

出 版 人　谭学余
地　　址　北京市东城区嵩祝院北巷 39 号　邮编　100009　电话　(010)64027926
网　　址　www.cnmip.com.cn　电子信箱　yjcbs@cnmip.com.cn
责任编辑　宋　良　美术编辑　杨　帆　版式设计　孙跃红
责任校对　郑　娟　责任印制　牛晓波
ISBN 978-7-5024-6894-1
冶金工业出版社出版发行；各地新华书店经销；固安华明印业有限公司印刷
2015 年 4 月第 1 版，2015 年 4 月第 1 次印刷
169mm×239mm；12.5 印张；240 千字；188 页
35.00 元

冶金工业出版社　投稿电话　(010)64027932　投稿信箱　tougao@cnmip.com.cn
冶金工业出版社营销中心　电话　(010)64044283　传真　(010)64027893
冶金书店　地址　北京市东四西大街 46 号(100010)　电话　(010)65289081(兼传真)
冶金工业出版社天猫旗舰店　yjgy.tmall.com
（本书如有印装质量问题，本社营销中心负责退换）

前　　言

钢铁工业和矿业是国民经济的重要基础产业。近年来，我国钢铁工业持续发展，工业规模不断扩大，技术装备水平大幅提高。然而钢铁企业危险源点多、危害大，高温作业和煤气作业多、作业环境差的特点，导致我国钢铁工业安全生产事故时有发生，安全生产形势十分严峻。相对于钢铁工业，我国矿业安全生产问题更为突出，安全生产形势不容乐观。据统计，2001～2013 年全国非煤矿山发生安全生产事故 19061 起，死亡人数累计 24095 人。矿冶工业的安全生产不仅在宏观上关系到国民经济的发展，并且与人的生命健康安全密切相关。

防止矿冶企业生产事故发生的重要途径之一，是要结合现代先进的安全管理理论和方法，将安全管理关口前移，将事故发生后应急为主的管理模式转变为事前隐患监控、预防为主的管理模式。因此，开展矿冶企业生产事故风险预警技术研究具有重要的意义和价值。

本书共分 3 篇 10 章：

第 1 篇为预警现状与基础理论，包括 2 章，主要从安全生产风险管理、预警应用研究现状、预警相关基础理论、预警方法四个方面做具体介绍。

第 2 篇为钢铁企业生产事故风险预警，包括 4 章，主要从我国钢铁企业安全风险分析、钢铁企业生产事故风险预警指标体系研究、钢铁企业生产事故风险预警模型研究、钢铁企业生产事故风险预警系统实践等方面做具体阐述。

第 3 篇为矿山企业生产事故安全预警，包括 4 章，主要从我国非煤矿山生产事故安全表征、非煤露天矿山生产事故安全预警指标体系构建、非煤露天矿山生产事故安全评价及预警模型建立、非煤矿山生产事故预警模型检验等方面做具体探讨。

本书在撰写过程中，得到了中国安全生产协会、武汉钢铁股份有限公司炼钢总厂三炼钢分厂、蟒山露天矿的大力支持，在此表示衷心的感谢！同时还要感谢张聪、张佳、钟媛、阮竹恩、周宝炉、黄东旭、覃璇、王华蓥、鞠雪达、张志伟、路亚彬、国仕磊、江南申、雷炜、李赛、高爽等研究生为书稿校阅付出的辛勤劳动。

本书为作者近年在矿冶安全生产预警领域研究工作的认识和成果总结，由于作者水平有限，加之矿冶企业安全生产系统的复杂性和动态性，书中难免存在不足之处，诚请读者批评指正。

作　者

2015 年 1 月

目　录

第1篇　预警现状与基础理论

第2篇　钢铁企业生产事故风险预警

第3篇　矿山企业生产事故安全预警

第1篇

预警现状与基础理论

1 绪　论

1.1 安全生产风险管理

1.1.1 全面风险管理

风险（risk），通俗地讲，就是发生不幸事件的概率[1]。风险管理的理论和实践起始于20世纪30年代的美国保险业，于50年代发展成为一门管理学科[2]。随着经济技术的迅速发展，全球贸易和投资的自由化、政府解除对关键行业的管制、企业更频繁和更大规模的并购、客户对产品和服务更高的期望、全球范围内的竞争日趋激烈等，都增加了新经济中的不确定性因素，导致企业不得不面对更多不断变化着的风险[3]。1992年，美国全美反虚假财务报告委员会发起机构（Committee of Sponsoring Organization of the Tread Way Commission，COSO）发布了一套企业风险管理的框架雏形——《内部控制——整合框架》[4]。经过30多年的实践，企业风险管理（enterprise risk management，ERM）已形成了特定的概念。

1997年亚洲金融危机爆发，世界金融业开始出现动荡。全面风险管理理论在这种背景下应运而生。它主张从企业整体角度出发，识别、分析、评价企业面对的所有风险并实施相应的管理策略[5]。2004年9月，COSO发布了《企业风险管理——整合框架》(ICIF)[6]，提供了一个以内部控制为基础的具有指导意义的逻辑框架[7]，为企业实现经营目标提供了有效的保证。除此之外，国际标准化组织（ISO）发布的ISO 31000标准，即《风险管理——原则和指导方针》[8]，为全面风险管理提供了一整套行之有效的标准化流程[9]。2006年国际风险管理会议把“将全面风险管理整合到企业实践中去”作为其主题，表明全面风险管理在企业实践中的重要地位[10]。

全面风险管理的基本思想和原理是：以企业价值或股东财富最大化为目标，以整个企业所有的经营和管理活动为考察对象，综合考虑和分析企业现在和未来可能面临的所有风险，充分利用不同风险可以相互抵消、相互影响、相互关联的性质，借助风险识别、风险衡量、风险控制、风险应对、风险评级、风险交流、风险管理决策等一套科学的风险管理方法和过程，及时、有效地发现和控制那些对企业价值有负面影响的因素，同时充分挖掘和利用企业潜在的发展和获利机会[11]。企业全面风险管理的内容包括企业风险识别、企业风险衡量和企业风险处理三个方面[12]。

在我国，全面风险管理同样也在全面推行。2006年6月，国务院国有资产监督管理委员会颁布了《中央企业全面风险管理指引》[13]，为实现风险管理的总体目标提供合理保证的过程和方法。2007年4月，在全面总结我国企业近年来风险管理体系建设实践经验，并充分考虑我国企业的实际情况后，推出了《3C框架：中国式全面风险管理标准》，为研究风险管理在企业中的具体应用提供了充分的理论支持和操作标准[14]。

1.1.2 安全生产风险管理

1929年，海因里希在《工业事故预防》一书中初步提出了风险和事故的概念[15]，正式在安全领域提出了风险管理的概念。

安全生产风险是指在未来的时间内，人们为了确保安全生产可能付出的代价。安全生产风险管理的目的是通过安全生产资金、人力、物力、安全技术措施和安全管理措施等，降低安全生产风险，减少和控制生产过程中的危险有害因素和各种危害，减少和控制各类生产事故，尽量避免生产过程中由于各类事故造成的人身伤害、财产损失、资源破坏、环境污染以及其他损失[16]。

安全生产风险管理是全面风险管理中的一个组成部分，包括危险辨识、风险评价、风险控制三个过程。很多企业进行危险辨识、风险评价、风险控制的周期为一年甚至更长时间，其主要任务是辨识、评价那些长期存在的、固有的风险并采取措施降低或消除这些风险，并且往往将安全生产风险管理作为安全评级中的一项内容，作为一次性工作。而事故不仅仅由长期固有的危险有害因素导致，其发生往往还具有偶发性。周期性的风险管理工作不能完全有效地防止事故的发生，尤其是偶发事故；此外，企业的安全生产风险管理工作往往集中在安全管理部门，而全面风险管理则需要从生产、财务、设备等各个环节统筹考虑、统一布局，需要全员全过程参与、进行风险管理，是一项贯穿于生产始终的系统工程[17]。因此将全面风险管理的思想、做法延伸到企业安全生产工作中，进行全员的动态管理，将所有可能出现或可能导致事故发生的危险因素辨识出来，采用适当的风险评价方法，并进行风险控制，在日常工作中时刻监控危险因素的状态，才有利于改善企业安全生产管理条件，降低企业的安全风险损失。

全面安全生产风险管理，就是围绕企业总体经营目标，确定安全生产目标，通过分析识别在生产过程中存在的安全隐患、危险源，运用危险源辨识、风险控制、隐患排查治理等方法和手段，培育良好的企业安全文化，建立健全企业安全生产管理机制，合理运用有效的人力、财力、物力资源，实现生产、生活过程中人与机器设备、物料、环境的和谐，降低或消除安全生产风险，实现安全生产的目标。

1.2 预警应用研究现状

预警（early warning，EW）最早出现于军事领域，是指通过预警飞机、预警雷达、预警卫星等工具来提前发现、分析和判断敌人的进攻信号，并把这种进攻信号的威胁程度报告给指挥部门，以提前采取应对措施。随着其在军事领域的逐渐成熟，预警紧接着在经济控制中也得到发展和应用，对国家的宏观经济以及微观经济进行监测预报，后来在灾害管理、区域综合管理以及部门专业管理等方面也出现了预警[18]。广义来讲，预警是指在灾害或灾难以及其他需要提防的危险发生之前，根据以往总结的规律或观测得到的可能性前兆，向相关部门发出紧急信号，报告危险情况，以避免危害在不知情或准备不足的情况下发生，从而最大限度地降低危害所造成的损失的行为[19]。

1.2.1 国外预警应用研究现状

早在1888年的巴黎统计学大会上，法国经济学家弗里德（Alfred Fourille）就在《社会和经济气象研究》论文中，以黑、灰、淡红和大红等几种颜色来评判法国1877～1887年的经济波动，开启了预警理论的研究。1909年，美国经济统计学家巴布森创造了巴布森“经济活动指数”，这是关于美国宏观经济状态的第一个指示器。1915年，美国哈佛大学的帕森斯教授编制了美国一般商情指数——哈佛指数，即在综合13个经济指标信息的基础上，根据在变动上的时间差异关系分别编制为投资指数、生产量及其物价指数和金融指数。1919年，美国学者雷特在《风险与不确定性》一书中提出了风险预警的概念，风险预警研究从此拉开了帷幕，以后的工作也重点落在了经济监测系统的研究。

到20世纪30年代中期，经济监测预警系统兴起，随着年代不断改进、发展并进入实际应用时期。直至50年代，宏观经济监测预警系统取得重大进展。美国全国经济研究所的经济统计学家穆尔在20世纪30年代监测指标体系的基础上进行了新的景气监测系统的建立工作，采用多指标综合方法——扩散指数（diffusion index，DI）构建了美国宏观经济预警系统。这种把经济指标分为先行、一致、滞后三种类型来反映宏观经济状态的监测预警系统的模式一直沿用至今。

20世纪60年代以来，宏观经济监测预警已从民间研究阶段走向官方实际应用阶段。60年代，美国经济统计学家希斯金提出了合成指数法（composite index，CI），用于综合多指标信息，大大提升了景气监测系统的功能。1965年，法国政府为配合第四个五年计划制定了“景气政策信号制度”，借助不同的信号灯颜色，对宏观经济状态做出简明直观的评价。20 世纪 70 年代美国开始将第二次世界大战后出现的预期调查法引入监测预警系统，专门设置了根据预期调查信息编制的扩散指数[20]。

从 20 世纪 70 年代后期起，经济预警系统本身已日趋成熟，但在信息识别和基础理论研究方面仍在不断发展，特别是在国际化方面表现最为显著。一方面，国际性经济监测预警系统开始出现；另一方面，经济预警系统由西方工业化国家向发展中国家扩展[21]。到 20 世纪 80 年代中期，仅在亚洲就先后有马来西亚、新加坡、泰国、印度尼西亚、印度、韩国等国家和地区建立了监测预警系统[22]。

预警理论在宏观经济领域所取得的成功以及企业危机管理理论的发展，使得预警理论逐渐被引入到微观领域中，推动了企业预警研究的发展[23~25]。美国首先进行了微观领域的预警理论研究，主要包括美国企业危机管理和政策管理。20 世纪 80 年代中后期，美国学者将研究目标指向工商企业，主要研究企业遭遇危机后的紧急应对方式。

20 世纪 80 年代末期，日本开始研究企业危机管理问题，主要针对地震灾害、气象灾害及环境污染对企业造成危机的角度进行危机管理[26]。随后，危机管理的服务对象扩展到跨国公司，研究内容主要是宏观社会政治经济领域的危机问题。

20 世纪 90 年代后期，美国、英国、日本、俄罗斯等国家的危机管理理论研究进一步发展，这一阶段预警研究主要采用预警信号方法，即当风险指标超过所设定的阈值时，预警系统就被激活。比较典型的有 Laitinen E K 等研究的中小企业预警系统，AZIZ 等提出的用现金流量信息预测财务困境的模型[27]。这些研究主要是针对企业或其他组织在危机发生后如何应对和摆脱危机的策略问题，对危机的起源、成因、发展过程以及决策的致错行为缺少系统的机理性分析和实证研究。

1.2.2 国内预警应用研究现状

我国预警的相关研究源于 1987 年在全国范围内召开的第一次宏观经济预警研讨会，其主要工作是寻找影响我国经济波动的先行指标[28]。1988 年，袁兴林和黄运成通过合成指数和分散指数计算出我国工业生产景气循环的基准日期，开启了我国宏观经济角度的预警管理研究。1989 年，国家统计局统计科学研究所宏观经济监测预警课题组设计出 6 组综合监测预警指数，并将其运行区间划分为 5 个灯区，以显示经济循环波动过程中的冷热状态。次年，该局通过研究和分析经济变量间的协调行为和政策效用，搭建了经济监测与预警系统结合的综合性的软件系统，并用它来推断经济发展趋势，预警经济出现的波动[29]。此外，研究规模较大的还有 1991 年由中国人民大学原计划方法教研室研制的宏观经济预警成果等。

20 世纪 80 年代末，预警管理不仅应用于宏观经济领域，同时也广泛应用于微观经济领域。“管理失误 - 管理波动 - 管理逆境”的成因机理及其发展过程的研究为企业经济预警管理理论奠定了基础，提出了通过预警预控来规范管理行为和管理周期，并最终实现企业目标的安全机理和成功机理。佘廉教授主持编写的《走出逆境丛书》[30]和《企业预警管理》[31]两套丛书是这类研究的阶段性成果，创立和奠定了中国企业危机预警管理的理论基础。

在国内，预警研究仍主要针对经济领域，从起初的整体宏观预警扩展到各行业预警，然后应用到企业微观经济领域，如企业财务管理、技术创新、营销管理等方面。随着预警理论应用范围的不断扩展，非经济领域的预警研究逐渐发展，包括自然灾害预警、社会政治预警、安全生产预警等[32]，预警分类如图 1 - 1 所示。

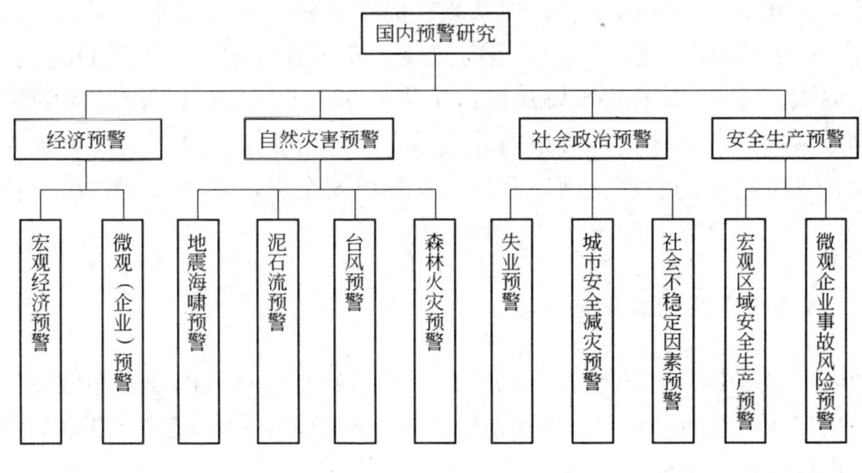

图 1 - 1　预警分类图

1.2.3　安全生产预警应用现状

随着社会的不断发展以及技术条件的日趋成熟，国家及社会公众对安全问题的关注度越来越高。安全预警作为安全问题事前管理以及事故控制的有效手段，起着举足轻重的作用。目前，安全预警已经被广泛应用于各个领域，如煤矿安全预警、建筑施工安全预警以及城市道路交通安全预警等。

1.2.3.1 煤矿安全预警

国内在20世纪90年代后期出现了煤矿行业的微观预警，其思想和方法基本源于经济预警的基本理论[33]。其后，张明[34]在作业人员、设备设施、工作环境、管理状况方面建立了初步的煤矿安全预警指标体系，构建了基于模糊综合评判法的预警管理系统。牛强、周勇等[35]利用自组织神经网络研究了煤矿安全预警模型和安全预警专家系统。在预警方法的选取上，基于关联规则的数据挖掘技术以及可拓理论等也被逐渐运用到煤矿事故隐患监控预警研究中。随着人工智能技术以及计算机技术的发展，一些新兴的改进的方法也被提出，如丁宝成[36]构建了基于模糊层次分析法（analytic hierarchy process，AHP）及补偿模糊神经网络的煤矿安全预警组合模型。邵长安等[37]构建了基于地理信息系统（geographic information system，GIS）的煤矿安全预警系统，通过GIS技术对空间的动态数据进行收集及处理，并采用BP神经网络进行系统模型构建。张宏伟等[38]结合平顶山矿区的生产实际，将GIS技术引入煤与瓦斯突出区域的预测中，建立了相应的信息管理系统，提高了信息处理水平。李江、林柏泉等[39]将灰色预测模型进行改进，运用到煤矿安全管理中，取得了较好的效果。穆荣、赵安新等[40]采用B/S模式设计了煤矿远程监控信息系统，实现了远程监测和故障诊断、告警，具有很强的实际应用价值。这一系列的研究极大地推动了煤矿预警技术的发展，为预警技术在煤矿安全生产中的应用做出了积极的贡献。

1.2.3.2 建筑施工安全预警

国内外很多学者从20世纪六七十年代就开始对建筑业的安全和健康问题进行了大量深入细致的研究，主要包括通过调查统计方法建立模型，获取安全管理指数，进行建筑安全事故预警。

目前，专家学者通过对建筑安全事故的成因分析，已运用了预先危险性分析法、灰色综合评价方法等多种风险预测理论方法进行生产事故风险预警。冯立军[41]通过事故致因理论以及危险源辨识对建筑安全事故成因进行了深刻的分析，建立了建筑安全事故成因诊断的分析模型ARCTM（accident root causes tracing model）。在建筑安全事故预警方法上，运用比较多的有基于模式分类的贝叶斯预警方法、神经网络方法以及遗传-神经网络法等。随着计算机技术的发展，一些学者也采用了新兴的方法进行事故预警，如赵平[42]强化人、机、环境、管理四方面的安全隐患信息和危险源的预警管理，采用多源信息融合技术的D－S证据理论法对不确定的复杂的工程数据进行了定性分析和融合，用融合的最终数据判断施工项目的安全施工状态。针对建筑安全事故数据收集困难，数据集为小样本的特点，对于解决小样本数据集有特殊优势的支持向量机方法也逐步运用到建筑安全事故预警研究中。赵元庆等[43]针对建筑施工项目安全风险评估的精度要求以及施工特点，首次提出了基于粒子群算法优化的支持向量机方法，从人员、设备、材料、环境、技术以及管理几大方面进行指标选取，结果显示精度较高，具有一定的实际应用价值。林成[44]针对建筑企业安全生产不适于建筑发展现状的问题，提出了建筑安全生产预警管理的要求，建立了AHP分析模型，将预警管理技术应用于建筑安全生产管理中，通过工程实例证明预警管理技术可以取得良好的效益。此外，杨艳玲[45]、李万庆等[46~54]在建筑施工项目安全预警模型、建筑施工安全评价及预警模型建立等方面展开了大量的研究。

1.2.3.3 城市道路交通安全预警

国内交通安全预警理论的研究，包括高速公路交通安全管理、铁路交通安全管理、空中交通安全预警管理、城市道路交通安全预警以及交通灾害的研究。城市道路交通安全预警方法多样，基于车速的交通事故贝叶斯方法、模糊评判法等都是较为常用的预警方法。罗云等[55]将安全风险预警技术运用到首都国际机场安全管理中，将风险等级以警示色的形式提供给机场管理者和工作人员，警示各部门采取相应的措施，大大提高了预防事故发生的能力和效果。王宁[56]从宏观层面和微观层面分别构建了区域城市道路交通安全预警系统和局部城市道路交通安全预警系统的模型，采用贝叶斯矩阵法BMOM（Bayesian method of moment）预测交通事故，分析城市道路交通安全状况，根据预警等级进行报警。针对道路交通监测数据多样性、空间性以及多属性等特点，基于GIS的道路交通安全预警系统也不断发展。譬如，宇仁德、田启华[57]建立了基于GIS的道路交通安全预警系统，构筑了数据采集与接收子系统、数据分析与处理子系统、数据查询子系统、事故评价、检测与预测子系统以及报警与调度子系统。此外，其他的研究也促进了交通安全预警的发展。朱茵、陆化普[58]在研究中首次提出了预警事件自动算法，将智能检测设备SCOOT（split cycle offset optimizing technique）系统用于交通拥堵检测，在交通预警系统研究领域做出了很大的贡献。李玲琦[59]对基于智能交通系统（intelligent transport system，ITS）的事故多发路段预警技术进行了研究，提取了运行车速作为单车运行状态下的事故前兆特征变量，建立了由交通环境信息采集、危险状态判别、预警信息发布和通信四部分组成的高速公路事故多发路段预警系统。王永刚等[60]在民航事故征候灰色预测的基础上，引入马尔可夫链（Markov Chains）预测理论，建立了事故征候的灰色马尔可夫预测模型。

1.2.3.4 其他

除了各专家学者的研究之外，目前已经有部分企业实际运用预警系统进行安全预警，并取得了一定成效。徐志胜等[61]将灰色理论应用于湖南省和山东省的火灾预测中，模型的精度较好，模型的预测结果可靠。黄景德等[62]针对机械装备复杂多变的服役状态，分析了机械装备的故障预测系统，建立了系统的总体功能结构及系统的预测模型，并探讨了故障预测系统的评价指标。张一先等[63]研究了化学品突发性事故预测的不确定性概率统计和模糊数学分析方法。魏一鸣[64]则建立了一种基于神经网络的洪水灾害预测方法。王先华[65]根据水电工程建设过程的特点，运用现代控制理论和系统辨识小样本建模新技术以及现代统计信息技术，建立了伤亡事故预测数学模型。此模型可用于水电工程建设过程的安全预测，还可用于危险控制的定量管理。

从收集到的国内外文献资料来看，杜邦安全绩效管理中采用稽核的方式进行绩效评价，所有的安全活动都通过稽核来评估是否达到计划的目标，分为生产过程安全、一般安全、职业健康、防火、环保、运输六种稽核内容，并主要针对人员的不安全行为进行预警，把作业安全观察结果转换为安全绩效指数加以量化，通过指数值大小来判断伤害或者事故的频率，实现安全预警目的。该预警指标主要选取人员的不安全行为，简明直观，可操作性强，但是没有覆盖生产安全相关的全部因素。

北京市劳动保护科学研究所、中国安全生产科学研究院的研究主要集中于区域安全预警，在宏观风险预警方面取得了一定的成效。比较有影响的是北京市劳动保护科学研究所对首都安全生产风险评估与预测预警技术的研究。在研究中，北京市劳动保护科学研究所首次筛选了涉及安全生产事故、事故隐患与重大危险源、行政执法、高危行业监管、应急救援、职业卫生、培训考核、宣传教育、基础数据在内九大领域的200余项统计指标，制定了《北京市安全生产综合统计报表制度》；其次，构建了固有风险、人员配备、属地经济、安全事故、监管能力、发展潜力等多种影响要素组合的首都安全生产综合指标体系，并通过层次分析法构建了带权重限制的安全生产形势评价DEA（data envelopment analysis）模型；最后，通过制定安全生产指数进行预警效果分析，并制定了首都安全生产形势分级标准。此外，北京市劳动保护科学研究所还与北京市顺义区安全生产监督管理局建立了隐患自查自报管理系统，将自查标准统一分为基础管理和现场管理两部分，通过隐患信息的数量及治理效果的申报进行预警。该系统明确了企业每项安全工作的具体标准和要求，强化了隐患数据统计分析，但强调的是隐患数量的统计，缺乏对隐患本身的具体分析，实时性不强。

此外，罗云教授提出的对存在的风险进行等级划分，对危险状态进行时刻监控，一旦出现立即报告进行预警的安全风险预警方法，实质上是对风险等级的应用。我国一些企业往往根据仪器仪表数据是否超过警戒值进行预警，属于对某一特定风险进行预警，没有考虑各风险因素之间的联系。

基础理论与预警方法

2.1 基础理论

2.1.1 事故致因理论

事故致因理论是人们对事故机理所做的逻辑抽象或数学抽象，是描述事故成因、经过和后果的理论，是研究人、物、环境、管理及事故处理这些基本因素如何作用而形成事故、造成损失的理论[66]。

20世纪，国外提出了多种事故致因理论[67~78]，如事故频发倾向论、事故因果论、能量转移论、扰动起源论、轨迹交叉论、管理失误论等，从不同角度解释事故发生的原因，并针对事故成因采取措施防止事故。

事故理论、事故致因模式、致因因素类型之间存在对应关系。事故致因的三类模式是人因、系统致因、系统－人序列致因，每个基本类型都研究特定的致因因素来解释事故事件，导致事故或者伤害的致因因素分为与个体相关的因素、与组织相关的因素、与工作相关的因素[79]三种类型。具体的对应关系见表2－1。

表2－1 事故致因模式与致因因素之间的对应关系

致因模式	研究的致因因素类型
人因（不安全行为）	个体相关
系统致因（不安全状态）、人因（不安全行为）	个体及工作相关
系统－人序列致因（能量相互作用）	工作相关（导致能量相互作用）
系统致因、系统－人序列致因	组织相关、工作相关、个体相关

2.1.1.1 事故频发倾向论

早期的事故致因理论一般认为事故的发生仅与一个或者几个因素有关，事故频发倾向理论是一个典型代表。该理论指出企业工人中存在着个人容易发生事故的、稳定的、个人的内在倾向，根据这种理论，工厂中少数工人具有事故频发倾向，他们的存在是工业事故发生的主要原因。

2.1.1.2 多米诺骨牌论

多米诺骨牌理论引用了多米诺效应的基本含义，认为一种可防止的伤亡事故的发生是一系列事件顺序发生的结果。该理论指出，事故的发生是沿着如下顺序发展和发生的：社会环境和管理缺陷、人体本身（M）→按人的意志进行动作（P）→潜在的危险（H）→发生事故（D）→伤害（A）。将M、P、H、D、A看做是一连串垂直放置的骨牌，当前一个倒下时，引起后面的一个个倒下，当最后一个倒下，即引发伤害结果，如图2－1所示。

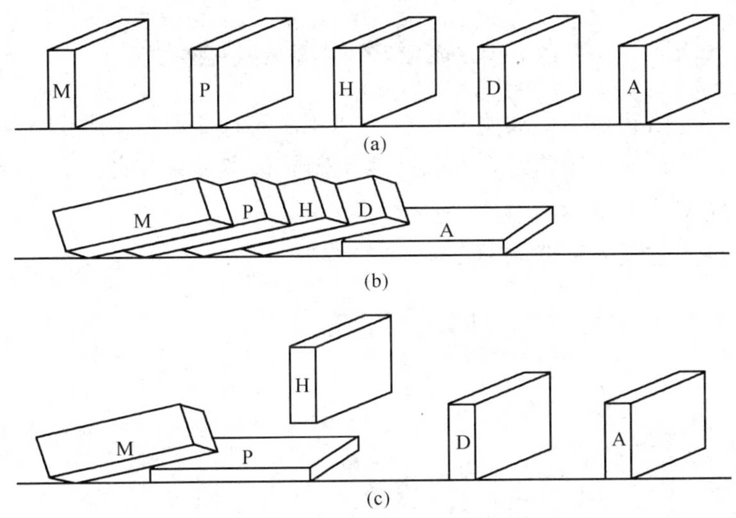

图2－1 多米诺骨牌理论模型[15]

从多米诺骨牌理论原理可以看出，事故的发生主要是从人的因素方面进行考虑，如图2－1（a）、（b）所示。除了人本身的先天素质和后天素质之外，社会和环境作用也会促使人产生不安全行为，引发设备的不安全状态，造成事故。如果在这个过程中移走某一个中间骨牌，例如尽一切可能消除人的不安全行为和物的不安全状态（H），如图2－1（c）所示，则不会导致下一步的倾倒，就可以避免事故和伤害的发生。由此可见，为了预防事故和伤亡的发生，其重点内容是控制由社会因素和管理因素对人的行为的影响，防止人的不安全行为，消除物的不安全状态[80]。

2.1.1.3 轨迹交叉论

轨迹交叉论认为，在一个系统中，在人的不安全行为和物的不安全状态的形成过程中，一旦发生时间和空间的运动轨迹交叉，就会造成事故。该理论描述的事故致因模型如图2－2所示。

2.1.1.4 人为失误论

人为失误论认为，一切事故都是由于人的失误造成的，诸如工人的违章、管

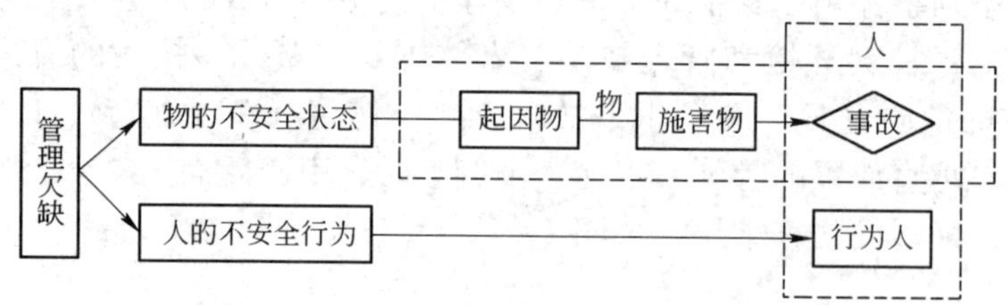

图2-2 轨迹交叉论事故致因模型

理上的失误等。因此在对事故的分析、处理和采取对策上，很强调人的作用。人为失误理论中，目前常用的是人为失误为主因的模型和管理失误为主因的模型。

A 人为失误为主因的模型

人为失误为主因的模型如图2-3所示。

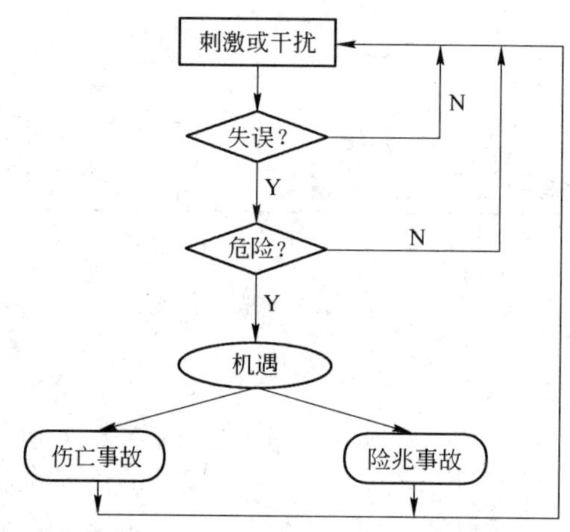

图2-3 人为失误为主因的模型

人为失误为主因的模型表明：工人在生产过程中，各种刺激不断出现，如果工人响应的动作不出现失误，则事故不会发生，又重新接受新的刺激与干扰。若当接受刺激所响应的动作失误，就要看这种失误的后果是否导致危险，如果无危险，则出现了险兆事故；如果危险，则要看运气和机遇。若机遇好，则成为险兆事故，否则，就会出现伤亡事故。从整个模型的实质上看，只要出现人为失误，就可能导致事故发生；或者说，伤亡事故都是人为失误造成的。

B 管理失误为主因的模型

该模型指出，企业管理者如果能够充分发挥管理机能中的控制机能，则可以有效地控制人的不安全行为和物的不安全状态。博德（F. Bird）认为，人的不安全行为和物的不安全状态是事故的直接原因，需加以控制，但是为了采取长期的控制措施，必须找出其基本原因，包括个人原因以及与工作有关的原因，而安全管理的控制不足则会导致基本原因的产生，只有找出深层的、隐藏的原因，充分发挥企业管理机能，对人、物等因素进行控制，才能有效地防止事故的发生。其致因模型如图 2－4 所示。

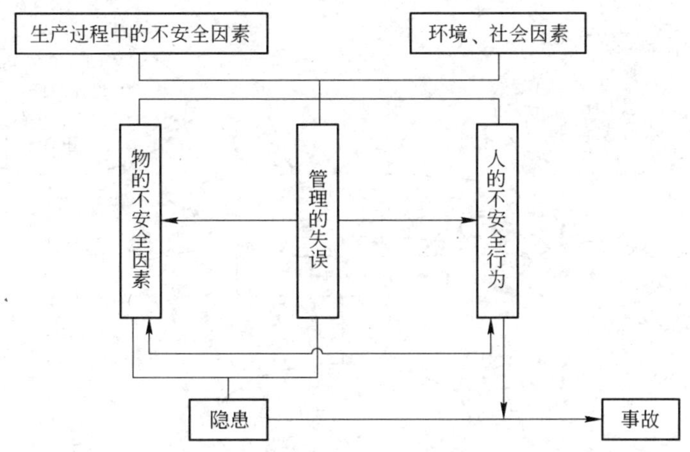

图 2－4　管理失误为主因的模型

2.1.1.5　能量转移论

能量转移理论以事故的本质定义作为理论依据，即事故是能量的不正常转移。该理论指出，任何造成伤害或损失的事故都是由于能量在传递过程中能量过量或者干扰人体与外界正常能量交换的危险物质的意外释放引起的，这些能量包括机械能、热能、电能、声能、化学能以及辐射能等。能量转移论的事故致因模型如图 2－5 所示。

从图 2－5 中可以看出，能量或者危险物质的意外释放是造成事故发生的直接原因。为了防止事故的发生，可以通过技术改进防止能量意外释放，通过教育训练提高工人识别危险的能力，并佩戴防护用品避免伤害等。

2.1.1.6　事故综合原因论

事故综合原因论简称综合论，综合论认为，事故的发生绝不是偶然的，而是有其深刻原因的，是多种因素综合造成的，是社会因素（基本原因）、管理因素（间接原因）和生产中的危险因素（即直接原因，包括人的不安全行为和物的不安全状态）被偶然事件触发所造成的结果。综合论事故致因模型如图 2－6 所示。

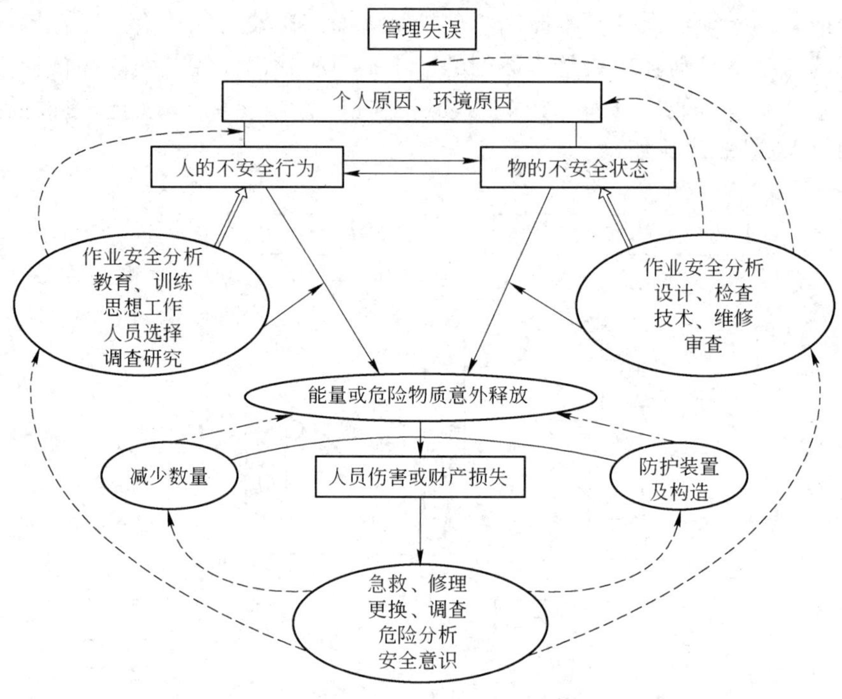

图2-5 能量转移论的事故致因模型

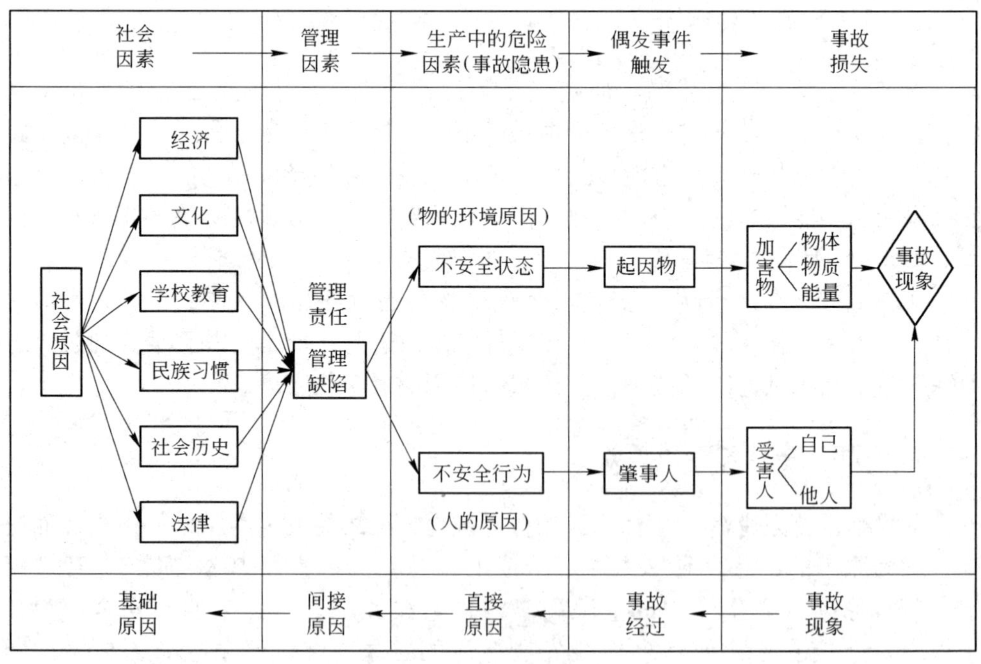

图2-6 综合论事故致因模型

按照这个理论，事故的直接原因是指不安全状态（条件）和不安全行为（动作）。这些物质的、环境的以及人的原因构成了生产中的危险因素（或称为事故隐患）。所谓间接原因，是指管理缺陷、管理因素和管理责任。造成间接原因的因素称为基本原因，包括经济、文化、学校教育、民族习惯、社会历史、法律等。所谓偶然事件触发，是指由于起因物和肇事人的作用，造成一定类型的事故和伤害的过程。事故的发生过程是：由“社会因素”产生“管理因素”，进一步产生“生产中的危险因素”，通过偶然事件触发而发生伤亡和损失。调查事故的过程则与此相反，即通过事故现象查询事故经过，进而依次了解其直接原因、间接原因和基本原因。

2.1.2 冰山理论

1895 年，心理学家弗洛伊德与布罗伊尔合作发表《歇斯底里研究》，弗洛伊德著名的“冰山理论”传布于世。1932 年，海明威在他的纪实性作品《午后之死》中提出了著名的“冰山原则”。

航行时，船遇到冰山经常会发生倾覆翻船事件。究其原因，并不是人们没看到冰山，而是没有看到冰山内隐的部分，在人们毫无意识和防备的情形下造成航船触礁倾覆。冰山原理图如图 2 -7 所示。

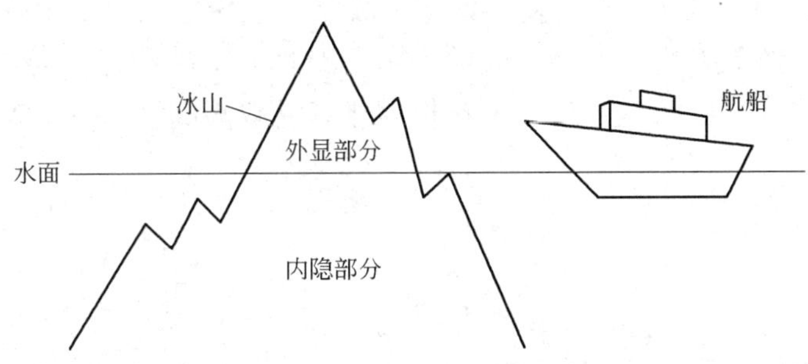

图 2 -7 冰山原理图

随后冰山理论在心理学、文学、医学以及管理学界得到广泛应用。应用到安全生产风险管理中，冰山理论主要包括以下两个方面：

(1) 每一起重大事故的发生都对应有相当多的险兆事故。险兆事故发生的原因和发展过程极有可能造成严重伤害或伤亡事故。如果分析这些轻微伤害或者无伤害的事故，采取相应的控制措施，消除其发生的原因和斩断事故的发展过程，则重大事故是可以避免的。从这一点讲，险兆能够对可能导致重大事故的原因提供有价值的信息，是有效的“免费教训”。根据国际劳工局的调查资料表明，无伤害事故、轻伤事故和重伤死亡存在一定相生相伴的关系，1 起重伤死亡事故是在 20 起轻伤事故、200 起无伤害事故（隐患事故）的基础上发生的。海因里希在调查同行业的55万个事故数据后计算得出：重伤死亡事故占0.3%，为1650人，轻伤事故占8.8%，为48400人；无伤害事故占90.9%，为499950人，从中得出重伤、轻伤、无伤害事故的比例为1：29：300的结论，也就是常说的“海因里希法则”，如图2－8所示。日本学者青岛贤司的调查结果表明，日本重型机械和材料工业的重、轻伤之比为1：8，而轻工业是1：32。英国政府健康和安全执行处的研究表明，代表五个不同工业类型的重大伤害、轻微伤害和无伤害的比例是1：7：189。虽然不同国家的专家、学者对于不同领域的统计结果有所不同，均体现了在每类事故发生之前会有大量的征兆事故、险兆事故的发生。

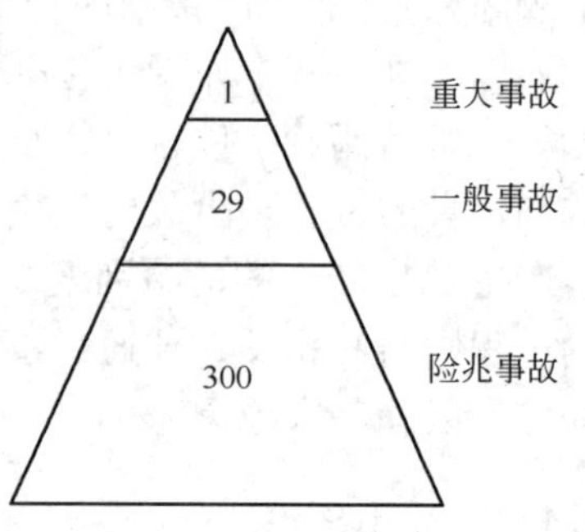

图2－8 金字塔效应

（2）事故将导致损失，有形的损失是通过财产（如医疗费、补偿费、复原费、误工费、生产环境恢复费、设备修复费等）来衡量的。对事故成本的分析表明，冰山顶部（与事故成本直接相关）的损失较小，巨大的事故成本体现在水下部分，基本比率为6：53。对劳动密集型的企业，成本损失比率相对小一些，而对于资本密集型的企业，“水下部分”的成本趋向更高。找出这些成本，对于提高企业的经济效益将会起到巨大的作用。因此，注意事故发生的信号，防止系统潜在的损失，可以为企业节约成本提供非同寻常的价值，也是安全风险管理的基础[81]。

2.1.3 墨菲定律

“墨菲定律”（Murphy's Law）是美国工程师爱德华·墨菲做出的著名论断。他提出：“如果有两种或两种以上的方式去做某件事情，而其中一种选择方式将导致灾难，则必定有人会做出这种选择。”[82]

国外将其论断总结为：凡事只要有可能出错，那就一定会出错[83]。指的是任何一个事件，只要具有大于零的概率，就不能够假设它不会发生。

在数理统计中，有一条重要的统计规律为：P（$P>0$），则在n次实验中至少有一次发生的概率为$P_n=1-(1-P)^n$。由此可见，无论概率P多么少，当n越来越大时，P_n越来越接近1。从而说明事故将来必定发生。

墨菲定律带来的启示有：

（1）不能忽视小概率危险事件。由于小概率事件在一次实验或活动中发生的可能性很小，因此，就给人们一种错误的理解，即在一次活动中不会发生。与事实相反，正是由于这种错觉，麻痹了人们的安全意识，加大了事故发生的可能性，其结果是事故可能频繁发生。纵观无数的大小事故原因，可以得出结论，即“认为小概率事件不会发生”是导致侥幸心理和麻痹大意思想的根本原因。墨菲定律正是从强调小概率事件重要性的角度明确指出：虽然危险事件发生的概率很小，但在一次实验（或活动）中，仍可能发生，因此，不能忽视，必须引起高度重视。

（2）墨菲定律是安全管理过程中的长鸣警钟。安全管理的目标是杜绝事故的发生，而事故是一种不经常发生和不希望有的意外事件，这些意外事件发生的概率一般比较小，就是人们所称的小概率事件。由于这些小概率事件在大多数情况下不发生，所以，往往被人们忽视，产生侥幸心理和麻痹大意思想，这恰恰是事故发生的主观原因。墨菲定律告诫人们，安全意识时刻不能放松。要想保证安全，必须从现在做起，从我做起，采取积极的预防方法、手段和措施，消除人们不希望有的和意外的事故。

安全管理的警示职能是指在人们从事生产劳动和有关活动之前将危及安全的危险因素和发生事故的可能性找出来，告诫有关人员注意并引起操作人员的重视，从而确保其活动处于安全状态的一种管理活动。由墨菲定律揭示的两点启示可以看出，它是安全管理的一项重要职能，对于提高安全管理水平具有重要的现实意义[85~88]。

2.2 预警方法

2.2.1 预警方法对比分析

预警研究主要包括预警指标的选择和确定、预警方法的选择、警限界定以及发出警报等几个方面，其中预警方法的选择是预警系统的核心内容[89]。

传统的预警方法来源于经济预警方法，随着预警研究工作的深入，统计预警方法被逐渐运用；随着计算机技术以及人工智能技术的不断发展，在统计预警方法的基础之上，数学与计算机模型预警法的应用也越来越广泛，如图2－9所示。各种方法都有各自的特点和适用范围，分析和比较各预警方法的特点，能够有针对性地、科学地选用合适的预警方法。

2.2.1.1 指数预警法

指数预警法是通过制定综合指数来评价监测对象所处的状态，主要应用于宏观经济领域[90]，包括景气指数预警法、先行指标预测法（leading index，LI）等。

景气指数法是用有关经济变量相互之间的时差关系来指示景气的动向，通过构建合成指数和扩散指数对经济运行情况进行监测预警。这种方法分为四步：第一步是确定时差关系的参照系——基准循环，为关键的一步；第二步是选择构成指标；第三步是划分先行、同步、滞后指标；第四步是对先行、同步、滞后指标

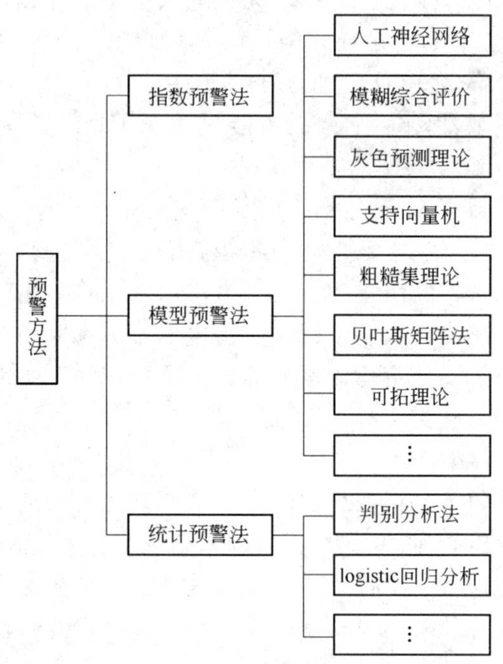

图 2-9 预警方法分类图

分别编制扩散指数和合成指数；第五步是对计算结果进行分析，了解当前经济状况，预测未来经济波动。

景气指数预警法优点在于简单、容易操作，通过一组经济指标进行综合考察，避免仅依靠个别领先指标做出判断预测。其中，扩散指数能综合各个变量的波动，反映宏观经济波动过程，还能够有效地预测经济循环的转折点；合成指数不仅能预测经济循环的转折点，还能在某种意义上反映经济循环变动的振幅。

该方法的不足之处在于：（1）模拟预测指标的长期趋势值时，采用一般的曲线拟合方法，精度不能保证。（2）计算扩散指数时，偏好算子的选择存在一定的难度。（3）该法依据合成指数的波动来分析系统的变化趋势，有时难以分清合成指数的波动是由哪些指标的变化引起的，不利于针对具体的影响因素采取预控措施。

2.2.1.2 统计预警法

统计预警法也叫综合模拟法，采取类似于交通管制信号系统的方法来反映系统状态及发展趋势。该类方法主要通过统计方法来发现监测对象的波动规律，在企业财务危机预警[91]中应用较为广泛。常见的统计预警法包括判别分析法、logistic 回归分析等。

统计预警法的原理在于根据灵敏性、科学性、超前性、有效性等原则构建一组指标体系，然后将系统状态分为几个判断区间，临界点就是判断各指标及综合指数的数量标准，最终将所有指标综合成一个数值，通过其所属区间来判断系统的发展状态[92]。

该方法的优点在于使用变量少，数据收集容易，操作比较简便；通过该方法可以看到系统的变化，又可以反映各指标的综合结果；不仅监控整个系统的变化，还可以反映每个指标的波动情况，并明确指出调控的目标和方向。

该方法存在的不足之处在于：（1）对于单指标的预测，采用一般的曲线拟合方法会和实际发展值存在一定的预测偏差。（2）统计预警法的预警准则是通过无警区间的计算结合定性分析确定的，存在人为主观因素，可能与现实存在偏差。（3）计算单指标对总体警情的贡献时，综合预警方法没有考虑权重，基本上认为单指标对总体警情的贡献是均分的。（4）该方法需要大量的统计数据作为支撑，对错误资料的输入不具有容错性，无法自我学习与调整，无法处理资料遗漏的情况。

2.2.1.3 模型预警法

模型预警法是在统计预警法的基础上，通过一定的数学方法建立预警模型来评价监测对象所处的状态，在监测点比较多、比较复杂时广泛使用[93]。该类模型分为线性和非线性模型，主要变量之间有明确的数量对应关系时就可用线性模型预警，非线性预警模型则对处理复杂的非线性系统具有较大的优势。模型可以是明确的数学函数关系，如通过数学方法构建系统模型；也可以是模糊的数学关系如模糊判定模型，或者黑箱模型如人工神经网络模型等。

A 人工神经网络

人工神经网络（artificial neural networks，ANN）是基于生物学的神经元网络的基本原理而建立的。它是由大量的、简单的处理单元广泛地相互连接而形成的复杂网络系统，是一个高度复杂的非线性动力系统，具有大规模并行处理信息、分布式存储信息以及自组织、自适用和自学习能力的特点，特别适合处理需要同时考虑许多因素和条件的、不完整和模糊的信息处理问题[94]。神经网络模型各种各样，有代表性的网络模型有感知器网络、线性神经网络、BP 网络、反馈网络、自组织网络等，其中 BP 网络是当前应用最为广泛的一种人工神经网络。

神经网络预警法以神经网络理论为基础，通过预警单指标神经网络预测法得到未来几年的单指标的值，再利用模式识别功能，实现“警兆－警度”的非线性映射，是一种精度较高的解决非线性系统问题的方法[95]。ANN 是一种平行分散处理模式，除具有较好的模式识别能力外，还可以克服统计预警等方法的限制，因为它具有容错能力，对数据的分布要求不严格，具备处理资料遗漏或是错误的能力。此外，它具有良好的学习能力，可随时依据新准备数据资料进行自我学习、训练，调整其内部的储存权重参数，避免权重的人为主观化[96]。

该方法存在的不足之处在于：（1）神经网络模型的设计中，由于隐层的设计比较难以把握，通常要进行多次的尝试才能确定，调试的难度较大。（2）神经网络求解过程为非线性的梯度优化问题，因此不可避免地存在局部极小问题。（3）当输入样本较多且具有多重共线性时，BP 神经网络会降低网络的训练速度和效率，影响预报精度，学习算法通常需要上千次或更多，限制了 BP 网络的推广应用。（4）利用神经网络进行预警时，对数据的要求比较高，获取良好的样本数据具有一定的难度。

B 支持向量机

支持向量机（support vector machines，SVM）是以统计学习理论为基础的一种新型机器学习算法，其机理是寻找一个满足分类要求的最优分类超平面，并把寻找最优分类超平面的算法归结为求解一个二次型规划问题[97]。对于非线性分类问题，则通过事先选择的非线性映射将输入向量映射到高维特征空间，在这个空间中构造最优决策函数，简化计算。因此，支持向量机在解决非线性和高维模式识别问题中表现出许多特有的优势，并在很大程度上克服了“维数灾难”和“过学习”问题。

安全预警的 SVM 模型就是将 SVM 作为专家模拟，代替有关专家对原始数据进行分析处理，产生评价结果。其具体工作机理为：选取评价体系所需要的原始数据作为 SVM 的输入向量，将综合评价的结果作为输出，并形成一系列样本，用足够多的样本进行训练，使其能够达到一定的误差要求。训练成功后，SVM 就具备了专家经验和知识，再将需要评价的数据输入，SVM 的输出即是预测的结果，然后根据预测结果所在区间进行有警或无警的判断。

SVM 的优点在于能够通过设计核函数和线性算法，解决高维和非线性问题，具有自我调节和自适应能力[98]，并且学习结束后的 SVM 模型能够较好地获取并保存预测专家进行安全预测的知识、判断和经验，预警结果可信度较大，对于解决小样本数据建模的问题具有一定的优势。

支持向量机运用于预警研究领域的不足之处在于：（1）在建模过程中核函数选取以及参数的确定是重点和难点，预测结果精度随样本数量以及样本取值区间而变。（2）在预警工作中，SVM 的输出向量需要通过风险评价法、模糊综合评价等方法确定，才能形成合格的数据样本，因此，增加了预警过程的复杂性。

除以上方法之外，粗糙集理论、贝叶斯矩阵法、可拓理论等方法也开始应用于预警领域，不同的预警方法使用时都有各自的优缺点和局限性，常见的预警方法具体对比分析见表 2 - 2。

表 2-2 常用预警方法比较

预警方法	预警目标	特 点	优 缺 点	应用范围
指数预警法	得到扩散指数和合成指数，了解当前经济状况，预测未来经济波动情况	划分先行、同步、滞后指标，并对指标分别编制扩散指数和合成指数	简单、容易操作，但精度不能保证，有时难以分清合成指数的波动由哪些指标的变化引起	金融危机、房地产等宏观经济领域
统计预警法	得到一个综合的数量评价值，通过所属区间判断系统发展状态，监测波动规律	各指标的波动情况以及综合指数的变化都能反映出来	使用变量少，数据收集容易，操作比较简便，但需要大量的统计数据，对错误资料的输入不具有容错性，容易产生预测偏差，属于静态预警	企业财务危机
人工神经网络	求得安全状态量化值，获得警报等级	将各指标作为输入，警报等级作为输出，指标与预警结果之间的关系分析属于黑箱操作	具有较好的模式识别能力、容错能力和学习能力，但容易存在局部极小问题，对数据样本的要求比较高	企业财务、旅游安全、石油行业安全、煤矿安全生产、城市道路交通等
支持向量机	根据预测结果数值所在区间，进行有无警的判断	选取评价体系所需要的原始数据作为输入向量，将综合评价的结果作为输出	能够解决小样本问题，具有自我调节和自适应能力，预警结果可信度较大，但需要配合其他方法进行输出向量的确定，过程较复杂	建筑施工、服装安全评价等
粗糙集理论	提取经过属性约简的重要影响因素，获取最重要的指标，进行决策分析	直接由数据构成决策表进行推理，不需要任何附加或者额外的条件	能够进行属性约简，揭示数据间的依赖关系，发现数据间的规律，客观性较强，但只能处理离散化数据	企业财务、房地产市场、煤矿安全生产、道路交通安全等
模糊综合评价法	综合各指标总的评价结果，划分评价区间，评判系统安全状态	根据模糊数学的隶属度理论把定性评价转化为定量评价	能够分析各预警指标之间的关系，结果清晰，系统性强，但具有一定主观性	煤矿安全生产、电力安全生产、隧道交通安全、网络舆情、生态安全评价等
灰色预测理论	获取各指标的预测值或综合指数的预测值，根据所处区间进行系统状态判断	针对系统因素或者参数不完全明确、系统结构或者系统作用原理不完全明了的灰色系统	通过较少的数据即能够获得较高的预测精度	社会经济、管理决策、农业规划、气象生态、安全生产等

可见，每种预警方法都有各自的适用范围、优点和缺点，迄今为止，还没有形成一套完整的、通用的安全预警方法。在实际应用中，应根据所要达到的目标、实际条件以及所处的环境情况，考虑简单、适用、可操作性强等原则，通过

比较选择合适的方法。

矿山安全生产事故的影响因素较多，单一的预警评价方法在适用范围、评价精度以及评价的客观性等方面都有各自的局限性。因此，考虑将各种方法进行有机结合，取长补短，除了将各种方法如层次分析法、模糊数学、神经网络等方法进行有机组合以形成独特的预警模型外，还可以在实际应用过程中将这些各具特色的模型进行优化组合，形成新的组合模型，为预警工作的科学性、结果的可靠性和准确性提供良好的基础。

2.2.2 模糊综合评价法

模糊综合评价法是以模糊集合论为基础，应用模糊关系合成原理，对多个因素运用层次分析法理论分析其隶属于被评估事物等级情况的一种综合评价方法。该方法是基于评估过程的非线性特点而提出的，利用模糊数学中的模糊运算法则，对非线性的评估域进行综合量化，从而得到可比的量化评估结果的过程[99]。该方法以模糊数学为理论基础，采用数学方法进行模糊映射和模糊变换，按照确定因素集、评价集、权重集等过程进行模糊综合评价。在预警过程中主要采用层次分析法确定各预警指标权重，并对各预警指标进行分层评价，按优劣排序或者分级，最后综合出总的评价结果，通过综合评价值所处区间，进行系统安全状态的评判。

模糊综合评价法根据模糊数学的隶属度理论把定性评价转化为定量评价，即用模糊数学对受到多种因素制约的事物或对象做出一个总体的评价。能够较好地分析预警指标之间的关系，具有结果清晰、系统性强的特点，能较好地解决模糊的、难以量化的问题，适合各种非确定性问题的解决[100]。

模糊综合评价法的不足之处在于：（1）该方法中权向量的确定主要采用层次分析法或者专家经验法，主观性较强。（2）隶属函数的确定采用人为打分法，具有一定的主观性。

结合模糊综合评价法的优缺点，从组合赋权和隶属函数确定方面对该法进行一定的改进。

2.2.2.1 组合赋权

矿山生产事故安全预警中涉及的指标很多，并且指标之间具有相关性，为了真实地反映各个指标对系统状态的重要程度，需要合理地确定指标权重。依据赋值数据的来源和分析方法的不同，确定权重的方法分可分为主观赋权法、客观赋权法、组合赋权法和变权法四类[101]，如图 2－10 所示。

主观赋权法是专家根据对影响因子的认识、经验和偏好进行赋值，主观性较强，评价过程的标准化程度差，特别是评价指标较多时计算量特别大，难以得到

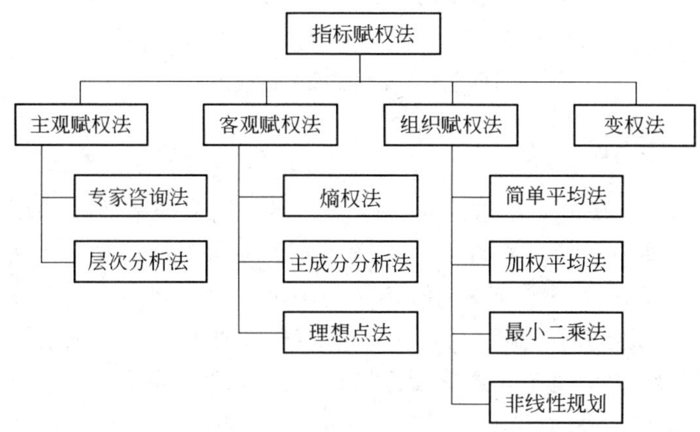

图 2－10 权重确定方法分类

准确的结果。主观赋权法主要包括专家咨询法和层次分析法。

客观赋权法是指通过对客观资料进行整理、计算、分析而得到指标权重的赋权方法，避免了主观因素的影响，但其权重的准确性取决于样本数据的准确性和代表性，有时会得出与客观事实相反的结论。熵权法、主成分分析法、理想点法是客观赋权法的代表方法[102]。

组合赋权法是综合考虑指标的客观性和主观性，将主观权重和客观权重按一定规则集成，使权重信息更加符合实际。比较典型的组合赋权法有基于简单平均的指标组合赋权法、基于加权平均的指标组合赋权法、基于最小二乘法的主客观赋权组合法、基于非线性规划的指标组合赋权法等[103]。

变权法不同于其他赋权法，在对指标做变权处理时，变权的条件是主要评价指标的危险度值大于规定的最小危险度值或安全度值小于规定的最小安全度值时，在评价体系内做变权处理[104]。

2.2.2.2 隶属函数确定

模糊集合完全由隶属函数确定，因此隶属函数的确定是一个非常关键的问题[105]。隶属度不能主观捏造，应具备客观规律。确定隶属函数的方法包括模糊统计方法、直观加推理方法、二元对比排序法、专家给定、模糊分布等，此外还可以将隶属函数的确定换成一系列参数或者系数的最优化过程，运用经典优化算法和群智能算法（如遗传算法、粒子群算法、蚁群算法、鱼群算法、免疫算法等）进行解决[106]。在参考的文献中，常通过专家经验对各因素进行排序，进而确定各因素隶属度。此法简便、易操作，但是主观性较强。

应用模糊统计法可以得到模糊集的隶属函数曲线，进而可根据曲线图形的形状选取适当的函数表达式，得到隶属函数。在模糊数学中，将论域为实数域的隶属函数称为模糊分布，常见的模糊分布有矩形分布、梯形分布、抛物线分布、T形分布、正态分布与柯西分布[107]。根据相关文献资料以及矿山生产事故安全预警指标非线性的特点，采用柯西分布确定隶属函数。

2.2.3 灰色预测理论

灰色系统（grey system）理论是我国著名学者邓聚龙教授于20世纪80年代初创立的一种兼备软硬科学特性的新理论。该理论将信息完全明确的系统定义为白色系统，将信息完全不明确的系统定义为黑色系统，将信息部分明确、部分不明确的系统定义为灰色系统[108]。对于系统因素或参数不完全明确、因素关系不完全清楚、系统结构不完全知道或者系统的作用原理不完全明了等情况，灰色系统理论具有独特的优势。

灰色预测是应用灰色模型对灰色系统进行分析、建模、求解、预测的过程[109]。由于灰色建模理论应用数据生成手段，弱化了系统的随机性，使紊乱的原始序列呈现某种规律，规律不明显的变得较为明显，建模后还能进行残差辨识，即使较少的历史数据，任意随机分布，也能得到较高的预测精度。因此，灰色预测在社会经济[110]、管理决策、农业规划、气象生态[111]、安全生产[112]等各个部门和行业都得到了广泛的应用。

第2篇

钢铁企业生产事故风险预警

3 我国钢铁企业安全风险分析

3.1 钢铁企业生产工艺特点

钢铁企业是一个复杂的、相互联系的生产整体，具有基本和辅助车间及工段、附属部门和副产品部门，生产过程兼有连续和断续的性质[112]，具有企业规模大、生产工艺繁杂、工艺流程长、配套专业多、设备大型化、操作复杂、连续作业等特点。现代钢铁企业主要生产工艺流程分长流程和短流程，从经济合理角度，目前长流程应用最广，其工艺过程主要是将作为原料的铁矿石经过烧结、球团处理之后，采用高炉生产铁水，铁水经预处理之后，由转炉炼钢、炉外精炼直至合格的成分钢水，再由连铸浇铸成不同形状的铸坯，轧制成不同的成品[114]，辅助生产工艺包括焦化、制氧、燃气、动力等多个环节。

由于钢铁企业生产过程中大量使用高温炉窑、压力容器和管道、起重机械及运输车辆等设备设施，生产出大量铁水、钢水、钢坯等高温物质，同时还伴有煤气等有毒有害、易燃易爆气体的产生，作业环境差，这些特点决定了危险因素的复杂性、多样性和严重性，极易发生燃烧、爆炸、灼烫、中毒、触电、高处坠落和机械伤害等事故。尤其是高温液体喷溅、钢水铁水包倾覆、炉体爆炸、煤气中毒、起重伤害等事故，容易引发重特大生产事故，造成群死群伤。此外，主体生产对辅助系统的依赖程度高，一旦出现紧急状况，处置不当极易引发重特大事故。

钢铁行业生产安全的主要特点如下：

（1）生产设备、设施种类繁多。钢铁生产过程中既有钢铁生产特有的高炉、转炉、电炉、焦炉、各类浇铸轧制设备及冶金专用起重设备，还有机械加工及各类机床和桥式起重机、电葫芦和导链等起重设施，基建作业必需的搅拌、碾压、浇筑设备和塔吊、升降机，焦化和制氧所必需的各类反应（或分馏）塔、反应器、加热炉和贮罐等。因受设计、施工、维护、管理等方面主、客观因素的影响，各生产系统都不同程度地存在一些危险因素。

（2）危险因素复杂、危险性大。钢铁生产过程中既有冶金工艺所决定的高热能、高势能的危害，又有化工生产所具有的有毒有害、易燃易爆和高温高压等问题，还具有一般机械加工、建筑运输等作业中容易发生的车辆伤害、机械伤害、高处坠落等危险性。

(3) 对辅助系统的依赖程度高。钢铁生产系统无论从生产角度还是从安全角度考虑，其主体生产设备对辅助系统的依赖程度都很高。如突然停电，特别是较长时间停电，铁水、钢水可能在炉内凝固，煤气管网也可能因此而压力骤降引起重大事故；供蒸汽供氮气系统压力过低，可能导致煤气设备在生产及检修过程中引起事故；消防系统如果存在严重缺陷，可能因火灾预防或扑救失败而造成重大人员和财产损伤。

(4) 高温液态金属及液态渣危险性高。钢铁生产中铁水、钢水温度高达1500~1600℃，一旦泼溅，可立即将人烧烫伤致死，热辐射可使周边空气温度急剧升高至上百摄氏度，热空气轻则灼伤人的呼吸系统，重则致人窒息死亡。此外，高炉、转炉炉前以及连铸机浇钢处等易发生铁水、钢水喷溅和灼烫事故，炉体烧穿导致铁水、钢水泄漏甚至导致高炉坍塌事故。

(5) 煤气危险性大。钢铁企业生产过程中产生不同成分的煤气，煤气来源多，包括焦炉、高炉、转炉煤气，并同时使用煤气作为燃料，如炼铁、炼钢、轧钢及其他辅助生产；煤气输送管网和设备复杂，对主体生产系统影响大，一旦失控立即影响到生产主体工程；煤气极易导致中毒、爆炸事故，造成人员大量伤亡。

因此，钢铁企业生产不仅具有生产工艺条件所决定的高动能、高势能、高热能所带来的重大危险因素，又有化工生产常见的有毒有害物质的产生，还有一般机械行业常见的机械伤害事故，具有高危性[115]。目前从安全监管角度，已将其与煤矿、非煤矿山、危险化学品、烟花爆竹、建筑施工等领域纳入重点监管范围。

3.2 钢铁企业生产安全事故统计与分析

3.2.1 生产安全事故统计分析

中国安全生产协会冶金安全专业委员会统计如下：

(1) 2010年，43家大型钢铁企业共发生伤亡事故1006起，其中死亡事件40起，重伤事件63起，轻伤事件903起；伤亡人数合计1063人，其中死亡46人，重伤63人，轻伤954人；事故千人死亡率0.0315，千人重伤率0.0431，千人负伤率0.6955。

(2) 2011年，39家大型钢铁企业共发生伤亡事故599起，其中死亡事故36起，重伤事故26起，轻伤事故536起；伤亡人数618人，其中死亡38人，重伤30人，轻伤550人；39家企业的事故千人死亡率0.032，千人重伤率0.025，千人负伤率0.517。

(3) 2012年，34家大型钢铁企业共发生伤亡事故444起，其中死亡事故39起，重伤事故32起，轻伤事故374起；伤亡人数491人，其中死亡56人，重伤

41 人，轻伤 391 人；34 家企业的平均千人死亡率 0.498，千人重伤率 0.037，千人负伤率 0.354。

由于企业兼并重组，上述企业数量发生变化，实际统计基数未发生变化。2010 ~2012 年我国主要大型钢铁企业伤亡事故情况如图 3 -1 所示，伤亡人数统计情况如图 3 -2 所示。

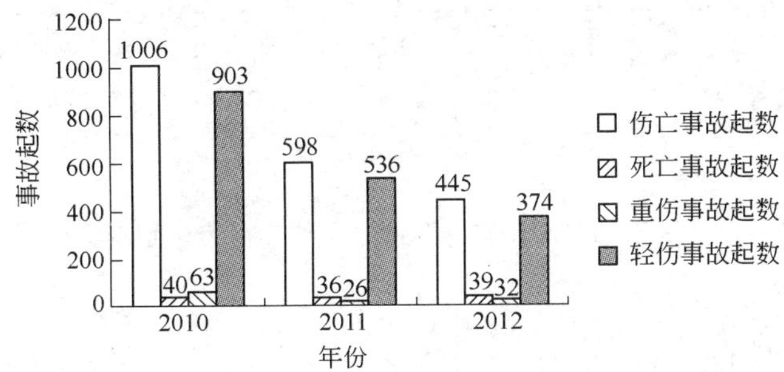

图 3 -1　2010 ~2012 年我国主要大型钢铁企业伤亡事故情况图

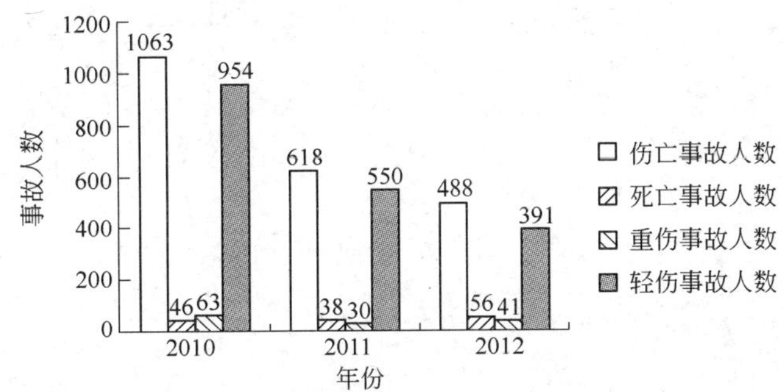

图 3 -2　2010 ~2012 年我国主要大型钢铁企业伤亡人数情况图

从近三年我国主要大型钢铁企业发生事故以及伤亡人数情况来看，各类事故起数及伤亡人数呈逐年下降趋势，特别是轻伤事故得到了有效的控制。

3.2.1.1　按生产工序分类

2010 ~2012 年钢铁企业伤亡事故情况（按生产工序分类）如图 3 -3 ~图 3 -5所示。

从 2010 ~2012 年钢铁企业伤亡事故情况（按生产工序分类）来看，较易于发生事故的生产工序主要集中在辅助生产环节以及炼钢、炼铁、轧钢、矿山、建筑等钢铁生产工序中的主要生产环节。这也与这些生产环节普遍存在工序复杂、设备繁多、作业危险性大等因素有很大的关系。

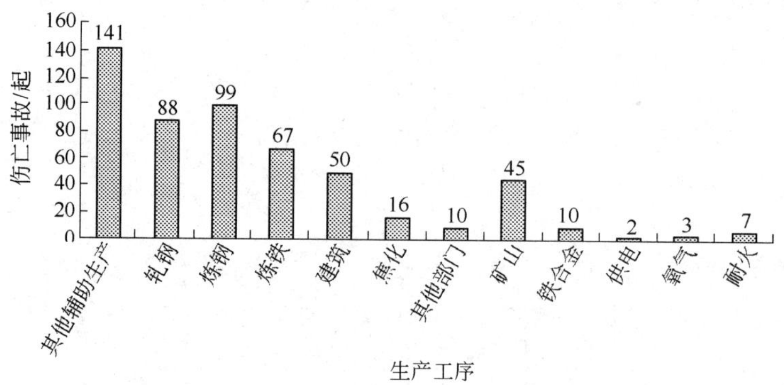

图3-3 2010年钢铁企业伤亡事故发生情况

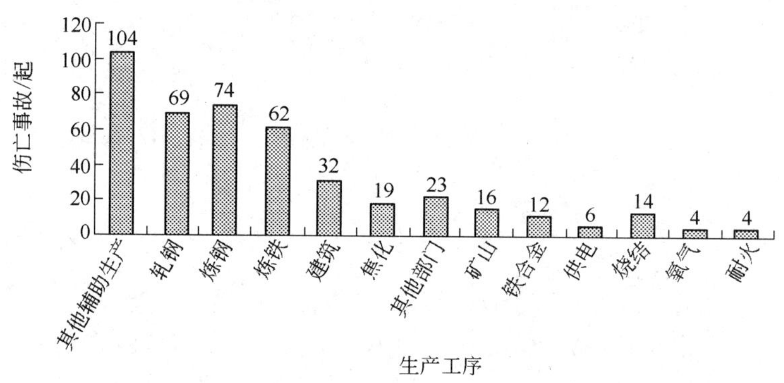

图3-4 2011年钢铁企业伤亡事故发生情况

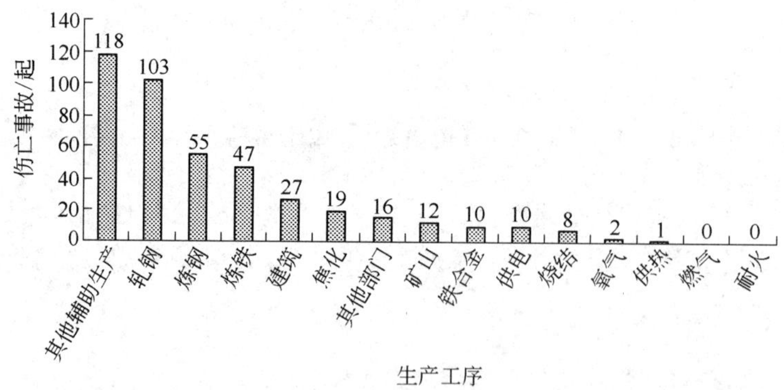

图3-5 2012年钢铁企业伤亡事故发生情况

3.2.1.2 按事故类别分类

2010~2012年钢铁企业伤亡事故情况（按事故类别分类）如图3-6~图

3-8所示。

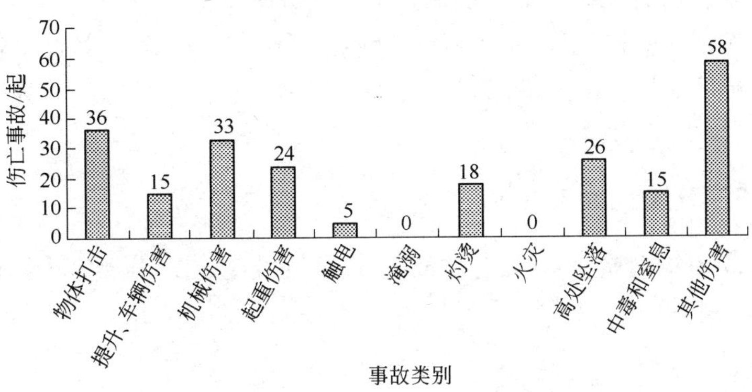

图3-6　2010年钢铁企业伤亡事故发生类型情况

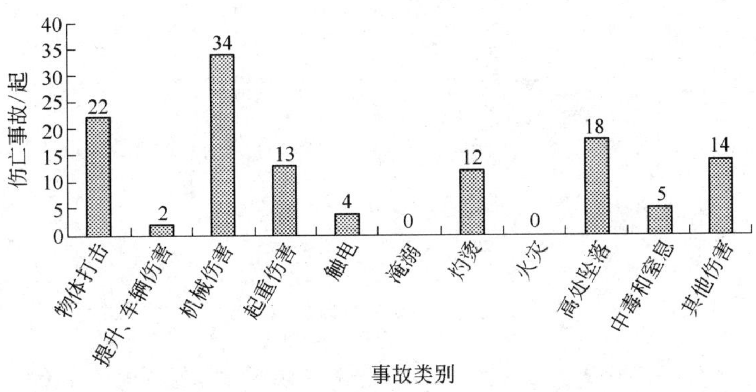

图3-7　2011年钢铁企业伤亡事故发生类型情况

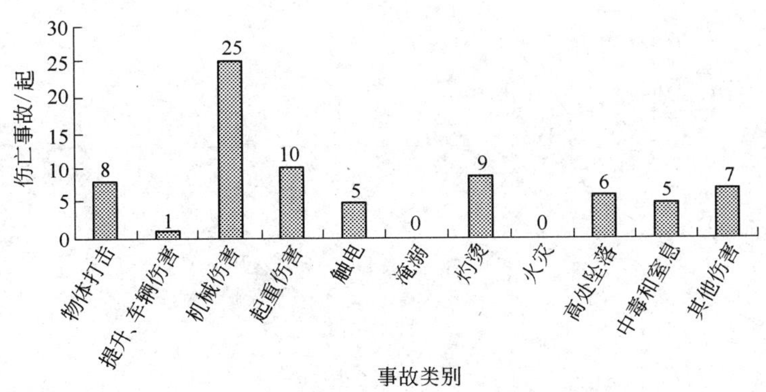

图3-8　2012年钢铁企业伤亡事故发生类型情况

从伤亡事故发生情况（按事故类别分类）看出，2010～2012年钢铁企业主要发生的事故类别为机械伤害、物体打击、高处坠落以及起重伤害，而且这几类事故造成的伤亡人数同时占伤亡人数总数超过50%，应在日常安全管理中重点防范这几类有可能发生事故的隐患。另外中毒和窒息往往易导致群死群伤的重大事故，应进行重点防范。

3.2.1.3 按发生原因分类

2010～2012年钢铁企业伤亡事故情况（按发生原因分类）如图3－9～图3－11所示。

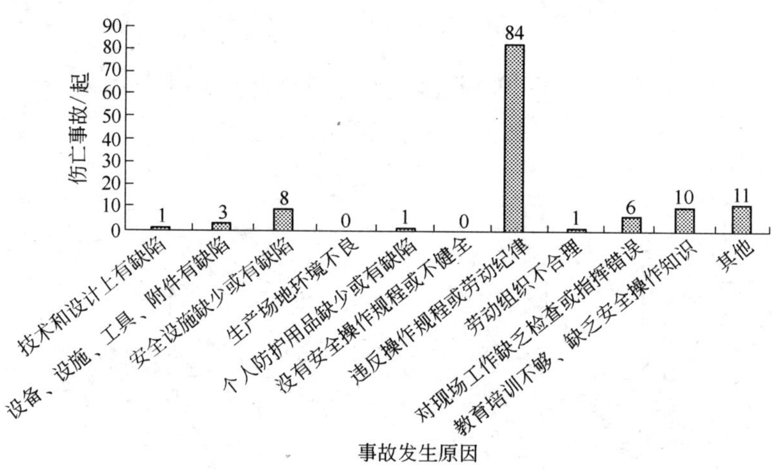

图3－9 2010年钢铁企业伤亡事故发生情况（按发生原因分类）

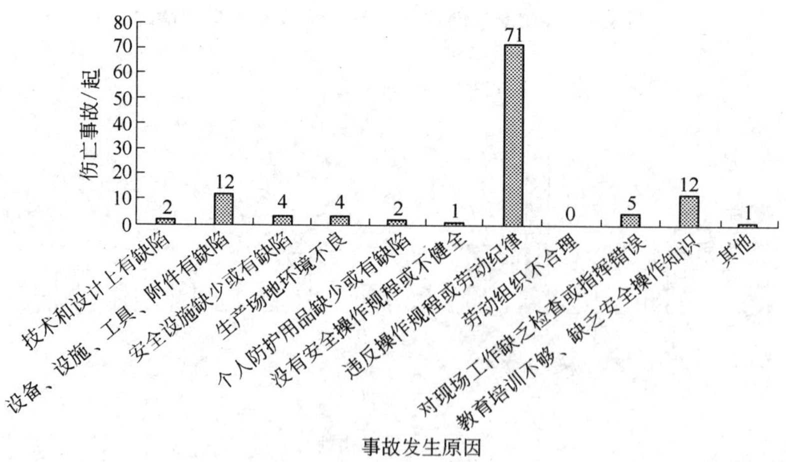

图3－10 2011年钢铁企业伤亡事故发生情况（按发生原因分类）

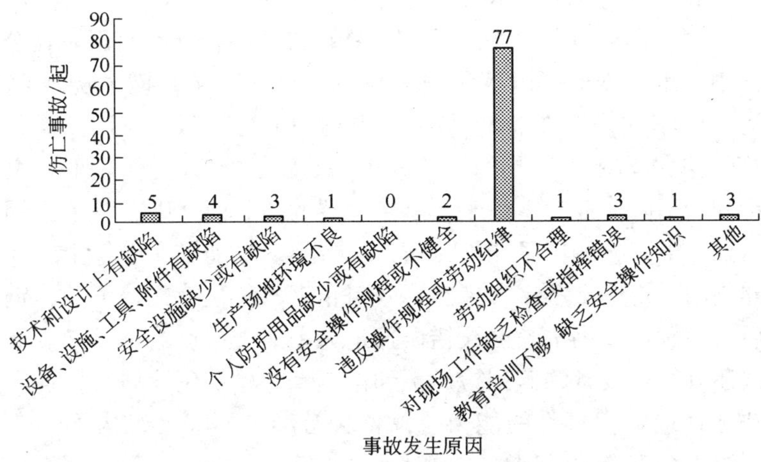

图 3－11　2012 年钢铁企业伤亡事故发生情况（按发生原因分类）

通过对图表分析，可以得到 2010～2012 年钢铁企业发生死亡和重伤事故的原因包括：

（1）技术和设计上有缺陷；

（2）设备、设施、工具、附件有缺陷；

（3）安全设施缺少或有缺陷；

（4）生产场所环境不良；

（5）个人防护用品缺少或有缺陷；

（6）没有安全操作规程或不健全；

（7）违反操作规程或劳动纪律；

（8）劳动组织不合理；

（9）对现场安全工作缺乏检查或指挥错误；

（10）教育培训不够，缺乏安全操作知识。

从图 3－9～图 3－11 可以看出，发生事故的原因最多的是违反操作规程和劳动纪律，2010～2013 年分别占事故原因的 84%、71% 和 77%；其次是设备、设施、工具、附件有缺陷，然后是安全设施缺少以及培训力度不够。

3.2.2　典型案例分析

本节内容主要通过全国钢铁企业发生一些典型的事故案例进行事故发生原因分析。这里收集了从 2006 年至 2012 年国内炼铁厂、炼钢厂典型的事故案例共 20 例，见附录 A。这些典型事故，不但说明了钢铁企业生产事故频发，也反应了钢铁企业事故发生的主要类型和事故发生的主要原因。国内几个典型的事故案例如下所述：

（1）辽宁铁岭市清河特殊钢有限责任公司“4.18”钢水包倾覆特别重大事故：2007年4月18日7时45分，辽宁省铁岭市清河特殊钢有限责任公司炼钢车间生产过程中，重达60t的钢水包失去控制，迅速下坠，撞击浇注台车的框架梁，导致浇注台车往东南方向偏移，包内近30t约1590°C钢水涌出，冲向约6.0m外的真空炉平台下方工具间，造成32人死亡，6人受伤。事故主要原因为起重机主钩开始下降作业时，由于下降接触器的控制回路中有一个连锁常闭辅助触点锈蚀断开，下降接触器不能被接通，导致驱动电动机失电；主令控制器回零后，制动器制动力矩严重不足，未能有效阻止钢水包继续失控下坠；钢水包撞击浇注台车后落地倾覆，钢水涌向被错误选定为班前会地点的工具间。此外，造成事故的原因还有特种设备的监测检验不到位、事故单位建设项目设计不规范、起重机司机缺乏处理突发事件的能力、设备日常维护不善、机构不健全、管理混乱、生产组织不合理、关键岗位工作时间过长等。

（2）河北普阳钢铁“1.4”煤气中毒事故：2010年1月4日10时50分，位于邯郸武安市西南约45km山区的河北普阳钢铁有限公司南坪炼钢分厂发生重大煤气中毒事故，1号转炉煤气柜内的煤气发生泄漏，泄漏量为8569m^3，造成21人死亡，9人受伤，直接经济损失980万元。事故的直接原因是在2号转炉煤气回收系统不具备使用条件的情况下，割除煤气管道中的盲板，U形水封存在设备隐患，排水阀门密闭不严，水封失效，并且没采取U形水封与其他隔断装置并用的可靠措施。另外，违章作业、违规建设，安全生产规章制度不健全，落实不到位，培训不完善，技术和操作人员安全技能低，业务知识差，指挥系统有较大的随意性都造成事故的发生。

（3）上海宝钢“12.17”钢水喷溅事故：2012年12月17日上午9时10分，宝钢股份公司炼钢厂一炼钢分厂行车在吊运270t钢水包时，发生双板钩单侧脱落，致使铁水包倾翻。事故造成2人死亡，13人受伤。事故的直接原因是因事故行车L形卡板失效，导致销轴轴向位移，造成单侧板钩整体脱落，所吊铁水包倾翻坠地。另外未按照技术图纸要求正确加工和安装L形卡板，对设备修复过程的查验、修复后的交付验收等制度不完善，没有对销轴的材质按照设计的材质进行综合考量等原因均是事故发生的间接原因。

综上事故分析，可以看到钢铁企业生产安全事故的发生，是人的因素、物的因素、环境的因素和管理因素等因素作业或者双因素、多因素作业的结果。导致单因素的风险超过一定的范围，发生突变，导致事故的发生；或者是双因素和多因素联合作业超过一定的风险范围，发生突变，导致事故的发生。

3.3 我国钢铁企业生产事故风险分析

钢铁企业生产工艺众多，这里以钢铁企业炼铁和炼钢两种典型工艺进行生产事故风险分析。

3.3.1　炼铁生产事故风险分析

炼铁是利用含铁矿石、燃料、熔剂等原燃料通过冶炼生产合格生铁的工艺过程。高炉本体是炼铁生产的核心设备，除高炉本体外还有原料系统、送风系统、煤气净化系统、渣铁处理系统和喷吹系统五个辅助的生产系统。炼铁生产通过气、固、液多相的复杂物理化学反应获得高温液态渣铁及有毒有害高炉煤气的过程，长期连续生产、大规模化和高度机械化、自动化决定了其生产过程中包含了可能造成人身伤害的所有因素。

炼铁工艺主要的安全生产事故类别如下：

（1）灼烫。高温液态渣铁、渣铁口突然吹出或烧穿、爆炸；渣锅、铁水罐、铸铁机等高温液体储运设备；蒸汽包、管道、送风装置等高温气体储存、输送设备泄漏；烧红的钢钎、铁棍、氧气管、钻杆、炮泥等；高温蒸汽、氮气、煤气、冷却水等接触人体；甲烷、乙炔、煤气等可燃气体着火；使用氧气烧铁口回火燃烧；酸碱盐、有机物、强氧化性化学物质（如 H_2O_2）等接触人体均可能造成烧烫伤事故；强光、放射性物质引起的体内外物理灼伤。

（2）爆炸。炼铁生产中，发生爆炸的种类较多，主要为液态渣铁突遇潮湿物体引发蒸汽爆炸；高炉本体冷却设备突然断水爆炸；可燃固体、液体、气体着火爆炸和压力容器、压力管道超压爆炸等。

（3）中毒窒息。炼铁生产中，高炉煤气、焦炉煤气、硫化氢气体、氮氧化物、氨、氯、苯系物、酚、萘、硫化物等有毒物质接触人体，引起中毒；局部环境中氮气、二氧化碳等含量高，导致氧气含量低于18%，引起人员缺氧性窒息、休克甚至死亡。

（4）物体打击。炼铁生产清理渣铁壕、板结物料时易发生崩块击中人员，尤其是眼睛；使用卡机卸风口、中套时突然断裂，游锤飞出击打伤人。此外，大锤、榔头使用不当等易造成伤害。

此外，炼铁生产过程中，还有操纵或接触穿插于火车、各类汽车等机动车辆造成的夹挤、压碾、碰撞等车辆伤害；机械设备（如皮带机、开口机、液压炮、减速机、给料嘴、振动筛、切割机等传动、运转设备）在使用过程中，意外启动、速度变化失控、运动不能停止、运动机械零件或工件脱落飞出、安全装置的功能受阻等造成的机械伤害；各处库房、皮带通廊、电缆通道、各处库房、皮带通廊、电缆通道、液压站、工房、控制室、操作室、易燃材料、油脂存放地、电气操作室等处管控不严，明火引燃易燃材料，未及时发现或处理不当，漫延成火灾；人员在水渣沉淀池、冷却水回水池、凉水塔、湿法煤气净化回水池等部位，防护不当坠入水池造成淹溺等风险。

3.3.2 炼钢生产事故风险分析

炼钢的过程，就是在高温下液体金属发生物理化学反应，通过炼钢炉提升温度，去除杂质，出钢过程加入合金调整成分，再通过二次精炼，微调钢液成分，去除钢中气体和夹杂物，得到成分和温度合格的钢水，再通过铸机铸成钢坯的高温冶金物理、化学工艺过程。目前，炼钢主要有长和短两种工艺流程。长流程炼钢采用转炉炼钢，需要配套烧结、焦化、高炉等大型厂矿和设备，同时还要辅以制氧、原料、耐材等辅助厂，后续热轧、冷轧、轨梁等；短流程炼钢采用电炉炼钢，以回收废钢为原料，配备 LF 精炼炉、连铸连轧的近终型连铸机。

由于炼钢生产过程中，温度高、工艺繁琐、环境复杂且设备持续运作，高温作业线长，设备和作业种类多，起重作业和运输作业频繁，极容易发生安全事故。炼钢生产的主要事故类别如下：

（1）爆炸。炼钢生产中铁水、钢水和液态钢渣都是高温熔融物，与水接触就会发生喷溅与爆炸。炼钢厂因为熔融物遇水爆炸的情况主要有：转炉、转炉氧枪，转炉的烟罩、锅炉，连铸机的结晶器的冷却水大漏，穿透熔融物而爆炸；炼钢炉、精炼炉、连铸结晶器的水冷件因为回水堵塞，造成继续受热而引起爆炸；炼钢炉、钢水罐、铁水罐、中间罐、渣罐漏钢、漏渣及倾翻时发生爆炸；往潮湿的钢水罐、铁水罐、中间罐、渣罐中盛装钢水、铁水、液渣时发生爆炸；向有潮湿废物及积水的罐坑、渣坑中放热罐、放渣、翻渣时引起的爆炸；向炼钢炉内加入潮湿料时引起的爆炸；铸钢系统漏钢与潮湿地面接触发生爆炸。此外，炼钢炉、钢水罐、钢锭模内的钢水因化学反应引起的喷溅与爆炸危害极大。钢液、钢渣喷溅爆炸是造成炼钢厂重大生产设备事故和重大伤亡事故的主要原因。

（2）灼烫。炼钢生产中，铁水、钢水、钢渣的温度高达 1250 ~ 1670℃，设备及环境温度高，起重吊运、倾倒作业频繁，如炼钢炉、钢水罐、铁水罐、混铁炉等漏钢，铁、钢、渣液遇水发生的物理化学爆炸及二次爆炸，过热蒸汽管线穿漏或裸露，违反操作规程等原因造成灼烫。

（3）起重伤害。炼钢生产中，炼钢过程中所需的原材料、半成品、成品都需要起重设备和机车进行运输，运输过程中有很多危险因素。存在的危险有起吊物坠落伤人，起吊物相互碰撞；铁水和钢水罐倾翻伤人，车辆撞人，人员被挤在吊车与厂房立柱间，人员从吊车上高处坠落伤害等。

此外，炼钢生产的主要事故类别还有高温辐射、钢水和熔渣喷溅等引起的灼烫和爆炸、氧枪回火燃烧爆炸、车辆伤害、机械伤害、物体打击、高处坠落以及触电与煤气中毒等。统计表明，炼钢生产安全事故的主要原因是：人的违章作业和误操作，作业环境不良，设备有缺陷，操作技术不熟悉，作业现场缺乏督促检查和指导，安全规程不健全或执行不严格，操作技术不熟练，个体防护措施和用品有缺陷或缺乏等。

3.3.3　炼铁、炼钢企业风险辨识与评价

危险源是可能导致伤害或疾病、财产损失、工作环境破坏或这些情况组合的根源或状态，是指一个系统中具有潜在能量和物质释放危险的、在一定的触发因素作用下可转化为事故的部位、区域、场所、空间、岗位、设备及其位置，是引起人员伤害、财务损失的潜在的不安全因素。按事故能量学说，事故是能量或危险物质的意外释放，危险的根源是存在破坏性能量或危险物质，是危险状况出现的源头，是导致事故发生的不安全因素[116]。

根据危险源在事故发生、发展中的作用，可将其划分为三类。根据能量意外释放理论——能量转移论，能量或危险物质的意外释放是伤亡事故发生的物理本质。于是，把生产过程中存在的可能发生意外释放的能量（能源或能量载体）或危险物质称作第一类危险源，可认为其为直接引起人员伤亡、财务损失和环境恶化的能量（包括动能、势能、热能、电能、化学能等）、能量载体和有毒有害危险物质。为防止第一类危险源导致事故，必须采取措施约束、限制能量或危险物质，控制危险源。在正常情况下，生产过程中的能量或危险物质受到约束或限制，不会发生意外释放，即不会发生事故。但是，一旦这些约束或限制能量、危险物质的措施受到破坏导致失效或故障，则将发生事故；导致能量或危险物质约束或限制措施破坏或失效、故障的各种因素，称作第二类危险源，是导致第一类危险源失控的作用于人员、物质和环境的条件。它主要包括物的故障、人为失误和环境因素。物的故障是指机械设备、装置、元部件、系统扰动等由于性能低下而不能实现预定功能的现象。物的不安全状态也是物的故障。故障可能是固有的，由于设计、制造缺陷造成的；也可能由于维修、使用不当，或磨损、腐蚀、老化等原因造成的。管理缺陷、管理决策失误、人的不安全行为、失误以及不符合安全的组织因素（组织程序、组织文化、规则、制度等）等不安全因素称为第三类危险源。

第一类危险源是事故发生的前提，它在发生事故时释放出的能量或者危险物质是导致人员伤害或财务损失的能量主体，并决定事故后果的严重程度，其危险性是固有的。第二类危险源是第一类危险源导致事故的必要条件，并决定事故发生可能性的大小。两类危险源的危险性决定了危险源的危险性。第三类危险源是事故发生的本质根源，是事故发生的组织性前提，它也是第一和第二类危险源的深层次的原因，尤其是第二类危险源的深层原因。同时第三类危险源一定条件下决定着第一和第二类危险源的危险等级和风险程度。安全管理的不足可能生成第三类危险源，不良的组织管理因素会使上述第一类、第二类危险源进一步恶化，

使事故的后果扩大化、严重化。

研究生产事故风险预警技术要求做到动态性和及时性，因此需要选取可以实时反映安全状态的预警要素。在一定时期内第一类危险源不会有变化，而第二、第三类危险源所表现的危险状态的存在是实时变化的，对其进行实时的监控能够准确有效地反映某作业场所实时的安全状况。因此，选用危险源管理失控作为风险预警的预警要素。进行预警指标的辨识即是对第二、第三类危险源进行辨识，根据事故构成的四大要素，主要从人的失误或不安全行为、物的不安全状态、环境的不良状态以及管理上的缺陷进行辨识。

因此需要对第二、第三类危险源进行风险评价，确定其风险程度。安全风险为特定危险性事件发生的可能性与后果的结合。

钢铁企业第一类危险源见表3-1。

表3-1 炼铁、炼钢伤害类型与第一类危险源

序号	事故类别	能量元或危险物质的产生、存储	能量载体或危险物
1	灼烫	发热体、热源设备、加热设备	高温物体、高温物质（铁水、钢水、高炉、转炉、电炉等）
2	物体打击	物体坠落、溅出、抛出、飞散的设备、场所、操作	坠落、飞出、溅出的物体（大锤、榔头、渣铁等）
3	车辆伤害	车辆、使车辆移动的牵引设备、坡道	运动的车辆（火车、各类机动车、非机动车等）
4	机械伤害	机械的驱动装置	机械的运动部分（开口机、液压炮等）
5	起重伤害	起重设备	起重机械的运动部位（冶金天车、单梁吊、汽车吊、电梯等）
6	触电	电源装置	带电体
7	淹溺	回水池、冷水塔、湿法煤气净化回水池	水、人体
8	火灾	可燃物	火焰、烟气
9	高处坠落	高差大的平台、架空管道、钢结构框架	人体
10	坍塌	高炉本体、储矿仓、储焦仓，工业建筑	废渣、土、物料
11	爆炸	熔融液态金属、高炉本体	熔融液态金属、高炉本体
12	压力容器爆炸	压力容器	压力容器内物体
13	中毒窒息	产生、储存有毒有害物质装置、容器、场所	有毒有害物质（高炉煤气、转炉煤气、焦炉煤气、硫化氢气体等）

第二类危险源中，环境的不利因素包括温度、湿度、照明、噪声等物理环境，不良的环境会引起物的问题和人的问题。例如，潮湿的环境会加速金属腐蚀而降低结构或容器的速度，加快设备的磨损；工作场所中强烈的噪声会影响人的情绪，分散人的注意力而造成人的不安全行为或者“人失误”情况。物的不安全状态是指机器设备、物质等明显不符合安全要求的状态以及机械设备、零部件等性能低下而不能实现预定功能的现象，例如设备设施老化、设备符合运转等情况。物的不安全状态可能直接使约束、限制能量或者危险物质的措施失效而发生事故。物的不安全状态有时会诱发人的不安全行为，而人的不安全行为有时则会造成物的不安全状态，两者相互作用。

第三类危险源主要包括安全组织缺陷及人的不安全行为，这种行为往往直接导致事故的发生。例如，员工清扫皮带不停机而造成伤亡事故等。人的不安全行为可能直接破坏对能量源以及能量载体的控制，造成能量或者危险物质的意外释放。人的不安全行为可能造成物的不安全状态，进而引发事故。例如，人操作起重机，超载起吊重物使得钢丝绳断裂，发生重物坠落事故。此外，人的自身素质例如性格、年龄、学历等情况也会对人的不安全行为产生影响，并表现为违章操作、违章越权指挥等后果。

从风险分类上考虑事故风险、潜在风险，包括作业过程中由于设备设施故障产生人员伤亡、经济损失、环境受到损害的风险，以及具有危害性而暂时没有发生的风险。

研究分析了鞍山钢铁股份有限公司、宝山钢铁股份有限公司、武汉钢铁股份有限公司、首钢京唐钢铁联合有限责任公司等公司的危险源辨识与风险评价资料，专业上涵盖炼铁、炼钢、轧钢、煤气、焦化、烧结球团等专业单元，见表3-2。

表3-2　危险源辨识和风险评价汇总表

单　位	序号	单　元	辨识单元/个	作业活动/个	危险源/个
鞍山钢铁集团	1	炼铁总厂	17	570	936
	2	炼钢总厂	23	2029	3024
	3	中厚板厂	14	650	1453
	4	无缝厂	17	434	1653
	5	冷轧硅钢厂	15	916	1133
	6	大型厂	9	108	1006
	7	线材厂	16	810	1435
	8	能源动力总厂	11	57	178
	9	鲅鱼圈分公司	105	981	2256

续表 3-2

单　位	序号	单　元	辨识单元/个	作业活动/个	危险源/个
宝钢集团宁波钢铁有限公司	1	炼铁厂	6	323	1842
	2	炼钢厂	9	500	1573
	3	热轧厂	4	135	1444
	4	能环部（煤气）	7	1224	4411
	5	焦化厂	5	434	2161
	6	物流部	6	115	1074
	7	公司	1	16	58
大冶特殊钢股份有限公司	1	东钢事业部（焦化）	55	430	502
	2	东钢事业部（轧钢）	29	140	456
	3	动力事业部（煤气）	32	217	409
	4	锻造事业部	43	218	266
	5	钢管事业部	45	281	757
	6	焦化事业部	6	134	600
	7	炼钢事业部	131	814	1082
	8	炼铁事业部	111	622	835
	9	轧钢事业部	42	224	1209
首钢京唐公司	1	炼钢作业部	43	191	206
	2	冷轧作业部	32	467	486
	3	热轧作业部	176	597	611

从收集的资料来看，国内的钢铁企业绝大多数危险源辨识与风险评价使用的方法为作业条件危险性评价法（LEC 法）。LEC 法是一种简便、易行的衡量人们在某种具有潜在危险的环境中作业的危险性的半定量评价方法[117]。该方法以与系统风险率有关的三种因数指标值之积来评价系统人员伤亡风险的大小。

定量计算每一种危险源所带来的风险值：

$$D = LEC \tag{3-1}$$

式中，D 为危险源带来的风险值；L 为发生事故的可能性大小；E 为人员暴露于危险环境中的频繁程度；C 为一旦发生事故会产生的后果。

由式（3-1）计算得出 D 值，D 值相对应风险级别通过表 3-3 确定。

表 3-3　风险级别及其风险值 *D*

风险水平等级	等 级 名 称	风险值（D 值）
Ⅴ级	可忽略风险	<20
Ⅳ级	可容许风险	20~70

续表 3-3

风险水平等级	等 级 名 称	风险值（D 值）
Ⅲ级	中度风险	71～160
Ⅱ级	重大风险	161～320
Ⅰ级	不可容许风险	>320

以宝钢集团宁波钢铁有限公司炼钢厂为例，该厂运用 LEC 法辨识的危险源Ⅱ级 10 个，Ⅲ级 111 个（见附录 B），Ⅳ级 781 个，Ⅴ级 640 个。其中风险级别为Ⅱ级的 10 个因素分别为：

（1）违反该厂炼钢安全技术规程，在钢包浇注作业过程中吊钢水至大包座时失去平衡，钢水倾翻、浇注过程中大包穿包导致钢水溢出，可能导致人员烫伤和设备损坏；

（2）天车吊运液态金属作业吊运铁水至脱硫站台车座子或重包等待位支座上座子失去平衡，铁水倾翻；

（3）天车吊运液态金属作业铁水倾翻，吊运钢水至精炼车座子失去平衡，钢水倾翻；

（4）起吊液态金属，限位失灵或误操作；

（5）兑铁时炉内爆炸；

（6）吊运液态金属过程中，钢绳断及磨损等导致人员烫伤和设备损坏；

（7）雨天雪天潮湿废钢进转炉；

（8）转炉炉前作业进炉废钢中有杂质，油污潮湿、密封容器、易燃易爆；

（9）转炉炉前操作冶炼中烧枪和氧枪大量漏水到爆炸；

（10）违反该厂十大安全禁令冒险作业实施烟道漏水处理。

111 个Ⅲ级危险源主要有安全管理外用工的外委检修工程未与相关方签订安全协议、未制定安全措施、内部检修未办理检修许可证，安全教育培训未按规定进行，未定期组织职工进行安全教育、培训以及设备设施缺陷。

鞍山钢铁集团炼钢总厂运用 LEC 法辨识的危险源Ⅱ级 3 个，Ⅲ级 140 个，Ⅳ级 781 个，Ⅴ级 640 个。3 个Ⅱ级危险源（见附录 B）为：

（1）煤气回收系统检查及故障处理，煤气泄漏、动火作业，ϕ100mm 以上煤气运行管道点检、维护和煤气管道泄漏；

（2）转炉烟气冷却作业；

（3）锅炉蒸汽泄漏。

Ⅲ级危险源主要有渣灌检查的渣灌，打烟罩作业中的烟罩；连铸作业中 RH 处理钢水过程中顶枪漏、停水，钢坯夹钳、电磁盘缺陷和各类检查，维修、更换、调整、保养、测量作业过程中的危险源。

首钢京唐公司炼钢作业部运用LEC法辨识的危险源Ⅳ级126个，Ⅴ级78个，无Ⅳ级以上的危险源。Ⅳ级危险源中最高分值为60，共计有31个，主要有炼钢作业摇炉操作，转炉兑铁作业，转炉出钢作业，检查煤气烤包器，废钢斗摘挂吊装带，精炼作业使用煤气点阀箱，翻铸余残渣操作，LF炉冶炼平台接电极和处理钢水，钢水冶炼操作平台捣取样子和喂丝机操作，CAS冶炼平台吹氧升温等。分值在50和60之间的有4个，分别为脱硫作业的天车吊包运行，连铸区打包不自开烧眼操作钢渣喷溅、氧气带与氧气管接口漏气，打包换长水口垫圈和炼钢作业区天车吊物运行。

此外武汉钢铁股份有限公司炼钢厂、大冶特殊钢铁股份有限公司炼钢事业部均运用LEC法对炼钢作业过程中的危险源、危险和有害因素进行了分析。从上述几家钢厂的危险源和危险有害因素辨识的材料看，各家钢厂虽同为使用LEC法进行辨识，但辨识的结果却不尽相同，分级的情况也不一样，但各单位都是对作业活动根据生产工艺不同分段进行辨识，辨识危险源均是从人的因素、物的因素、环境的因素和管理的因素角度出发。此外，辨识的风险级别高的多数为人员的违章、设备的检维修以及设备的功能完好情况。

3.4 钢铁企业危险源与隐患、事故关系的建立

通过对钢铁企业生产安全事故原因、危险源、危险和有害因素进行分析总结，可以看出事故的发生主要是人的不安全行为、物的不安全状态、生产环境的不良状况以及管理缺陷几个方面共同作用的结果。

事故的发生，从客观角度上讲，是由于存在不安全因素和众多的社会因素及环境因素。人的不安全行为可以促成物的不安全状态，而物的不安全状态又会在客观上构成人出现不安全行为的条件；环境的不良状况会对人产生影响进而引发人的不安全行为。在事故形成和发生过程中，物的不安全状态是主要的原因，但是却不易显现，而人有主观性和自由性，其随机的行为较易被发现，故实际工作中常将操作者的失误看成是事故的直接责任者。隐患是由物的不安全状态和管理缺陷共同作用的结果，客观上一旦出现隐患，人主观上又产生了不安全行为，就会导致事故的发生。因此，需要发挥安全管理的作用，及时发现隐患的存在并采取措施，例如安装设备的失效保护装置等，这样即便发生了失误操作，也能抑制或者减少事故的发生。

通过对各事故致因理论及模型的具体分析，结合钢铁企业生产的基本特点，得出了钢铁企业危险源与隐患、事故关系模型，如图3－12所示。

人、物、环境的不安全因素共同构成了危险源，如果企业存在管理缺陷，不能及时进行人、物、环境的安全管理，不能及时进行隐患排查和风险辨识，进而采取屏蔽措施约束和限制能量，则这些因素的相互作用就会导致事故的发生，最终造成人员伤亡、经济损失，并且还会影响企业的生产。

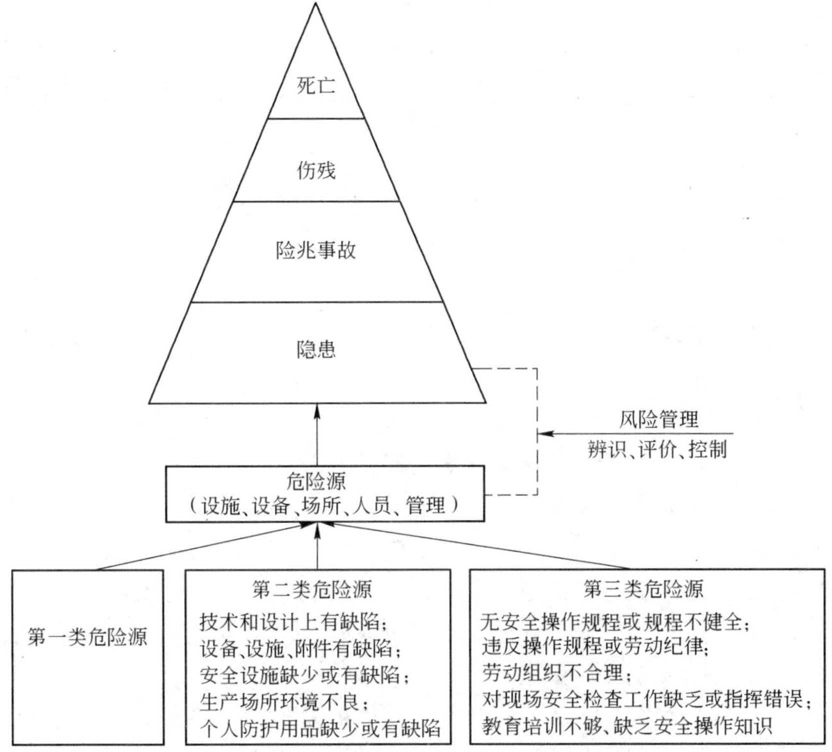

图 3－12　钢铁企业危险源与隐患、事故关系模型

3.5　本章小结

（1）通过对钢铁企业生产工艺特点进行分析，得出其生产工艺特点决定不仅具有一般机械行业常见的机械伤害事故，还具有高动能、高势能、高热能所带来的巨大风险，伴随有毒有害物质的产生，具有高危性。

（2）对近年来钢铁企业生产安全事故的发生情况进行统计、分析，按照生产工序、事故类别以及发生原因，对国内钢铁企业生产安全事故发生情况分别进行事故统计分析。选取了国内部分典型事故案例进行案例分析，从中提取事故发生原因。

（3）钢铁企业生产工艺环节众多，本章重点分析炼铁、炼钢两种典型工艺生产事故风险。炼铁企业主要生产事故类型为灼烫、爆炸、中毒窒息、物体打击等；炼钢企业主要生产事故类型为爆炸、灼烫、机械伤害等。收集整理分析了国内部分钢铁企业危险源与危险有害因素辨识与风险评价情况，分析了国内主要钢铁企业影响安全生产的主要风险因素，为提出预警指标体系提供依据。

（4）构建了钢铁危险源与隐患、事故关系模型，为钢铁企业事故风险预警指标体系提供依据和支撑。

4 钢铁企业生产事故风险预警指标体系研究

4.1 预警系统构建

4.1.1 预警系统的界定

本章所指的钢铁企业生产事故风险预警，是指针对钢铁生产企业生产活动过程中有可能造成事故发生的风险因素进行调研、分析识别，通过管理数据统计、监控监测数据收集、统计、分析，对其当前安全生产状况及未来安全生产趋势进行全面分析和预测，及时发出预警指示信息，提请企业及时反应，采取有效措施，降低事故发生概率。钢铁企业生产事故风险预警的对象为企业生产活动，并非钢铁行业安全生产趋势预警。

为了即能达到预警，又能达到防患于未然的目的，钢铁企业生产事故风险预警从系统总体预警方式展开，刻画系统所处的安全状态，这样有助于识别各类隐患、事故征兆，并经过综合分析，最终确定发出的警报，提出有效对策。其主要目标如下：

(1) 科学、准确提出钢铁企业生产事故风险预警指标；

(2) 全面及时诊断钢铁企业的安全生产状况并及时发出预警信息；

(3) 针对企业未来安全生产趋势进行预测；

(4) 及时采取防范措施，降低事故发生概率，防范事故发生。

因此要进行钢铁企业生产事故风险预警首先必须建立能够反映钢铁企业生产事故风险预警的指标体系，再根据指标体系建立预警模型，进行预警阈值划分，实现预警功能。钢铁企业事故风险预警指标体系是构建钢铁企业生产事故风险预警系统的基础。

4.1.2 预警系统构建流程

风险管理的程序包括危险辨识、风险评价、风险控制三个过程。钢铁企业生产事故风险预警同样基于这三个过程进行。首先通过危险源辨识过程，进行生产事故预警指标的辨识；然后结合风险等级，对每个预警指标进行评价，确定其相互关系和权重；通过建模，进行预警信号发布，从而控制风险。预警系统构建流程如图4－1所示。

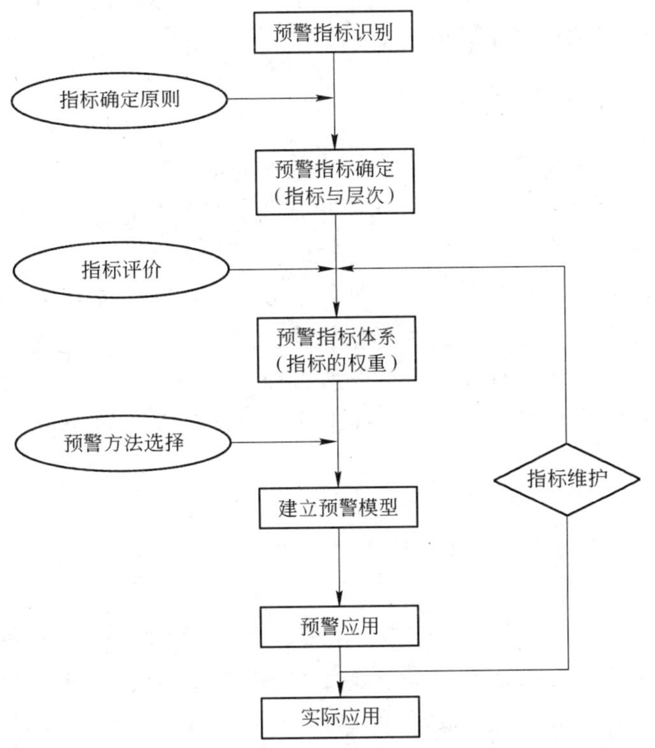

图4－1　预警系统构建流程

4.1.2.1　预警指标识别

影响钢铁企业生产安全状况的要素很多，各种要素以及要素之间对安全生产状况的影响程度呈现出错综复杂的关系。为了达到预警目的，需要建立一套科学合理的预警指标体系。

4.1.2.2　预警指标评价

预警指标代表对生产安全状况的影响，在预警系统中使用则需要对其进行量化。预警指标首先是指标本身的量化，将指标进行定量化表示，采取归一化和无量纲化处理方式；其次是预警指标在预警系统中的重要程度需要进行预警指标权重赋值，确定其相互之间的关系。

4.1.2.3　预警系统建模及信号发布

选择适当的预警方法，对各指标进行综合处理，建立预警模型，实现系统综合预警。预警信息发布是预警系统建立的目的。预警模型建立后，需要进一步分析预警信息何时发布即预警的阈值，然后根据预警信息所在区域进行预警预报，采取信息化手段实现预警系统的建立。

4.2 预警指标体系的构建原则

预警指标是反映安全生产客观现状的重要的基础指标。预警指标体系的构建原则对于选取较为完善、有效的指标有着非常重要的指导意义。根据指标选取的一般原则，钢铁企业生产事故风险预警指标应具备以下几方面的条件：能够描述和表征出某一段时间钢铁企业生产安全各个方面的现状；能够描述和反映某一段时间钢铁企业生产安全各个方面的变化趋势；能够描述和表征钢铁企业生产安全各个方面相互协调作用的程度。因此，所选取的指标应具有科学合理性、系统全面性、动态性和可量化等特点。钢铁企业生产事故风险预警指标应遵循的原则具体如下：

（1）科学性原则。预警指标体系必须能够反映客观事物的本质和规律，通过诸多因素的综合能够反映出影响钢铁企业的生产安全实际状况。另外，科学性还包括要保证调查方法、数学模型的建立。

（2）系统性原则。生产事故风险预警管理涉及钢铁企业的各个生产环节、各个方面，因此所建立的预警评价体系必须能反映钢铁企业安全系统内各主要子系统的各自独立的状况，这就要求所选取的指标具备相关的完备性，以便能综合反映钢铁企业生产事故风险各方面的因素，而不能遗漏任何可能对钢铁企业生产安全产生较大影响的因素。

（3）动态性原则。预警指标应具有动态性，所选取的指标应能灵活动态变化。通过对指标数值的动态变化进行监测和测量，实现生产事故风险预警的目的，因此影响事故发生可能性的指标尽可能要满足动态性，才能保证预警的准确度和灵敏度。

（4）可量化性原则。影响钢铁企业生产安全的因素很多，要预警预测的对象复杂。其中有些因素难以量化。在一系列的指标当中，有些指标不能实际量化，只能定性描述，但这些指标对生产安全有着巨大的影响，仍需进行说明和利用，因此在指标设定过程中，将两类指标结合起来，将定性指标定量化，才能客观反映实际情况。

（5）独立性原则。预警指标应准确地表达当时的状态，不允许出现两种状态的交叉以及指标之间的包含关系，所选取的指标不能重复，更不能出现等价指标，要保持指标之间的相对独立性。

（6）可比性原则。所选取的指标应能在企业与企业之间进行比较，包括指标涵义、统计的口径和数学模型、计算方法等应具有一致性，以保证监测预警结果的客观真实，可用于比较。

预警管理是安全生产管理关口前移的一种新思维和新思路，应用于钢铁企业是一种新的尝试。预警指标的科学性直接关系着生产事故预警管理工作的效率和适用性，选取预警指标系统的一个关键点就是需要对造成事故发生的影响因素进行分析，也就是根据事故致因模型进行影响因素研究，并根据重要性排序的原则进行选择，只有这样选择出来的指标体系才有代表性，才能使预警预测结果更符合生产实际。

4.3 预警指标体系研究

钢铁企业生产工艺繁杂，事故的引发因素众多，影响因素与事故发生之间的关系、各因素之间的关系也是研究的重点之一。

4.3.1 预警指标体系设计思路

钢铁企业生产事故风险预警指标体系是在科学理论知识的基础之上，对企业可能或者将要面临的安全形势、状态进行预测预报，因而从分析影响钢铁企业生产安全的基本因素出发，是设计生产事故风险预警指标体系的基本思路。事故预警指标的设计来源主要包括以下三个方面：

（1）理论基础。指标系统最后的着眼点在钢铁企业的生产事故风险预警上，即预警事故发生的可能性的大小，因此从事故致因理论中提取出与事故发生相关联的指标因素；着眼“冰山理论”、“金字塔”底部中大量的不安全行为和不安全状态，通过降低险兆事件的发生，防范重特大事故的发生。

（2）典型事故分析。针对目前钢铁企业的典型事故案例分析，提出造成事故发生的影响因素。

（3）风险因素分析。预警的关键在于“预”，即在事故未发生前给予警示，以便采取及时措施进行处理。因此根据钢铁企业事故风险管理的重点，分析企业安全管理中的重点、要点，找出导致事故风险上升的因素。

（4）危险和有害因素分析。《生产过程危险和有害因素分类与代码》（GB/T 13861—2009）将危险和有害因素分为人的因素、物的因素、环境因素、管理因素四类。根据钢铁企业危险和有害因素分析，提取与生产事故密切相关的因素，并进行分类。

4.3.2 预警指标的确定

钢铁企业生产事故风险预警的最终目标是杜绝或减少各类事故的发生，实现企业的本质安全与安全生产。钢铁企业生产事故风险预警指标体系的构建是钢铁企业生产事故风险预警系统中的核心内容，其选取质量的高低直接影响整个系统的可靠性、实用性。影响钢铁企业生产安全的因素很多，如何从众多影响因素中选出影响钢铁企业安全预警的关键指标是个不易的事情，为了更加合理准确地选择预警指标，采用如下方法进行确定：

（1）文献研究法。通过统计2006～2012年国内冶金企业主要的安全事故以及查阅相关的文献资料，结合钢铁企业炼铁炼钢的主要事故类别以及安全隐患和安全事故的影响因素，共选出人、物、隐患、管理、事故事件等5个一级指标和30个二级指标，将这些指标设计成问卷，进行调查，以便确定最终的预警指标。

（2）德尔菲法。在基于文献研究的基础上，将设计出来的指标请专家进行打分，主要选取安全管理、安全技术、设备管理三个方面的专家各7人，共22人。安全管理的专家主要是安全专业高校的教授、专门从事安全技术研究的研究院所研究人员，安全技术专家主要是钢铁企业安全管理部门人员，设备专家主要是钢铁企业专门从事设备管理方面工作的人员。打分将指标分为完全不影响、不太影响、一般、较为影响、非常影响五个维度，按照1、2、3、4、5分来打分，得出各层指标相应的分值，选出分值超过3.5分的因素，再将这些因素设计成问卷发放到钢铁企业，求证指标的可靠性。见附录C。

（3）现场调研法。在文献研究法和德尔菲法的基础上，将设计出的问卷调查表发给企业员工进行现场调查，如某指标的选择超过50%，则认为该指标是有效的。

人、物、管理因素依据生产事故影响因素进行分析确定；环境的不利因素并不是先天决定的，而是由于现场管理混乱、人为原因等造成环境的不利因素，可以根据隐患排查等工作发现并及时进行整改，因此不纳入单独要素指标；隐患因素作为企业安全生产的重要内容，实时反映企业安全生产状态，因此作为一级指标要素提出；事故事件因素直接影响了企业生产状态。经过上述研究，对钢铁企业生产事故风险预警指标进行了合理的分类归并，最终构建了5大类22项我国钢铁企业生产事故风险预警指标。

为了便于后面的分析研究，采用字母和数字组合代码对指标进行描述。我国钢铁企业生产事故风险预警指标体系框架如图4－2所示。

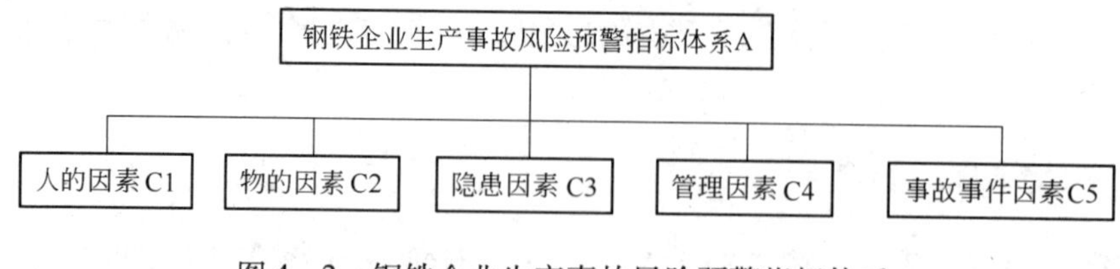

图4－2 钢铁企业生产事故风险预警指标体系

（1）人的因素。人的因素主要是指工人职业技能等级、年龄、本企业工龄、学历、工作时间和劳动强度六个指标，如图4－3所示。

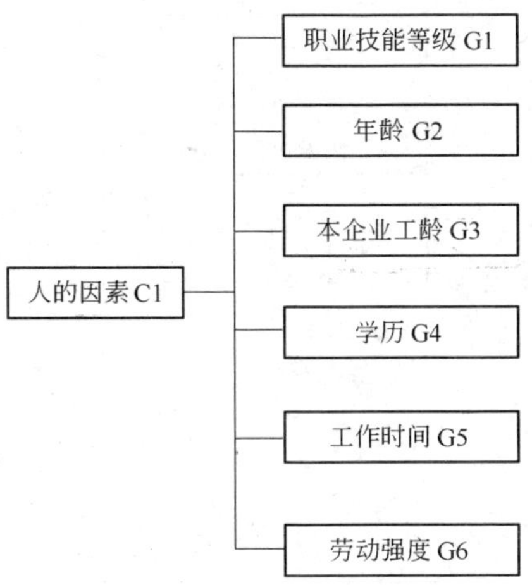

图 4-3 人的指标因素结构图

(2) 物的因素。物的因素主要是设备功能完好率、设备检修计划兑现率、非计划检修维修数量、设备超负荷运行台时四个指标，如图 4-4 所示。

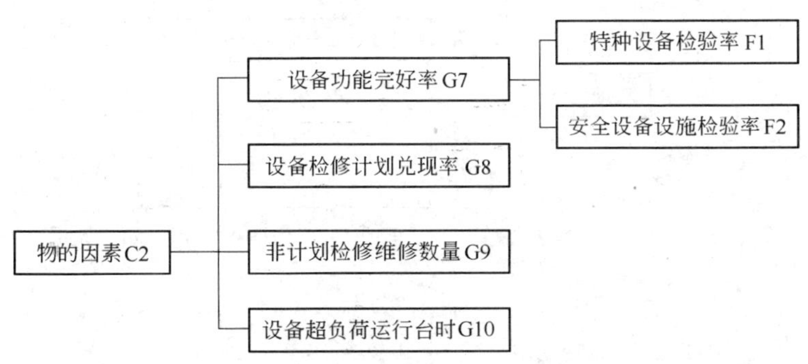

图 4-4 物的指标因素结构图

(3) 隐患因素。隐患因素有隐患评估、隐患整改完成率和隐患类别三个指标，具体如图 4-5 所示。

(4) 管理因素。管理因素有危险作业次数、岗位流动人次、安全培训、外用工人员占比、安全生产费用投入率、持证上岗率等七个指标，具体如图 4-6 所示。

(5) 事故事件因素。根据事故发生的四大要素，本评价指标体系引入事故事件因素。事故事件因素有人身伤亡事故和生产设备事故两个指标，具体如图 4-7 所示。

钢铁企业生产事故风险预警指标体系共五大类，用以表征这个五个方面对钢

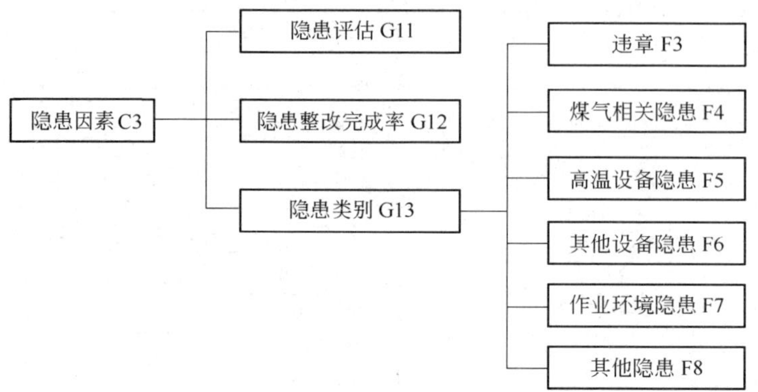

图4－5 隐患的指标因素结构图

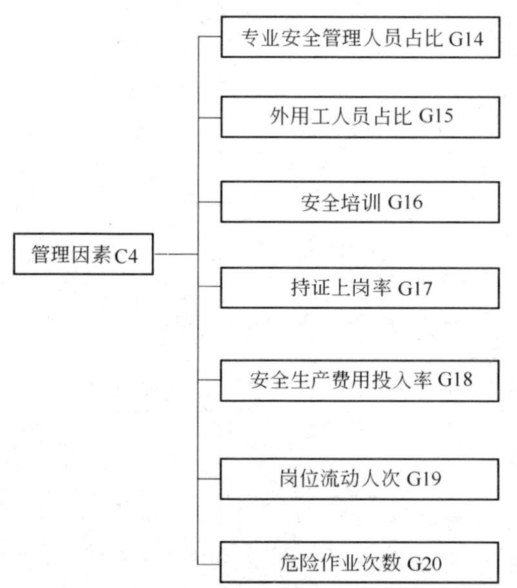

图4－6 管理的指标因素结构图

铁冶金企业安全生产工作的影响。指标由三层构成，一级指标层为准则层，二级指标层为主要指标层，二级指标共22个，三级指标是对部分二级指标进行细化而形成的，共15个。具体钢铁企业生产事故风险预警指标体系如图4－8所示。

4.3.3 预警指标分析与量化说明

从前文可知，钢铁企业生产事故风险预警指标体系从人、物、隐患、管理和事故事件五个方面进行研究，共有22个二级指标和15个三级指标。

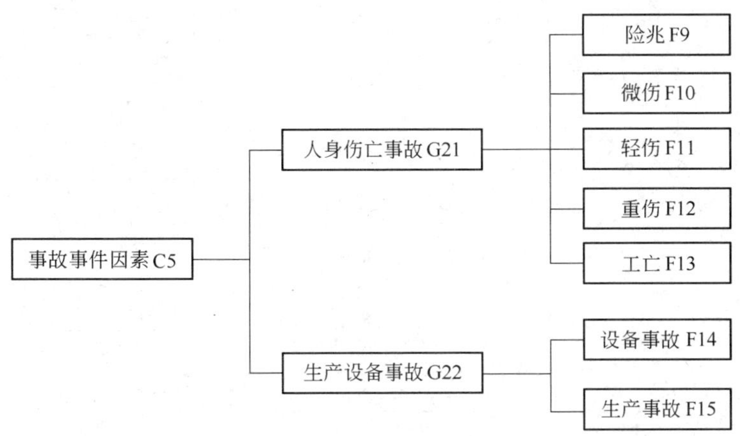

图4－7 事故的指标因素结构图

指标量化结果应与最终预警结果趋势相同，预警结果数值越大，表示危险程度越高即安全程度越低；数据越小，表示危险程度越低即安全程度越高。因此指标量化结果数值越大，表示其危险程度越高或安全生产能力越差；数值越小，表示其危险程度越低或安全生产能力越高。

指标量化方式采取两种方法进行：（1）单一指标分级量化。将指标中可进行层级划分的，按照1～9标度法进行量化，也就是指将指标按照危险程度划分，分别采用1～9中的数字来表征，即用“9”表示危险程度最高，“1”表示危险程度最低。（2）直接计数法。有部分指标时刻会发生变化，很难通过层级直接判断其危险程度，因此应采取直接计数法进行量化。

现将22个二级指标进行分析说明和量化。

4.3.3.1 人的因素（C1）

A 职业技能等级（G1）

职业技能鉴定是一项基于职业技能水平的考核活动，属于标准参照型考试。它是由考核（考试）机构对劳动者从事某种职业所应掌握的技术理论知识和实际操作能力做出客观的测量和评价。员工职业技能的高低，反映了其掌握本岗位技能的水平和熟练程度，往往技能等级高的员工其劳动行为规范、不安全行为发生的现象少，对于安全生产工作有好的影响。

职业技能等级的划分根据《国家职业标准制定技术规程》规定分为初级、中级、高级、技师、高级技师五类。考虑到企业中直接参与生产过程的相关人员不全是技能人员，将助理技术员、技术员、助理工程师、工程师、高级工程师五类分别等同于职业技能的五类等级进行统计。未达到初级技师或助理技术员的员

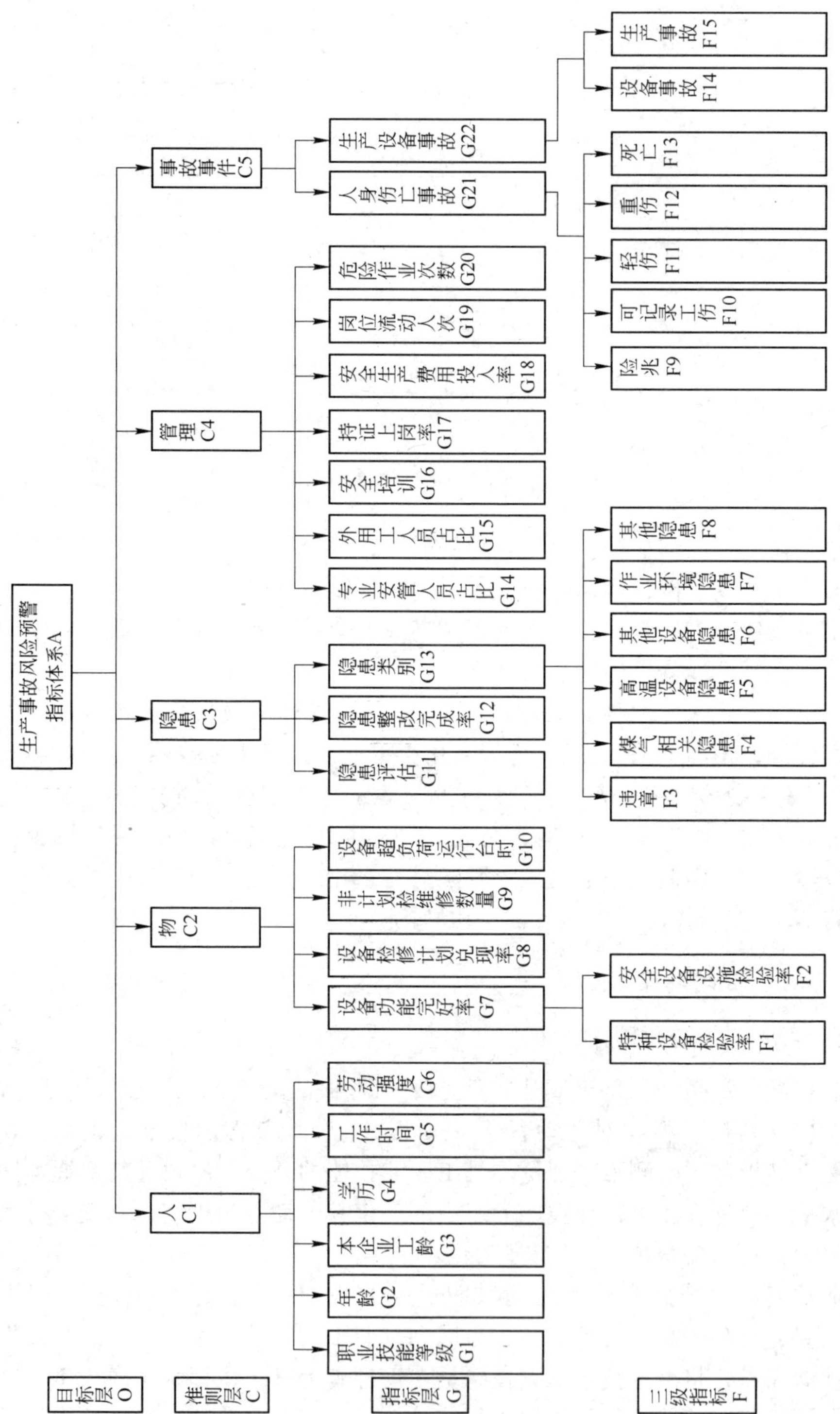

图4-8 钢铁企业生产事故风险预警指标体系

工按照最低等级计算。目前，从调查的数据情况看，钢铁企业从事直接生产活动的操作工人中，高级技师、技师的人数占企业全部作业人员人数比例较少，初级工、中级工的比例较多。钢铁企业操作人员中缺少大量的掌握相应操作技能、安全操作能力的高等级技术工人。

职业技能等级 G1 量化的方式为对五类技术等级进行分级赋分，分别统计企业直接参与生产作业过程员工（下同）的技术等级，通过计算机输入求出各技术等级的员工占比，可得

$$I_1 = A_1a_1 + B_1b_1 + C_1c_1 + D_1d_1 + E_1e_1 \tag{4-1}$$

式中，I_1 为职业技能等级指标值；A_1 为对应助理技术员所赋分值；B_1 为对应技术员所赋分值；C_1 为对应助理工程师所赋分值；D_1 为对应工程师所赋分值；E_1 为对应高级工程师在企业员工总数中所占的比例；a_1 为对应助理技术员在企业员工总数中所占的比例；b_1 为对应技术员在企业员工总数中所占的比例；c_1 为对应助理工程师在企业员工总数中所占的比例；d_1 为对应工程师在企业员工总数中所占的比例；e_1 为对应高级工程师在企业员工总数中所占的比例；A_1、B_1、C_1、D_1、E_1 对应的取值为分别为 9、7、5、3、1。

B 年龄（G2）

年龄指一个人从出生时起到统计时止生存的时间长度，通常用年岁来表示。据统计，人在 20 ~25 岁年龄段时事故率最高，30 岁年龄段以后事故率有所下降，35 ~45 岁 C_2 年龄段事故率最低，45 岁年龄段以后其经验较丰富，但身体机能有所下降，如果仍然在第一线，事故率又有上升的趋势。目前，特别是近几年，由于钢铁企业经营状况不佳，企业为控制成本，大量减少职工人数，减少人员的招聘，人员年龄机构发生变化，45 岁以上工龄人数比例增幅较大。

年龄 G2 量化的方式为对四个年龄段进行分级赋值，企业输入每个员工年龄，计算机自动算出三个年龄段的占比：

$$I_2 = A_2a_2 + B_2b_2 + C_2c_2 + D_2d_2 \tag{4-2}$$

式中，I_2 为年龄指标值；A_2 为对应 20 ~25 岁年龄段赋值；B_2 为对应 25 ~35 岁年龄段赋值；C_2 为对应 35 ~45 岁年龄段赋值；D_2 为对应 45 岁以上年龄段赋值；a_2 为对应 20 ~25 岁年龄段占员工总数的比率；b_2 为对应 25 ~35 岁年龄段占员工总数的比率；c_2 为对应 35 ~45 岁年龄段占员工总数的比率；d_2 为对应 45 岁以上年龄段占员工总数的比率。A_2、B_2、C_2、D_2 分别为 9、5、1、3。这里采取整周岁输入，测试时已过当年生日者，计算年龄为测试年减去出生年；测试时未过当年生日者，计算年龄为测试年减去出生年再减一年。

C 工龄（G3）

工龄或者称为岗位工龄是指职工以工资收入为生活资料的全部或主要来源的工作时间。据相关研究，工龄和事故发生率存在相应的关系，工作 10 年以内是

事故发生的高发阶段，10～12 年的事故发生概率较小，12 年后事故发生概率有所上升。因此，通过对员工工龄进行统计分析，可研究其对事故发生的影响。钢铁企业目前职工的工龄呈现出“两头大，中间小”的现象，即工龄 10 年以下及工龄 12 年以上的职工人数占比较大，工龄 10 年至 12 年的较少。

工龄（G3）量化的方式为对三个工龄段进行分级赋值，企业统计每个员工工龄，计算机自动算出三个工龄段的占比，可得

$$I_3 = A_3 a_3 + B_3 b_3 + C_3 c_3 \tag{4-3}$$

式中，I_3 为工龄指标值；A_3 为工龄 10 年以内指标值；B_3 为工龄 10～12 年以内指标值；C_3 为工龄 12 年以上指标值；a_3 为工龄 10 年以内占员工总数的比例；b_3 为工龄 10～12 年以内占员工总数的比例；c_3 为工龄 12 年以上占员工总数的比例。

A_3、B_3、C_3 为对应各工龄段所赋分值，分别为 9、1、3；岗位工龄与工龄相同，特指作业人员从事现有岗位的时间，在数据处理中，优先使用岗位工龄。当岗位工龄无法统计时，使用员工工龄。量化方式为：工龄 1 年以内取值 9，1～3 年取值 3，3 年以上取值 1，工龄指标值计算方式同上。

D 学历（G4）

学历是指员工的求学经历，指曾在学校肄业或毕业的最高学历。

国内外研究显示，学历或者文化程度低是职业病伤害发生的危险因素[118]。文化程度低者在生产中不容易遵守规则制度，更易违规操作，当采用新技术和使用新机器时比其他人更容易犯错误；而有较高知识水平的工人，对危险因素的认识水平和处理能力均高于文化低者，受伤害的可能性低于后者。2000 年后，我国钢铁企业进入加速发展、快速发展的阶段，同时随着高校的扩招，钢铁企业从业人员学历有过一段较快的增长；但目前，钢铁企业仍然是工作环境较差、劳动强度较大的行业，大专以下学历的从业人员比例仍然较大。

学历（G4）量化方式为将员工受教育程度分为高中及以下、大专、大本及以上三个等级，对不同等级进行分级赋分，取百分制。根据企业员工各学历占比，可得

$$I_4 = A_4 a_4 + B_4 b_4 + C_4 c_4 \tag{4-4}$$

式中，I_4 为学历指标值；A_4 为高中及以下学历段所赋分值；B_4 为大专学历段所赋分值；C_4 为大本及以上学历段应各学历段所赋分值；a_4 为高中及以下学历段占员工总数的比例；b_4 为大专学历段占员工总数的比例；c_4 为大专学历段占员工总数的比例。A_4、B_4、C_4 分别为 9、5、1。

E 工作时间（G5）

工作时间又称劳动时间，是指法律规定的劳动者在一昼夜和一周内从事劳动的时间。工作时间的长度由法律直接规定，或由集体合同或劳动合同直接规定。本章中工作时间指法律规定的劳动者在统计周期内从事劳动的时

间。钢铁企业目前多试行“四班三班倒”的工作制度，每班工作时间为8h。但钢铁企业仍存在生产任务不均匀，抢修、检修活动较多，出现长时间工作的情况。

工作时间（G5）量化方式为输入每个员工的工作时间，计算机自动算出整个企业的平均工作时间，考虑其有效时间，可得

$$I_5 = 0.75 \times \frac{\sum_{i=1}^{M} T_i}{M} \tag{4-5}$$

式中，I_5 为工作时间指标值；T_i 为每个员工的工作时间；M 为总员工人数。如 I_5 超过8的，即平均工资时间超过8h，违反国家劳动法相关规定，这里 I_5 取值为9。

F　劳动强度（G6）

劳动强度为劳动的内含量或劳动的密度。虽然钢铁企业生产技术水平不断提高，计算机操作成为生产工艺的主要环节，但作业现场存在大量劳动强度大的岗位，锤锻、搬运等重劳动和极重劳动强度的作业较多。

劳动强度（G6）量化方式为对劳动强度进行分级赋分，采用百分制。将劳动强度分为轻劳动、中劳动、重劳动以及极重劳动四个等级。常见职业体力劳动强度分级表见表4－1。

$$I_6 = A_6 a_6 + B_6 b_6 + C_6 c_6 + D_6 d_6 \tag{4-6}$$

式中，I_6 为劳动强度指标值；A_6 为轻劳动赋值；B_6 为中劳动赋值；C_6 为重劳动赋值；D_6 为极重劳动赋值；a_6 为轻劳动员工数量占员工总数的比例；b_6 为中劳动员工数量占员工总数的比例；c_6 为重劳动员工数量占员工总数的比例；d_6 为极重劳动员工数量占员工总数的比例。A_6、B_6、C_6、D_6 对应四类劳动强度赋值，分别为3、5、7、9；$a_6 + b_6 + c_6 + d_6 = 100\%$。

表4－1　常见职业体力劳动强度分级表

体力劳动强度分级	职　业　描　述
Ⅰ（轻劳动）	坐姿：手工作业或腿的轻度活动（正常情况下，如打字、缝纫、脚踏开关等）；立姿：操作仪器，控制、查看设备，上臂用力为主的装配工作
Ⅱ（中等劳动）	手和臂持续动作（如锯木头等）；臂和腿的工作（如卡车、拖拉机或建筑设备等运输操作）；臂和躯干的工作（如锻造、风动工具操作、粉刷、间断搬运中等重物、除草、锄田、摘水果和蔬菜等）
Ⅲ（重劳动）	臂和躯干负荷工作（如搬重物、铲、锤锻、锯刨或凿硬木、割草、挖掘等）
Ⅳ（极重劳动）	大强度的挖掘、搬运，快到极限节律的极强活动

4.3.3.2　物的因素（C2）

A　设备功能完好率（G7）

设备功能完好率是设备安全状态的主要表现，包括特种设备检验率和安全设

备设施完好率两个指标。钢铁企业压力容器、起重机械、各种场（厂）内专用机动车辆等特种设备种类多，数量多，钢铁企业中因特种设备引发的事故时有发生。此外，安全设备设施是保障钢铁企业人员、财产安全的重要保障设备设施。钢铁企业现场环境差，设备设施完好不易保持，各企业设备设施不齐全、不完善，损坏严重等情况时有发生。

设备功能完好率（G7）量化方式：

$$I7_1' = 100 - \frac{\text{已检验特种设备台数}}{\text{特种设备总台数}} \times 100 \qquad (4-7)$$

$$I7_2' = 100 - \frac{\text{安全设备设施完好台数}}{\text{安全设备设施总台数}} \times 100 \qquad (4-8)$$

式中，$I7_1'$ 为特种设备检验率计算值；$I7_2'$ 为安全设备设施完好率指标值。

将 $I7_1'$、$I7_2'$ 进行量化处理后，得到特种设备检验率指标值 $I7_1$、安全设备设施完好率指标值 $I7_2$，处理方式为：分别将其计算值分为 100～80、80～50、50～30、30～0、0 五个区域，分别对应数值 9、7、5、3、1，即检验率、完好率为 100% 时，对应数值 1。设备功能完好率是通过特种设备检验率和安全设备设施完好率两个指标计算，可得

$$I_7 = I7_1 a_7 + I7_2 b_7 \qquad (4-9)$$

式中，I_7 为设备功能完好率指标；a_7 为特种设备检验率指标的权重；b_7 为安全设备设施完好率指标的权重。其中，$a_7 + b_7 = 1$。

B　设备检维修计划兑现率（G8）

设备检维修计划兑现率主要包括设备检维修时间和项目上实际完成的情况与计划完成情况的比率，主要选取检维修项目内容的兑现率。钢铁企业的设备检修一般分为大修、中修、小修，每年企业都会制订详细的检修计划，但在计划的执行过程中往往会因为众多原因未进行，导致设备长时间运行、“带病”运行的情况。

设备检维修计划兑现率（G8）量化方式：

$$I_8' = 100 - \frac{\text{实际检维修设备台数}}{\text{应检维修设备台数}} \times 100 \qquad (4-10)$$

式中，I_8' 为设备检维修项目兑现率计算值。

将 I_8' 进行量化处理后，得到设备检维修项目兑现率指标值 I_8，处理方式为：分别将其计算值分为 100～80、80～50、50～30、30～0、0 五个区域，分别对应数值 9、7、5、3、1，即设备检维修项目兑现率为 100% 时，对应数值 1。

C　非计划检修维修数量（抢修）（G9）

非计划检修维修指不在企业根据生产所制订的检修维修计划之内的检修维修，一般针对突发事故或者其他情况。钢铁企业在生产过程中，由于设备设施故障影响生产，非计划抢修的情况较多。

非计划检修维修数量（抢修）（G9）量化方式为：按照企业实际情况及预警

周期要求，收集企业在一定时期内的非计划检修维修次数 I_9。

D 设备超负荷运行（G10）

设备超负荷运行是指机械设备等在超出所能承受负荷范围之外进行运转的情况。钢铁企业为了完成生产任务，常出现长时间超负荷生产的情况。

设备超负荷运行（G10）量化方式：

$$I_{10} = \text{超负荷运行的设备台数} \times \text{超负荷运行时间（天）} \qquad (4-11)$$

式中，I_{10}为设备超负荷运行作业指标值。

4.3.3.3 隐患（C3）

事故隐患指违反安全生产法律、法规、规章、标准、规程和安全生产管理制度的规定，或者因其他因素在生产经营活动中存在可能导致事故发生的物的危险状态、人的不安全行为和管理上的缺陷。

事故隐患与危险源的区别是：危险源是客观存在的危险物质或破坏性能量，是可量化和测量的；事故隐患既有客观存在的，也有主观上的因素（人的因素），既有可测量的隐患又有不可测量的隐患和难以发现的隐患。一个危险源可存在多个隐患。工业生产中的事故隐患来源于对危险源的失控。

A 隐患评估（G11）

事故隐患信息通常是对于问题的描述，用现有的数据很难进行定量化表示。而对于隐患进行评估，实际是安全生产中意义重大的方法，是对事故预防的重要手段。因此，对事故隐患进行评估，通过对事故隐患可能会造成的后果进行测量，将事故隐患量化。目前，钢铁企业对隐患的评估有着不同的评估依据，有的是按照经济损失进行，有的是按照对人员的伤害进行，有的是按照损失的工作日进行。为了更好对指标进行量化，引入“事故当量”，它是测度事故综合危害的指标。它能够反映事故后果——死亡、伤残、职业病和经济损失四个方面的综合特征，用于综合衡量单起事故或一个企业、一个地区发生事故的危害程度。即用事故当量的概念将四个不同的事故特征统一起来。

对隐患进行评估，是考虑其一旦发生事故所造成的后果，因此很难测量其经济损失，职业病是工作环境长期造成的影响，在某次隐患评估中很难界定，无法做到死亡、伤残、职业病和经济损失四方面的全当量评估。因此，暂不考虑经济损失和职业病的影响，主要考虑隐患可能造成的后果中死亡和伤残两项指标。

按照《企业职工伤亡事故分类标准》（GB 6441—1986）规定：死亡或永久性全失能伤害定为6000 日；轻伤为损失工作日低于 105 日的失能伤害；重伤为相当于损失工作日等于和超过 105 日的失能伤害。

按照我国规定，一人每年工作日等于 250 日，因此这里以 250 工日为 1 个标准当量。

因此将可能造成死亡、重伤、轻伤所对应的系数进行事故当量的转换，得出死亡所对应数值为24、轻伤（按照其损失工作日为105 日）对应数值为0.42。由于死亡与轻伤所对应数据差距较大，强调了死亡所造成的损失，而企业轻伤事故占多数，因此进行适当调整后，取死亡对应数值为10、重伤为5、轻伤为1。

对作业现场进行隐患评估，对每一项隐患列出包括可能导致的结果：A—死亡、B—重伤、C—轻伤。具体对应分值见表4-2。

表4-2 隐患评估等级分值表

伤害等级	对应的分值
A—死亡	10
B—重伤	5
C—轻伤	1

隐患评估（G11）量化方式：

$$I_{11} = a_{11} \times 10 + b_{11} \times 5 + c_{11} \times 1 \tag{4-12}$$

式中，I_{11}为单位时间内隐患评估指标值；a_{11}为隐患中可能造成死亡后果的数量；b_{11}为隐患中可能造成重伤后果的数量；c_{11}为隐患中可能造成轻伤后果的数量。a_{11}、b_{11}、c_{11}之和为发现隐患的总数量。

B 隐患整改率（G12）

隐患整改率是规定时间内完成整改的隐患占所发现隐患的比率。钢铁企业目前均在开展隐患的排查工作，排查出的隐患数量很多，但因劳动组织、资金、同生产冲突等原因导致隐患整改率不高。

隐患整改率（G12）量化方式：

$$I'_{12} = 100 - \frac{\text{隐患整改完成数}}{\text{所发现隐患数}} \times 100 \tag{4-13}$$

式中，I'_{12}为隐患整改率指标值。

将I'_{12}进行量化处理后，得到安全培训指标值I_{12}，处理方式为：分别将其计算值分为100~80、80~50、50~30、30~0、0 五个区域，分别对应数值9、7、5、3、1，即隐患整改完成率为100%时，对应数值1。

C 隐患类别（G13）

隐患类别有很多，隐患类别包括了物的不安全状态、人的不安全行为以及管理缺陷。一般管理缺陷在隐患排查过程中少有体现。将隐患类别按照钢铁企业特点分为违章（F3）、煤气相关隐患（F4）、高温设备隐患（F5）、其他设备隐患（F6）、作业环境隐患（F7）和其他隐患（F8）共6 种。

a 违章（F3）

违章是指违章指挥、违章操作、违反劳动纪律的“三违”行为，“三违”行为是指在生产作业和日常工作中出现的盲目性违章、盲从性违章、无知性违章、习惯性违章、管理性违章以及施工现场违章指挥、违章操作和违反劳动纪律和规章制度、操作规程（程序和方法）等行为。

违章（F3）的量化方式为：直接提取钢铁企业每月相应的违章数量 I_6。

b 煤气相关隐患（F4）

钢铁企业中煤气是危险性大、易引发群死群伤的工业气体。钢铁企业煤气有焦炉煤气、高炉煤气、转炉煤气等众多来源，而且几乎每个主要生产环节都有煤气的使用，此外煤气的输送管网设备复杂。煤气相关的隐患是造成钢铁企业事故的主要因素。

煤气相关隐患（F4）的量化方式为：直接提取钢铁企业每月相应的煤气设备、煤气监控等隐患数量 I_7。

c 高温设备隐患（F5）

钢铁企业中高炉、转炉、电炉等高温设备众多，高温的媒介物质铁水、钢水常常达到1500℃以上，高温热辐射的伤害能导致人员呼吸系统损坏或者人员瞬间死亡。目前，钢铁企业中因高温设备隐患导致的事故量较多。

高温设备隐患（F5）的量化方式为：直接提取钢铁企业每月高温设备的隐患数量 I_7。

d 其他设备隐患（F6）

其他设备隐患是指除高温设备、煤气设备相关设备等其他的设备隐患。对钢铁业来说，包括钢铁生产中所涉及的电动工具、运输设备、控制设备等，其形态多种多样，所拥有的能量也是千差万别。

其他设备隐患（F6）的量化方式为：直接提取钢铁企业每月相应的隐患数量 I_8。

e 作业环境隐患（F7）

事故的发生与作业环境有着密不可分的关系。与钢铁企业紧密相关的环境有照明情况、整洁情况、作业环境的空气、温度、地面的湿滑情况等。

作业环境隐患（F7）的量化方式为：直接提取钢铁企业每月相应的作业环境隐患数量 I_8。

f 其他隐患（F8）

除上述隐患类别之外的隐患。

作业环境隐患（F8）的量化方式为：直接提取钢铁企业每月相应的隐患数量 I_9。

4.3.3.4 管理因素（C4）

A 专职安全管理人员（G14）

安全管理作为管理的一个重要方面，必须有专门的安全管理人员来执行。专职安全管理人员是指企业专职负责安全监督、检查，督促、指导，培训、教育工作的人员，包括企业进行安全托管、提供专职安全技术服务的有关人员。专职安全管理人员数量直接决定了企业安全管理水平，人数多对于安全生产形势有利。《冶金企业安全生产监督管理规定》（国家安全生产监督管理总局令第26号）规定，“钢铁企业的从业人员超过300人的，应当设置安全生产管理机构，配备不少于从业人员3‰比例的专职安全生产管理人员；从业人员在300人以下的，应当配备专职或者兼职安全生产管理人员”。由于专职安全管理人员要求专业素质高，钢铁企业专职安全生产安全管理人员存在着人员配备数量不齐全的情况。

量化方式：

$$专职安全管理人员占比=\frac{专职安全管理人员数量}{总员工人数}\times 100\% \tag{4-14}$$

可得

$$I_{14}=\begin{cases}1，满足规定人数要求\\9，不满足规定人数要求\end{cases} \tag{4-15}$$

式中，I_{14}为专职安全管理人员指标值。

B 外用工（G15）

外用工是指一些长期在生产企业工作或服务，没有正式职工的编制，但又列入劳动统计范围的人员，或是由企业直接招用的各种临时合同工，或是由外委施工单位招聘的有关人员。外用工由于用工方式与正式员工不同，人员素质要求不高，人员流动性大，培训教育不到位，在生产过程中往往对生产技能掌握、遵章守纪的程度不高，存在大量不安全行为，造成对安全生产的不利影响。从企业历史经验看来，往往外用工人员占比高，对安全生产形势不利。目前，钢铁企业存在外用工比例越来越高的情况，大量脏、乱的工种以及专业检修维修等工作都由外用工承担。

量化方式：

$$I_{15}=\frac{N}{M}\times 100 \tag{4-16}$$

式中，I_{15}为外用工指标值；N为外用工人员数量；M为总员工数量。

C 安全培训（G16）

安全培训一般是指以提高安全监管人员、生产经营单位从业人员和从事安全生产工作的相关人员的安全素质为目的的教育培训活动。这里通过新员工、转岗、复岗以及再教育培训的时间来评估其活动效果。目前，钢铁企业安全培训存在再教育培训时间较少的现象。

安全培训（G16）量化方式：

$$I'_{16}=100-\frac{实际完成培训时间}{应完成培训时间}\times 100 \tag{4-17}$$

式中，I'_{16}为安全培训计算值。

将I'_{16}进行量化处理后，得到安全培训指标值I_{16}，处理方式见表4－3。

表4－3 安全培训对应量化取值

I'_{16}	100～80	80～50	50～30	30～0	0
I_{16}	9	7	5	3	1

D 持证上岗率（G17）

持证上岗率是指企业管理人员是否持有安全管理资格证、安全管理人员是否持有安全管理合格证以及特种作业人员是否持有特种作业资格证。目前钢铁企业大量存在特种设备、特种作业岗位大量存在，人员流动量大等情况，存在特种人员未能持证上岗的情况。

持证上岗率（G17）量化方式：

$$I'_{17}=100-\frac{\text{实际持证上岗人数}}{\text{应持证上岗人数}}\times 100 \tag{4－18}$$

式中，I'_{17}为持证上岗计算值。

将I'_{17}进行量化处理后，得到持证上岗指标值I_{17}，处理方式见表4－4。

表4－4 持证上岗对应量化取值

I'_{17}	100～80	80～50	50～30	30～0	0
I_{17}	9	7	5	3	1

E 安全生产费用投入率（G18）

2012年，财政部和国家安全生产监督管理总局以财企〔2012〕16号印发《企业安全生产费用提取和使用管理办法》。安全生产费用指的是按照上述规定标准提取在成本中列支、专门用于完善和改进企业或者项目安全生产条件的资金。目前钢铁企业生产经营状况不良，不舍得进行安全生产投入，存在安全生产费用投入不到位的情况。

安全生产费用投入率（G18）量化方式：

$$I_{18}=100-\frac{\text{实际安全生产费用投入数}}{\text{标准安全生产费用投入数}}\times 100 \tag{4－19}$$

F 岗位流动次数（G19）

岗位流动是指员工从某一岗位换到另一岗位工作的情况。目前，钢铁企业岗位流动次数很大。

量化方式为：提取企业规定时间内记录中所有员工换岗的人次I_{19}。

G 危险作业（G20）

危险作业是当生产任务紧急特殊，不适于执行一般性的安全操作规程，安全可靠性差，容易发生人身伤亡或设备损坏，事故后果严重，需要采取特别控制措施的特殊作业。目前，钢铁企业危险作业较多。

量化方式为：提取企业每月危险作业的次数 I_{20}。

4.3.3.5 事故事件因素（C5）

A 人身伤害事故（G21）

a 险兆（F9）

险兆事故管理主要是针对可能导致严重后果的条件或行为、存在的不安全因素以及造成一定影响的人员伤害、环境污染或经济损失的事件。没有造成职业病、伤害、财产损失或其他损失的事件，但具有危险征兆的事件也称为险兆事故或未遂事故。

量化方式为：收集企业规定时间内发生的险兆事件数量 $I21_9$。

b 可记录工伤（F10）

可记录工伤主要是指企业医务室所登记的每例轻伤治疗情况，根据医务室备案可查的记录如实上报，企业也可在现场设置医疗箱等设施，对员工自行包扎、使用医疗用品的情况进行记录。一般可记录工伤未上报法定工伤等级。

量化方式为：收集企业规定时间内可记录工伤上报数量 $I21_{10}$。

c 轻伤（F11）

轻伤是指物理、化学及生物等各种外界因素作用于人体，造成组织、器官结构一定程度的损害或者部分功能障碍，尚未构成重伤又不属轻微伤害的损伤。

量化方式为：收集企业规定时间内发生轻伤事故的人数 $I21_{11}$。

d 重伤（F12）

重伤是指使人肢体残废、毁人容貌、丧失听觉、丧失视觉、丧失其他器官功能或者其他对于人身健康有重大伤害的损伤。

量化方式为：收集企业规定时间内发生重伤事故的人数 $I21_{12}$。

e 死亡（F13）

死亡是指劳动者在从事职业活动或者与职业活动有关的活动时所遭受的事故致死和职业病致死。

量化方式为：收集企业规定时间内发生死亡事故的人数 $I21_{13}$。

因此，可得

$$I_{21} = \sum_{i=9}^{13} I21_i \qquad (4-20)$$

式中，I_{21}为人身伤害事故指标值。

B 生产设备事故（G22）

生产设备事故包括生产事故和设备事故两项因子。

a 生产事故（F14）

生产事故是指生产经营单位在生产经营活动中发生的造成人身伤亡或者直接经济损失结果的事故。这里选用事故起数作为预警指标。

量化方式为：收集企业规定时间内发生的生产事故数量 $I22_{14}$。

b 设备事故（F15）

设备事故是指工业企业设备（包括各类生产设备、管道、厂房、建筑物、构筑物、仪器、电讯、动力、运输等设备或设施）因非正常损坏造成停产或效能降低，直接经济损失超过规定限额的行为或事件。

量化方式为：收集企业规定时间发生的设备事故的设备数量 $I22_{15}$。

因此，可得

$$I_{22} = I22_{14} + I22_{15} \tag{4-21}$$

式中，I_{22}为生产设备事故指标值。

4.4 预警指标权重的分配

4.4.1 指标权重方法的选取

4.4.1.1 权重的概念

对钢铁企业生产事故风险进行预警是一个极其复杂的过程，影响钢铁企业生产事故的因素很多，并且这些因素之间相互关联、相互制约，具有复杂性和不确定性。因此需要将各指标之间建立联系，即对各指标进行权重赋值，这里的权重要针对各指标在整体预警指标体系中的相对重要程度进行确定。因此，权重是将若干指标通过关系判断分出其相对重要的程度，将同一层级的指标所对应的权重组成权重集合。

（1）同一层级的权重集合 $\{w_i \mid i=1, 2, \cdots, n\}$ 应满足以下要求：

1）$0 < w_i \leqslant 1$，$i=1, 2, \cdots, n$；

2）$\sum_{i=1}^{n} w_i = 1$，其中 n 为权重个数。

（2）两级指标权重的确定，如一级指标存在二级指标，则在一级指标权重满足如上要求的同时，二级指标集合体系 $\{w_{ij} \mid i=1, 2, \cdots, n, j=1, 2, \cdots, m\}$ 须同时满足以下要求：

1）$0 < w_{ij} \leqslant 1$，$i=1, 2, \cdots, n$，$j=1, 2, \cdots, m$；

2）$\sum_{i=1}^{n} w_i = 1$，其中 n 为一级指标权重个数；

3）$\sum_{i=1}^{n} \sum_{i=1}^{m} w_i w_{ij} = 1$。

对于三级指标以此类推。指标权重的确定，实际也是对系统指标进行排序的过程，指标权重值的构成应符合以上条件。

4.4.1.2 确定权重的方法

目前权重确定的方法大致分为三类：一类为主观赋权法，一类为客观赋权法，一类为主客观综合集成赋权法。主观赋权法就是专家根据经验判断各评价指标相对于评价目的而言的相对重要度，然后经综合评估获得指标权重，属于定性方法，如层次分析法、专家调查法（Delphi 法）、模糊分析法、二项系数法、最小平方法、环比评分法、序关系分析法等。其中层次分析法（AHP 法）在实际应用中使用最多，它将复杂问题层次化，将定性问题定量化，属于定性与定量方法结合的权重确定方法；客观赋权法是根据历史数据研究指标之间的相关关系或指标与评估结果的关系来进行综合评估，主要有最大熵技术法、主成分分析法、多目标规划法、拉开档次法、均方差法、变异系数法、最大离差法、简单关联函数法。

事故风险预警指标之间本身不存在直接相关性，指标与评估结果也没有直接关联度，因此对指标权重的研究选用定量与定性相结合的方法进行，即采用层次分析法（analytic hierarchy process，AHP）。

层次分析法（AHP）是20世纪70年代由美国学者萨蒂（Saatty，T. L.）[119]提出的，是一种定性分析与定量分析相结合的决策分析方法。

4.4.1.3 层次分析法的特点

在进行社会的、经济的以及科学管理领域问题的系统分析中，面临的常常是一个由相互关联、相互制约的众多因素构成的复杂系统。层次分析法（AHP）为分析这类复杂的社会、经济以及科学管理领域中的问题提供了一种新的、简洁的、实用的决策方法[120]。

（1）AHP 法从本质上讲是一种思维方式。它是一个将思维数学化的过程，把复杂问题分解成各个组成因素，又将这些因素按支配关系分组形成递阶层次结构，通过两两比较的方式确定层次中诸因素的相对重要性，然后综合决策者的判断，确定决策方案相对重要性的总排序。整个过程体现了人的决策思维的基本特征，即分解、判断与综合。

（2）决策者利用判断矩阵，能较好地衡量相互关联的事物之间的优劣关系，可以简化系统分析和计算，也有助于决策者保持其思维的一致性。直接使用 AHP 法进行决策，方法简便，易于接受。

（3）判断矩阵所需的尺度设定便于决策者使用，它改变了评价决策者与决策分析者难于沟通的状态，极大地提高了决策的有效性、可靠性和可行性。应用

AHP 法所需信息量较少，但要求分析者对问题的本质、结构，包含的因素及内在的关系分析清楚。

层次分析法所具有的如上几大特点，相对于其他方案优选评价方法而言，更能够体现人思维的逻辑性，避免人的主观矛盾，没有繁琐的计算过程，易于接受。

4.4.1.4 层次分析法的基本原理

层次分析法根据问题的性质和要达到的总目标，将问题分解为不同的组成因素，并按照因素间的相互关联影响以及隶属关系将因素按不同层次聚集组合，形成一个多层次的分析结构模型，从而最终使问题归结为最低层（供决策的方案、措施等）相对于最高层（总目标）的相对重要权值的确定或相对优劣次序的排定。

4.4.1.5 层次分析法的具体步骤

层次分析法的具体计算过程主要包括六个步骤，如图 4－9 所示。

层次分析法的具体步骤见附录 D。

4.4.2 指标权重的确定

运用 AHP 方法进行决策分析时，评判者往往不是一个人，而是若干个人，因此采用群组评判的方式。目前，在 AHP 决策分析的群组评判中，有三种方法受到人们的关注。这三种方法是评分算术平均法、评分几何平均法与权重算术平均法。拟采用评分几何平均法来完成。

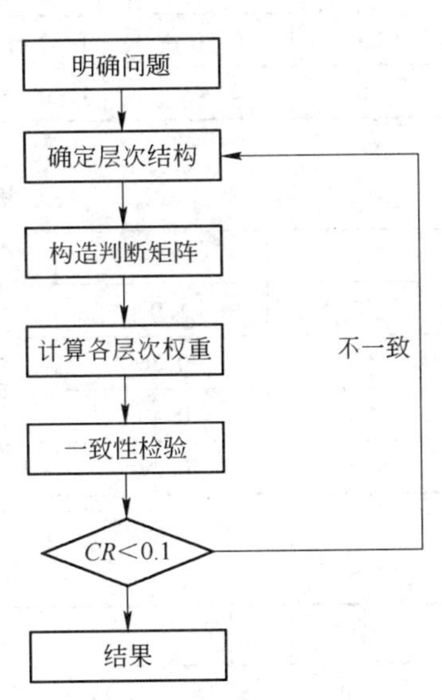

图 4－9 层次分析法的步骤

为了科学确定各个指标在整个指标体系中的权重，采用专家打分的方式进行，共有 30 位有着丰富安全管理经验的人员作为本次重要度评估的对象。根据指标体系的层次结构，逐层采用两两比较来确定因素间相对重要性的数值，见附录 E。使用几何平均法对调查问卷进行处理，分别进行矩阵运算和一致性检验，得到各级指标的权重及层次单排序、综合重要度，结果保留两位小数。

4.4.2.1 建立判断矩阵并计算单层次排序

O－C 层、C1－G 层、C2－G 层、C3－G 层、C4－G 层、C5－G 层以及 C8－F 层的计算结果分别见表 4－5 ~ 表 4－11。

表4-5 O-C层计算结果

O	C1	C2	C3	C4	C5	W
C1	1.00	3.04	3.18	1.64	2.52	0.38
C2	0.33	1.00	1.50	0.86	1.75	0.17
C3	0.31	0.73	1.00	0.95	1.48	0.14
C4	0.64	1.19	1.08	1.00	2.15	0.20
C5	0.40	0.57	0.78	0.47	1.00	0.11

表4-6 C1-G层计算结果

C1	G1	G2	G3	G4	G5	G6	W
G1	1.00	2.49	1.89	1.83	1.90	1.06	0.27
G2	0.40	1.00	0.71	0.70	0.64	0.69	0.11
G3	0.53	1.31	1.00	0.89	1.19	0.73	0.15
G4	0.55	1.43	1.01	1.00	0.94	0.95	0.16
G5	0.56	1.42	0.88	0.96	1.00	1.07	0.16
G6	0.94	1.30	1.06	1.05	0.78	1.00	0.16

表4-7 C2-G层计算结果

C2	G7	G8	G9	G10	W
G7	1.00	2.77	2.78	2.02	0.45
G8	0.36	1.00	1.48	1.15	0.20
G9	0.40	0.70	1.00	1.17	0.17
G10	0.49	0.79	0.85	1.00	0.17

表4-8 C3-G层计算过程

C3	G11	G12	G13	W
G11	1.00	1.41	1.72	0.43
G12	0.71	1.00	2.23	0.37
G13	0.60	0.45	1.00	0.20

表4-9 C4-G层计算结果

C4	G14	G15	G16	G17	G18	G19	G20	W
G14	1.00	2.34	1.41	1.15	1.10	2.08	1.45	0.20
G15	0.43	1.00	0.89	0.68	0.93	1.09	0.86	0.11

续表 4-9

C4	G14	G15	G16	G17	G18	G19	G20	W
G16	0.71	1.04	1.00	1.32	0.91	1.68	1.67	0.16
G17	0.89	1.46	0.75	1.00	1.40	2.40	1.22	0.17
G18	0.90	1.01	1.10	0.78	1.00	2.07	1.56	0.16
G19	0.49	0.92	0.56	0.41	0.45	1.00	0.93	0.09
G20	0.70	1.17	0.54	0.82	0.69	1.07	1.00	0.11

表 4-10　C5-G 层计算结果

C5	G21	G22	W
G21	1.00	3.21	0.76
G22	0.31	1.00	0.24

表 4-11　G8-F 层计算结果

G8	F1	F2	W
F1	1.00	1.43	0.59
F2	0.70	1.00	0.41

4.4.2.2　单层次排序一致性检验

A　O-C 层

$$\boldsymbol{AW}=\begin{pmatrix}1 & 3.04 & 3.18 & 1.64 & 2.52\\0.33 & 1 & 1.50 & 0.86 & 1.75\\0.31 & 0.73 & 1 & 0.95 & 1.48\\0.64 & 1.19 & 1.08 & 1 & 2.15\\0.40 & 0.57 & 0.78 & 0.47 & 1\end{pmatrix}\begin{pmatrix}0.38\\0.17\\0.14\\0.20\\0.11\end{pmatrix}$$

$$(\boldsymbol{AW})_1=1\times0.38+3.04\times0.17+3.18\times0.14+1.64\times0.20+2.52\times0.11=1.95$$

$$(\boldsymbol{AW})_2=0.33\times0.38+1\times0.17+1.5\times0.14+0.86\times0.20+1.75\times0.11=0.89$$

$$(\boldsymbol{AW})_3=0.31\times0.38+0.73\times0.17+1\times0.14+0.95\times0.20+1.48\times0.11=0.73$$

$$(\boldsymbol{AW})_4=0.64\times0.38+1.19\times0.17+1.08\times0.14+1\times0.20+2.15\times0.11=1.03$$

$$(\boldsymbol{AW})_5 = 0.40 \times 0.38 + 0.57 \times 0.17 + 0.78 \times 0.14 + 0.47 \times 0.20 + 1 \times 0.11 = 0.56$$

$$\lambda_{max} = \frac{1}{5}\sum_{i=1}^{5}\frac{(\boldsymbol{AW})_i}{w_i} = \frac{1}{5}\sum_{i=1}^{5}\left(\frac{1.95}{0.38} + \frac{0.89}{0.17} + \frac{0.73}{0.14} + \frac{1.03}{0.20} + \frac{0.56}{0.11}\right) = 5.16$$

$$CI = \frac{\lambda_{max} - n}{n-1} = \frac{5.16 - 5}{4} = 0.04$$

查随机指数表，当 $n = 5$ 时，$RI = 1.12$。

$$CR = \frac{CI}{RI} = \frac{0.04}{1.12} = 0.034 < 0.1$$

所以 O－C 层具有满意的一致性。

B C1－G 层

$$\boldsymbol{AW} = \begin{pmatrix} 1 & 2.49 & 1.89 & 1.83 & 1.90 & 1.06 \\ 0.40 & 1 & 0.71 & 0.70 & 0.64 & 0.69 \\ 0.53 & 1.31 & 1 & 0.89 & 1.19 & 0.73 \\ 0.55 & 1.43 & 1.01 & 1 & 0.94 & 0.95 \\ 0.56 & 1.42 & 0.88 & 0.96 & 1 & 1.07 \\ 0.94 & 1.30 & 1.06 & 1.05 & 0.78 & 1 \end{pmatrix}\begin{pmatrix} 0.27 \\ 0.11 \\ 0.15 \\ 0.16 \\ 0.16 \\ 0.16 \end{pmatrix}$$

$$(\boldsymbol{AW})_1 = 1 \times 0.27 + 2.49 \times 0.11 + 1.89 \times 0.15 + 1.83 \times 0.16 + 1.90 \times 0.16 + 1.06 \times 0.16 = 1.59$$

$$(\boldsymbol{AW})_2 = 0.40 \times 0.27 + 1 \times 0.11 + 0.71 \times 0.15 + 0.70 \times 0.16 + 0.64 \times 0.16 + 0.69 \times 0.16 = 0.65$$

$$(\boldsymbol{AW})_3 = 0.53 \times 0.27 + 1.31 \times 0.11 + 1 \times 0.15 + 0.89 \times 0.16 + 1.19 \times 0.16 + 0.73 \times 0.16 = 0.89$$

$$(\boldsymbol{AW})_4 = 0.55 \times 0.27 + 1.43 \times 0.11 + 1.01 \times 0.15 + 1.00 \times 0.16 + 0.94 \times 0.16 + 0.95 \times 0.16 = 0.92$$

$$(\boldsymbol{AW})_5 = 0.56 \times 0.27 + 1.42 \times 0.11 + 0.88 \times 0.15 + 0.96 \times 0.16 + 1.00 \times 0.16 + 1.07 \times 0.16 = 0.92$$

$$(\boldsymbol{AW})_6 = 0.94 \times 0.27 + 1.30 \times 0.11 + 1.06 \times 0.15 + 1.05 \times 0.16 + 0.78 \times 0.16 + 1.00 \times 0.16 = 1.01$$

$$\lambda_{max} = \frac{1}{6}\sum_{i=1}^{6}\frac{(\boldsymbol{AW})_i}{w_i} = \frac{1}{6}\sum_{i=1}^{6}\left(\frac{1.59}{0.27} + \frac{0.65}{0.11} + \frac{0.89}{0.15} + \frac{0.92}{0.16} + \frac{0.92}{0.16} + \frac{1.01}{0.16}\right) = 5.92$$

$$CI = \frac{\lambda_{max} - n}{n-1} = \frac{5.92 - 6}{6-1} = -0.016$$

查随机指数表，当 $n = 6$ 时，$RI = 1.24$。

$$CR = \frac{CI}{RI} = \frac{-0.016}{1.24} = -0.013 < 0.1$$

所以 C1 – G 层具有满意的一致性。

C　C2 – G 层

$$\boldsymbol{AW} = \begin{pmatrix} 1 & 2.77 & 2.78 & 2.02 \\ 0.36 & 1 & 1.48 & 1.15 \\ 0.40 & 0.70 & 1 & 1.17 \\ 0.49 & 0.79 & 0.85 & 1 \end{pmatrix} \begin{pmatrix} 0.45 \\ 0.20 \\ 0.17 \\ 0.17 \end{pmatrix}$$

$(\boldsymbol{AW})_1 = 1 \times 0.45 + 2.77 \times 0.20 + 2.78 \times 0.17 + 2.02 \times 0.17 = 1.82$

$(\boldsymbol{AW})_2 = 0.36 \times 0.45 + 1.00 \times 0.20 + 1.48 \times 0.17 + 1.15 \times 0.17 = 0.81$

$(\boldsymbol{AW})_3 = 0.40 \times 0.45 + 0.70 \times 0.20 + 1.00 \times 0.17 + 1.17 \times 0.17 = 0.69$

$(\boldsymbol{AW})_4 = 0.49 \times 0.45 + 0.79 \times 0.20 + 0.85 \times 0.17 + 1.00 \times 0.17 = 0.69$

$$\lambda_{\max} = \frac{1}{4}\sum_{i=1}^{4}\frac{(\boldsymbol{AW})_i}{w_i} = \frac{1}{4}\left(\frac{1.82}{0.45} + \frac{0.81}{0.20} + \frac{0.69}{0.17} + \frac{0.69}{0.17}\right) = 4.05$$

$$CI = \frac{\lambda_{\max} - n}{n-1} = \frac{4.05-4}{4-1} = 0.017$$

查随机指数表，当 $n=4$ 时，$RI=0.90$。

$$CR = \frac{CI}{RI} = \frac{0.017}{0.90} = 0.019 < 0.1$$

所以 C2 – G 层具有满意的一致性。

D　C3 – G 层

$$\boldsymbol{AW} = \begin{pmatrix} 1 & 1.41 & 1.72 \\ 0.71 & 1 & 2.23 \\ 0.60 & 0.45 & 1 \end{pmatrix} \begin{pmatrix} 0.43 \\ 0.37 \\ 0.20 \end{pmatrix}$$

$(\boldsymbol{AW})_1 = 1 \times 0.43 + 1.41 \times 0.37 + 1.72 \times 0.20 = 1.30$

$(\boldsymbol{AW})_2 = 0.71 \times 0.43 + 1.00 \times 0.37 + 2.23 \times 0.20 = 1.12$

$(\boldsymbol{AW})_3 = 0.60 \times 0.43 + 0.45 \times 0.37 + 1.00 \times 0.20 = 0.62$

$$\lambda_{\max} = \frac{1}{3}\sum_{i=1}^{3}\frac{(\boldsymbol{AW})_i}{w_i} = \frac{1}{3}\left(\frac{1.30}{0.43} + \frac{1.12}{0.37} + \frac{0.62}{0.20}\right) = 3.05$$

$$CI = \frac{\lambda_{\max} - n}{n-1} = \frac{3.05-3}{3-1} = 0.025$$

查随机指数表，当 $n=3$ 时，$RI=0.58$。

$CR = \frac{CI}{RI} = \frac{0.025}{0.58} = 0.043 < 0.1$，所以 C3 – G 层具有满意的一致性。

E C4 - G 层

$$AW=\begin{pmatrix} 1 & 2.34 & 1.41 & 1.15 & 1.10 & 2.08 & 1.45 \\ 0.43 & 1 & 0.89 & 0.68 & 0.93 & 1.09 & 0.86 \\ 0.71 & 1.04 & 1 & 1.32 & 0.91 & 1.68 & 1.67 \\ 0.89 & 1.46 & 0.75 & 1 & 1.40 & 2.40 & 1.22 \\ 0.90 & 1.01 & 1.10 & 0.78 & 1 & 2.07 & 1.56 \\ 0.49 & 0.92 & 0.56 & 0.41 & 0.45 & 1 & 0.93 \\ 0.70 & 1.17 & 0.54 & 0.82 & 0.69 & 1.07 & 1 \end{pmatrix}\begin{pmatrix} 0.20 \\ 0.11 \\ 0.16 \\ 0.17 \\ 0.16 \\ 0.09 \\ 0.11 \end{pmatrix}$$

$$(AW)_1 = 1\times0.20+2.34\times0.11+1.41\times0.16+1.15\times0.17+1.10\times0.16+2.08\times0.09+1.45\times0.11=1.40$$

$$(AW)_2 = 0.43\times0.20+1.00\times0.11+0.89\times0.16+0.68\times0.17+0.93\times0.16+1.09\times0.09+0.86\times0.11=0.80$$

$$(AW)_3 = 0.71\times0.20+1.04\times0.11+1.00\times0.16+1.32\times0.17+0.91\times0.16+1.68\times0.09+1.67\times0.11=1.12$$

$$(AW)_4 = 0.89\times0.20+1.46\times0.11+0.75\times0.16+1.00\times0.17+1.40\times0.16+2.40\times0.09+1.22\times0.11=1.20$$

$$(AW)_5 = 0.90\times0.20+1.01\times0.11+1.10\times0.16+0.78\times0.17+1.00\times0.16+2.07\times0.09+1.56\times0.11=1.12$$

$$(AW)_6 = 0.49\times0.20+0.92\times0.11+0.56\times0.16+0.41\times0.17+0.45\times0.16+1.00\times0.09+0.93\times0.11=0.62$$

$$(AW)_7 = 0.70\times0.20+1.17\times0.11+0.54\times0.16+0.82\times0.17+0.69\times0.16+1.07\times0.09+1.00\times0.11=0.81$$

$$\lambda_{max}=\frac{1}{7}\sum_{i=1}^{7}\frac{(AW)_i}{w_i}=\frac{1}{7}\left(\frac{1.40}{0.20}+\frac{0.80}{0.11}+\frac{1.12}{0.16}+\frac{1.20}{0.17}+\frac{1.12}{0.16}+\frac{0.62}{0.09}+\frac{0.81}{0.11}\right)=7.08$$

$$CI=\frac{\lambda_{max}-n}{n-1}=\frac{7.08-7}{7-1}=0.013$$

查随机指数表，当 $n=7$ 时，$RI=1.32$。

$$CR=\frac{CI}{RI}=\frac{0.013}{1.32}=0.01<0.1$$

所以 C4 - G 层具有满意的一致性。

F C5 - G 层

$$AW=\begin{pmatrix} 1 & 3.21 \\ 0.31 & 1 \end{pmatrix}\begin{pmatrix} 0.76 \\ 0.24 \end{pmatrix}$$

$$(AW)_1 = 1\times0.76+3.21\times0.24=1.53$$

$$(\boldsymbol{AW})_2 = 0.31 \times 0.76 + 1 \times 0.24 = 0.48$$

$$\lambda_{\max} = \frac{1}{2}\sum_{i=1}^{2}\frac{(\boldsymbol{AW})_i}{w_i} = \frac{1}{2}\left(\frac{1.53}{0.76} + \frac{0.48}{0.24}\right) = 2.01$$

$$CI = \frac{\lambda_{\max} - n}{n-1} = \frac{2.01 - 2}{2-1} = 0.01$$

查随机指数表，当 $n=2$ 时，$RI=0$。

对于1、2阶矩阵，它总具有完全一致性，所以C5－G层具有满意的一致性。

G　G8－F层

对于1、2阶矩阵，它总具有完全一致性，所以G8－F层具有满意的一致性。

4.4.2.3 总排序和总排序一致性检验

进行总排序的一致性检验：

$$CR = \frac{\sum_{j=1}^{m} w_j CI_j}{\sum_{j=1}^{m} w_j RI_j}$$

$$= \frac{0.016 \times 0.38 + 0.017 \times 0.17 + 0.025 \times 0.14 + 0.013 \times 0.20 + 0.01 \times 0.11}{1.24 \times 0.38 + 0.9 \times 0.17 + 0.58 \times 0.14 + 1.32 \times 0.20 + 0 \times 0.11}$$

$$= 0.017 < 0.1$$

所以层次总排序也具有满意的一致性。

由表4－12可知，各层的判断矩阵 CR 值都小于0.1，因此，各层判断矩阵均具有一致性，通过层次单排序的一致性检验。

表4－12　钢铁企业生产事故预警指标一致性检验

层　次	判断矩阵最大特征根 $\lambda_{\max}$	判断矩阵一致性指标 CI	随机一致性比例 CR	备　注
O－C层	5.21	0.05	0.044	
C1－G层	6.30	0.06	0.048	
C2－G层	5.37	0.093	0.083	
C3－G层	1.997	0.003	0	阶数为二阶
C4－G层	6.33	0.066	0.053	
C5－G层	2.01	0.01	0	阶数为二阶
G5－F层	3.06	0.03	0.052	
G7－F层			0	阶数为二阶
G11－F层			0	阶数为二阶

通过计算可得到各指标相对于总目标的权重，经计算，总排序的结果具有满意的一致性，计算过程略，计算结果见表4-13。计算所得的层次总排序值即为生产事故风险预警指数系统指标体系的权重。

表4-13 钢铁企业生产事故预警评价指标体系权重

层　次	C1	C2	C3	C4	C5	G层次总排序
	0.38	0.17	0.14	0.20	0.11	($\overline{W}$)
G1	0.27	0	0	0	0	0.103
G2	0.11	0	0	0	0	0.042
G3	0.15	0	0	0	0	0.057
G4	0.16	0	0	0	0	0.061
G5	0.16	0	0	0	0	0.061
G6	0.16	0	0	0	0	0.061
G7	0	0.45	0	0	0	0.077
G8	0	0.20	0	0	0	0.034
G9	0	0.17	0	0	0	0.029
G10	0	0.17	0	0	0	0.029
G11	0	0	0.43	0	0	0.060
G12	0	0	0.37	0	0	0.052
G13	0	0	0.20	0	0	0.028
G14	0	0	0	0.20	0	0.040
G15	0	0	0	0.11	0	0.022
G16	0	0	0	0.16	0	0.032
G17	0	0	0	0.17	0	0.034
G18	0	0	0	0.16	0	0.032
G19	0	0	0	0.09	0	0.018
G20	0	0	0	0.11	0	0.022
G21	0	0	0	0	0.76	0.084
G22	0	0	0	0	0.24	0.026

通过以上分析计算可以看出，对钢铁企业生产安全事故影响较大的因素依次是人的因素、管理的因素、隐患的因素、物的因素和事故事件因素，其权重分别为0.38、0.17、0.14、0.20、0.11。在各个单项指标权重排序中，职业技能等级排名第一位，可以看出员工素质是企业安全生产状况的决定因素。

4.5 本章小结

（1）对风险预警系统做了界定，风险预警的对象为企业生产活动，并非钢铁行业安全生产趋势预警，从而提出了风险预警的概念和目标。依据风险管理的程序，提出了风险预警系统的构建流程，即预警指标识别、预警指标评价、预警系统建模及信号发布。

(2) 提出了钢铁企业生产事故风险预警指标选择的原则，即科学性原则、系统性原则、动态性原则、可量化性原则、独立性原则、可比性原则。

(3) 根据钢铁企业危险源、危险和有害因素，结合调研情况，确定了钢铁企业生产事故风险预警指标体系，得出了5个一级指标即人、物（包括环境）、隐患、管理、事故事件及22个二级指标，并对各预警指标进行分层、说明，并针对其不同的特点进行指标量化，量化方式大概分为分级量化和统计计数法两类。

(4) 通过专家打分法和层次分析法计算求取了各预警指标的权重，对钢铁企业生产安全事故影响较大的因素依次是人的因素、物的因素、隐患的因素、管理的因素和事故事件因素，其权重分别为0.38、0.17、0.14、0.20、0.11。在各个单项指标权重排序中，员工职业技能等级尤其重要。

5 钢铁企业生产事故风险预警模型研究

5.1 预测模型选择

本章主要以钢铁企业为对象，研究事故风险预警的技术和方法。预警技术需要选择合适的预警方法来实现。

指数预警法以及统计预警法都属于静态预警方法，无法做到风险的动态控制和预报；人工神经网络以及支持向量机方法的中间运算过程属于黑箱操作，无法挖掘出各指标影响因素和事故风险之间的关系，仅能进行事故风险的预测；模糊评价法能够对各属性之间的关联度以及规律进行挖掘，但其主观性较强；粗糙集理论等方法在安全预警领域的运用刚处于起步阶段，其运用实效性还有待于进一步检验；灰色预测法在各领域应用较为广泛，并且预测精度高。

因此，选取层次分析法与灰色预测理论相结合的方法进行预警研究，通过层次分析法得到各影响因素的权重，并将其作为对事故影响程度的系数，进行多元回归，得到企业生产安全状态指数，再通过灰色预测理论预测将来时间点的预警指数值，最终对安全生产当前和未来的安全风险状态进行评判。

5.1.1 灰色预测模型

常用的灰色预测模型包括五种类型，具体如下：

（1）时间序列预测。时间序列预测用观察到的反映预测对象特征的时间序列来构造灰色预测模型，预测未来某一时刻的特征量，或达到某一特征量的时间，是针对系统行为特征值的发展变化所进行的预测。

（2）畸变预测。畸变预测通过灰色模型预测异常值出现的时刻，预测异常值什么时候出现在特定时区内，是针对系统行为的特征值超过某个阈值的异常值将在何时出现的预测。

（3）季节灾变与异常值预测。季节灾变与异常值预测通过灰色模型预测灾变值发生在一年内某个特定的时区或季节的灾变预测。预测系统行为的特征有异常值出现或某种事件的发生是在一年中的某个特定的时区。

（4）拓扑预测。拓扑预测将原始数据作曲线，在曲线上按定值寻找该定值发生的所有时点，并以该定值为框架构成时点数列，然后建立模型预测该定值所发生的时点，是对一段时间内系统行为特征数据波形的预测。

（5）系统预测。系统预测通过对系统行为特征指标建立一组相互关联的灰色预测模型，预测系统中众多变量间相互协调关系的变化。

本章主要是系统预测类型的应用。

5.1.2 GM(1,1) 模型

灰色预测理论相关模式中，GM 表示灰色理论的灰微分方程模型。GM(1,1) 模型属于等间距序列模型，该模型表示一阶微分、输入变量为一个的灰色系统模型。GM(1,1) 建模步骤依次为数据生成、灰色建模、精度检验、残差修正。

5.1.2.1 数据生成

设原始序列为 $X^{(0)}=\{X^{(0)}(1), X^{(0)}(2), \cdots, X^{(0)}(n)\}$，通过累加公式 $X^{(1)}(k)=\{\sum_{i=1}^{k} X^{(0)}(i) \mid k=1,2,\cdots,n\}$，即可生成新的数据序列：

$$
\begin{aligned}
X^{(1)} &= \{X^{(1)}(1), X^{(1)}(2), \cdots, X^{(1)}(n)\} \\
&= \{X^{(0)}(1), X^{(0)}(1)+X^{(0)}(2), \cdots, \sum_{i=1}^{n} X^{(0)}(i)\}
\end{aligned} \tag{5-1}
$$

一般用一次累加生成就能使数据呈现一定的规律，若规律不够，可增加累加生成的次数。累加生成的新数据列意义是灰色的，累加生成的主要作用是有可能使原来杂乱无章的原始数列变为较有规律的数列，使内在规律增强。

5.1.2.2 灰色建模

根据生成的新数据列 $X^{(1)}$ 可建立一阶灰色微分方程，即为 GM(1,1) 模型：

$$
\frac{\mathrm{d}X^{(1)}}{\mathrm{d}t}+aX^{(1)}=u \tag{5-2}
$$

式中，a 为发展灰数；u 为内生控制灰数。a、u 为待定参数。

求解微分方程，即可得时间响应方程：

$$
X^{(1)}(k+1)=\left[X^{(1)}(1)-\frac{u}{a}\right]e^{-ak}+\frac{u}{a} \tag{5-3}
$$

设 $\boldsymbol{a}$ 为待估参数向量，$\boldsymbol{a}=\begin{pmatrix} a \\ u \end{pmatrix}$，可利用最小二乘法求解，解得

$$
\boldsymbol{a}=(\boldsymbol{B}^{\mathrm{T}}\boldsymbol{B})^{-1}\boldsymbol{B}^{\mathrm{T}}\boldsymbol{y}_n \tag{5-4}
$$

式中，$\boldsymbol{B}=\begin{pmatrix} -\frac{1}{2}[X^{(1)}(1)+X^{(1)}(2)] & \cdots & 1 \\ \vdots & & \vdots \\ -\frac{1}{2}[X^{(1)}(n-1)+X^{(1)}(n)] & \cdots & 1 \end{pmatrix}$，$\boldsymbol{y}_n=\begin{pmatrix} X^{(0)}(2) \\ X^{(0)}(3) \\ \vdots \\ X^{(0)}(n) \end{pmatrix}$。

将得到的 a、u 代入时间响应方程，即可得到生成数据列的各项预测值，以数据列形式表示，即 $\hat{X}^{(1)}=\{\hat{X}^{(1)}(1),\ \hat{X}^{(1)}(2),\ \cdots,\ \hat{X}^{(1)}(k)\}$。再用后减运算还原，即可求出原始数据列中第 $k+1$ 项的估计值，即为：

$$\hat{X}^{(0)}(k+1)=\hat{X}^{(1)}(k+1)-\hat{X}^{(1)}(k) \tag{5-5}$$

5.1.2.3 精度检验

灰色预测精度检验一般有残差检验、关联度检验和后验差检验。在应用中通常通过后验差比值 C 和小误差频率 P 进行后验差检验。

（1）$X^{(0)}$ 的平均值：

$$\overline{X}=\frac{1}{n}\sum_{k=1}^{n}X^{(0)}(k) \tag{5-6}$$

（2）$X^{(0)}$ 的方差：

$$S_1^2=\frac{1}{n}\sum_{k=1}^{n}[X^{(0)}(k)-\overline{X}]^2 \tag{5-7}$$

（3）$\hat{X}^{(0)}$ 与 $X^{(0)}$ 残差的平均值：

$$\overline{q}=\frac{1}{n}\sum_{k=1}^{n}q(k) \tag{5-8}$$

式中，$q(k)=\hat{X}^{(0)}(k)-X^{(0)}(k)$，$k=1,\ 2,\ \cdots,\ n$。

（4）$\hat{X}^{(0)}$ 与 $X^{(0)}$ 残差的方差：

$$S_2^2=\frac{1}{n}\sum_{k=1}^{n}[q(k)-\overline{q}]^2 \tag{5-9}$$

（5）后验差比值：

$$C=\sqrt{\frac{S_2^2}{S_1^2}} \tag{5-10}$$

（6）小误差概率：

$$P=P\{|q(k)-\overline{q}|<0.6745S_1\} \tag{5-11}$$

按照预测精度等级对照表，可将求出的 C、P 值进行等级对照，确定模型的预测精度。预警精度等级对照表见表 5-1。

表 5-1 后验差检验精度等级表

精度等级	小误差频率 P	后验差比值 C
好	≥0.95	≤0.35
合格	≥0.8	≤0.5
勉强	≥0.7	≤0.65
不合格	<0.7	>0.65

5.1.2.4　残差修正

如通过后验差检验，所建灰色模型不合格，可以建立残差模型对原模型进行修正，其步骤如下：

（1）对累加生成的数据列的各项计算残差：

$$q^{(0)}(k)=X^{(1)}(k)-\hat{X}^{(1)}(k) \tag{5-12}$$

组成残差数据列 $q^{(0)}$：

$$q^{(0)}=\{q^{(0)}(1),q^{(0)}(2),q^{(0)}(3),\cdots,q^{(0)}(n)\} \tag{5-13}$$

（2）将 $q^{(0)}$ 累加得到残差累加生成数据列 $q^{(1)}$：

$$\begin{aligned} q^{(1)} &= \{q^{(1)}(1),q^{(1)}(2),\cdots,q^{(1)}(n)\} \\ &= \{q^{(0)}(1),q^{(0)}(1)+q^{(0)}(2),\cdots,\sum_{i=1}^{n}q^{(0)}(i)\} \end{aligned} \tag{5-14}$$

（3）建立一阶灰色微分方程：

$$\frac{\mathrm{d}q^{(1)}}{\mathrm{d}t}+a_1q^{(1)}=u_1 \tag{5-15}$$

其解为：

$$\hat{q}^{(1)}(k+1)=\left[q^{(1)}(1)-\frac{u_1}{a_1}\right]\mathrm{e}^{-ak}+\frac{u_1}{a_1} \tag{5-16}$$

式中，a_1，u_1 为待定参数，其求解同 a、u。

（4）求残差原始数据列第 $k+1$ 项的估计值：

$$\hat{q}^{(0)}(k+1)=\hat{q}^{(1)}(k+1)-\hat{q}^{(1)}(k) \tag{5-17}$$

（5）将残差估计值 $\hat{q}^{(0)}(k+1)$ 加到生成数据列的对应项上，即得到修正后的模型，修正后生成数据列的第 $k+1$ 项的估计值为：

$$\hat{X}^{(1)}(k+1)=\left[X^{(1)}(1)-\frac{u}{a}\right]\mathrm{e}^{-ak}+\frac{u}{a}+\hat{q}^{(0)}(k+1) \tag{5-18}$$

5.2　预警模型构建

5.2.1　企业生产安全状态指数

“指数”是一种无量纲的相对比较指标，由于具有直观易懂、科学准确、内涵丰富等特点，能够揭示和反映事物的本质和规律。“安全生产指数”以事故指标（预防指标、发生指标或事故当量）作为分析对象或指数基元，根据分析评价的需要进行指数测算，从而对安全生产的规律进行科学的评估和分析。“安全生产指数”的数学模式有 Y－指数、X－指数、综合指数三个。

5.2.1.1　Y－指数（同比指数）

Y－指数是纵向比较指数，能反映本企业或本地区自身安全生产（事故）状况的（持续）改善水平，其数学模型是：

$$K_y = \left(\frac{R_1}{R_0}\right) \times 100 \tag{5-19}$$

式中，K_y 为行业安全生产特性指标或综合指标；R_1 为当年指标；R_0 为参考（比较）指标（前一年指标、基年指标或者近 n 年平均（滑动）指标）。

5.2.1.2 X－指数（综合指数）

X－指数是横向比较指数，反映企业、地区、国家的安全生产（事故）状况相对水平，可以用其在企业、地区或国家间进行横向综合比较。综合指数的第一种计算模型是企业、地区或国家间的两两比较模型：

$$K_x = \frac{R_1}{R_0} \times \frac{W_0}{W_1} \times 100 \tag{5-20}$$

式中，K_x 为指标数；R_1 为被比较企业、地区或国家的安全生产（事故）指标；R_0 为比较企业、地区或国家的安全生产（事故）指标；W_1 为被比较企业、地区或国家的行业危险性权重系数；W_0 为比较企业、地区或国家的行业危险性权重系数。

5.2.1.3 综合指数

综合指数是 n 个行业、地区或国家之间的综合比较，其数学模型是：

$$K_x = \frac{R_0 W_0}{\frac{\sum W_i R_i}{n}} \times 100 \tag{5-21}$$

式中，K_x 为指标数；R_i 为被比较的第 i 个企业、地区或国家的安全生产（事故）指标；R_0 为比较企业、地区或国家的安全生产（事故）指标；W_0 为比较企业、地区或国家的行业危险性权重系数；W_i 为被比较的第 i 个企业、地区或国家的危险性权重系数。

灰色预测法的第一个步骤是生成原始数据。钢铁企业生产事故风险预警指数系统是一个多指标、多因素的体系，不是单一指标预警。所以需要将已量化、赋予权重的指标进行处理，将其综合处理结果的数值，作为灰色预测法的原始数据。这里将企业生产事故预警指标综合处理结果定义为“企业生产安全状态指数”。

“企业生产安全状态指数”是将反应企业生产及事故特征指标，通过数据统计、分析、建模、计算，对生产安全状况进行定量化表示，用数值反映企业某一时间的生产安全状态。

这里借鉴 Y－指数（同比指数）模型的概念，生成企业生产安全状态指数，即通过当前所选取的所有预警指标值计算得出的数值，表征当前安全生产状态的数值，将安全生产状态数值按照规定时间间隔进行计算，比较其安全生产状态变化。

采取多目标线性加权函数法，企业生产安全状态指数计算公式为：

$$K_y = \sum_{i=1}^{m} W_i \sum_{j=1}^{n} (I_{ij} W_{ij}) \quad (i = 1 \sim m; j = 1 \sim n) \tag{5-22}$$

式中，K_y 为企业生产安全状态指数（同比指数）；I_{ij}为第 i 个指标层中选取的第 j 个指标的评分值；W_i 为第 i 个指标层在总目标层中所占的权重值；W_{ij}为第 W_i 准则层所选取的第 j 个指标在该层中的权重值；m 为准则层个数；n 为第 i 个准则层中指标数预警指标权重值。

5.2.2　预警模型计算过程

预警模型初步选定后，GM(1,1) 模型是否满足钢铁企业样本数据进行预测预警的要求，还需要进行精度校验。

采用武钢炼钢总厂三炼钢分厂炼钢样本进行原始数据处理（见表 5－2 和表 5－3），运用 2013 年 2～5 月的样本数据进行预警模型生成，并进行精度验算。

表 5－2　数据处理结果

指　标	指　标　值			
	2013.2	2013.3	2013.4	2013.5
职业技能等级	7.12	7.12	7.12	7.12
年龄	2.72	2.72	2.72	2.72
工龄	3.49	3.49	3.49	3.49
学历	4.68	4.68	4.68	4.68
工作时间	6	6	6	6
劳动强度	4.77	4.77	4.77	4.77
设备功能完好率	2.18	2.18	2.18	2.18
设备检维修计划兑现率	1	1	1	1
非计划检维修数量	1	1	2	2
设备超负荷运行	0	0	0	0
隐患评估	150	151	225	180
隐患整改完成率	1	1	1	1
隐患类别	13	32	50	31
专职安全管理人员	1	1	1	1
外用工	2.35	2.35	2.36	2.37
安全培训	1	1	1	1
持证上岗率	1	1	1	1
安全生产费用投入率	1	1	1	1

续表 5－2

指　标	指 标 值			
	2013.2	2013.3	2013.4	2013.5
岗位流动次数	2	6	4	3
危险作业	2	1	15	1
人身伤害事故	1	0	0	0
生产设备事故	1	0	0	0

表 5－3 武钢炼钢总厂三炼钢分厂 2013 年 2～5 月原始指数资料

时间	2013.2	2013.3	2013.4	2013.5
指数值	12.02	12.55	17.79	14.23

5.2.2.1 数据生成

原始数据列为：

$$X^{(0)}=\{X^{(0)}(1),X^{(0)}(2),X^{(0)}(3),X^{(0)}(4)\}=\{12.02,12.55,17.79,14.23\}$$

生成数据列为：

$$\begin{aligned}X^{(1)}&=\{X^{(1)}(1),X^{(1)}(2),X^{(1)}(3),X^{(1)}(4)\}\\&=\{X^{(0)}(1),X^{(0)}(1)+X^{(0)}(2),\cdots,\sum_{i=1}^{5}X^{(0)}(i)\}\\&=\{12.02,24.57,42.36,56.59\}\end{aligned}$$

5.2.2.2 灰色建模

数据列 $X^{(1)}$ 的 GM(1,1) 模型为：$\dfrac{dX^{(1)}}{dt}+aX^{(1)}=u$

求解微分方程，可得

$$X^{(1)}(k+1)=\left[X^{(1)}(1)-\frac{u}{a}\right]e^{-ak}+\frac{u}{a}$$

其中 $$\boldsymbol{a}=\begin{pmatrix}a\\u\end{pmatrix}=(\boldsymbol{B}^{T}\boldsymbol{B})^{-1}\boldsymbol{B}^{T}\boldsymbol{y}_n,\ \boldsymbol{y}_n=\begin{pmatrix}X^{(0)}(2)\\X^{(0)}(3)\\X^{(0)}(4)\end{pmatrix}=\begin{pmatrix}12.55\\17.79\\14.23\end{pmatrix}$$

$$\boldsymbol{B}=\begin{pmatrix}-\frac{1}{2}[X^{(1)}(1)+X^{(1)}(2)] & 1\\ \cdots & 1\\ -\frac{1}{2}[X^{(1)}(4)+X^{(1)}(5)] & 1\end{pmatrix}=\begin{pmatrix}-18.30 & 1\\-33.47 & 1\\-49.48 & 1\end{pmatrix}$$

$$\boldsymbol{B}^{\mathrm{T}}=\begin{pmatrix}-18.30 & -33.47 & -49.48\\ 1 & 1 & 1\end{pmatrix}$$

$$\boldsymbol{B}^{\mathrm{T}}\boldsymbol{B}=\begin{pmatrix}-18.30 & -33.47 & -49.48\\ 1 & 1 & 1\end{pmatrix}\begin{pmatrix}-18.30 & 1\\ -33.47 & 1\\ -49.48 & 1\end{pmatrix}$$

$$=\begin{pmatrix}3903.40 & -101.25\\ -101.25 & 3\end{pmatrix}$$

$$(\boldsymbol{B}^{\mathrm{T}}\boldsymbol{B})^{-1}=\begin{pmatrix}3903.40 & -101.25\\ -101.25 & 3\end{pmatrix}^{-1}=\begin{pmatrix}0.002057 & 0.069414\\ 0.069414 & 2.676059\end{pmatrix}$$

$$\boldsymbol{a}=\begin{pmatrix}a\\ u\end{pmatrix}=(\boldsymbol{B}^{\mathrm{T}}\boldsymbol{B})^{-1}\boldsymbol{B}^{\mathrm{T}}\boldsymbol{y}_n$$

$$=\begin{pmatrix}0.002057 & 0.069414\\ 0.069414 & 2.676059\end{pmatrix}\begin{pmatrix}-18.30 & -33.47 & -49.48\\ 1 & 1 & 1\end{pmatrix}\begin{pmatrix}12.55\\ 17.79\\ 14.23\end{pmatrix}$$

$$=\begin{pmatrix}-0.0518\\ 13.1242\end{pmatrix}$$

$$a=-0.0518,u=13.1242$$

$$X^{(1)}(k+1)=265.38e^{0.0518k}-253.36=\left[12.02-\frac{13.1242}{-0.0518}\right]e^{0.0518k}+\frac{13.1242}{-0.0518}$$

$$=265.38e^{0.0518k}-253.36$$

可求得 $X^{(1)}$ 的估计值 $\hat{X}^{(1)}$：

$$k=0,\ \hat{X}^{(1)}(1)=12.02$$

$$k=1,\hat{X}^{(1)}(2)=26.13$$

$$k=2,\hat{X}^{(1)}(3)=40.99$$

$$k=3,\hat{X}^{(1)}(4)=56.64$$

$$\hat{X}^{(1)}=\{12.02,26.13,40.99,56.64\}$$

可求得 $X^{(0)}$ 的估计值 $\hat{X}^{(0)}$：

$$\hat{X}^{(0)}=\{12.02,14.11,14.86,15.65\}$$

5.2.2.3 精度检验

通过后验差比值 C 和小误差频率 P 进行后验差检验。

$X^{(0)}$ 的平均值：$\overline{X}=\frac{1}{n}\sum_{k=1}^{n}X^{(0)}(k)=14.15$

$X^{(0)}$ 的方差：

$$S_1^2 = \frac{1}{n}\sum_{k=1}^{n}[X^{(0)}(k) - \overline{X}]^2$$
$$= \frac{1}{4}[(12.02 - 14.15)^2 + (12.55 - 14.15)^2 + (17.79 - 14.15)^2 + (14.23 - 14.15)^2]$$
$$= 6.09$$

$\hat{X}^{(0)}$与$X^{(0)}$残差的平均值：

$$\bar{q} = \frac{1}{n}\sum_{k=1}^{n} q(k)$$

式中 $$q(k) = \hat{X}^{(0)}(k) - X^{(0)}(k)$$

$$\bar{q} = \frac{1}{4}[(12.02 - 12.02) + (14.11 - 12.55) + (14.86 - 17.79) + (15.65 - 14.23)]$$
$$= 0.0125$$

$\hat{X}^{(0)}$与$X^{(0)}$残差的方差：

$$S_2^2 = \frac{1}{n}\sum_{k=1}^{n}[q(k) - \bar{q}]^2 = 1.29$$

后验差比值： $$C = \sqrt{\frac{S_2^2}{S_1^2}} = \sqrt{\frac{1.29}{6.09}} = 0.46 \leqslant 0.5$$

根据精度等级表,该预测精度等级为合格。

综上得出，武钢炼钢总厂三炼钢分厂炼钢生产事故风险预警模型为：

$$X^{(1)}(k+1) = 265.38e^{0.0518k} - 253.36$$

5.3 预警信息发布

5.3.1 预警模型修正

预警模型建立后还需要进行修正，本章考虑一段时间内生产计划对风险的影响，选取生产计划中影响生产事故风险的重要指标作为修正系数。

5.3.1.1 应急演练

应急演练是指各级政府部门、企事业单位、社会团体组织相关应急人员与群众，针对待定的突发事件假想情景，按照应急预案所规定的职责和程序，在特定的时间和地域执行应急响应任务的训练活动。

修正原则：如果预测月上月进行了应急演练，则对预测结果进行修正，修正率见表5－4。

表 5－4 应急演练修正率

演练级别	修正率（每次）
厂级	指数×10%
车间级	指数×8%
班组级	指数×5%

5.3.1.2 特殊工作时段修正

对国家规定、法定节假日进行修正。

5.3.1.3 大型检修维修

企业生产过程中，往往按计划进行大型检修维修作业，并依托专业外来施工队伍进行该项作业。由于外来施工队伍人员的流动性以及作业审批程序、作业风险识别等缺陷，往往造成不安全作业行为大量增加，增加企业事故风险。

5.3.2 预警阈值确定

预警信号输出中，阈值的选择是预警系统有效性的重要环节。

将钢铁企业安全状态划分为安全、注意、警告、危险四个等级，预警阈值可用三个数值来表示，记为 a、b、c，预警等级见表 5－5。

表 5－5 钢铁企业生产事故风险预警等级

预警等级	安全	注意	警告	危险
预警值 L	$L \leqslant a$	$a < L \leqslant b$	$b < L \leqslant c$	$c < L$

注：L 为单个指标值或多指标综合评价值。

阈值的取得有多种途径，如可取同行业平均值，或通过专家法取得；也可通过企业曾经发生过安全事故的统计值来确定，或通过企业历史经验判断。阈值的确定是一项很困难的工作，必须从实际情况出发动态分析，按照企业所处的行业、地区等具体情况制定阈值，并及时根据条件变化对阈值进行修改。

对于各指标的预警阈值，可结合现场实际调研、专家打分，借鉴相关文献等方法进行确定，最终确定钢铁企业生产事故风险预警阈值。通过综合状态的预警值 L 与预警阈值进行比较，从而得出企业安全所处的风险等级，确定系统所处的安全状态，发出相应的预警信息。通过预警信息的发布，企业安全生产管理部门采取相应的预警策略对风险状况进行处理。综合状态的预警值反映的是系统的整体安全度或局部（并非单一）的安全程度。

5.3.3 预警信号输出

对整体安全状态进行计算后，经过预警模型运算，得到综合预警值，绘出钢铁企业生产事故风险预警系统的输出信号，用以醒目直观地显示钢铁企业安全生产过程中的安全状况。系统输出时，以横轴表示时间，根据预警周期设定为周、月、季、年等；纵轴表示综合预警值，通过预警阈值划分区域，用红、橙、黄、绿表示四种安全状态。根据系统不同时刻的预警数值，绘出预警曲线图，对超过警戒的预警点，采取系统报警的方式提请企业注意，及时采取针对性措施，防范事故的发生。

5.4 本章小结

（1）通过各类预警方法分析，最终选取灰色预测理论作为本次预警模型的方法，采用 GM(1,1) 等间距序列模型进行时间序列预测和系统预测类型的综合应用。

（2）企业生产事故预警指标综合处理结果作为灰色预测法的原始数据，提出“企业生产安全状态指数”概念；采取多目标线性加权函数法，生成企业生产安全状态指数计算公式。

（3）通过实例进行灰色建模，并对其预测精度进行验证。在钢铁企业运用灰色预测法作为预警模型，其预测精度等级为合格，符合预警要求。

（4）将钢铁企业安全状态划分为安全、注意、警告、危险四个等级，用红、橙、黄、绿四种颜色表示，通过企业生产安全状态指数及预警指数所在区域，得出企业安全所处的风险等级，确定系统所处的安全状态，发出相应的预警信息。

钢铁企业生产事故风险预警系统设计与实现

6.1　系统主要结构和功能

6.1.1　系统主要结构

钢铁企业生产事故风险预警指数系统总体结构如图 6－1 所示。

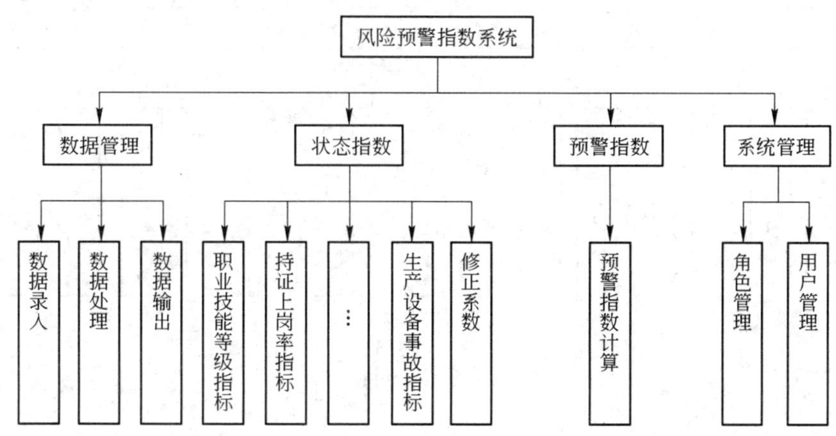

图 6－1　系统结构图

系统总体框架包含数据管理、状态指数、预警指数、系统管理四部分。

数据管理部分包括将员工信息、设备信息、培训记录数据等相关资料转化为统一、规则的数据，录入到系统中，并根据需要，对这些数据进行相应的处理，同时能够将所有数据在系统中进行显示，并实现数据的增加、删除、修改和查询的功能。

状态指数部分包含职业技能等级指数、持证上岗率指数、生产设备事故指数、修正指数等。系统根据录入的数据，辨识和提取有效信息，经过一定的原则和方法，选定预警指标集后，对指标进行预处理，主要是进行量化处理，按月得出各项指标值，形成直观、动态地反映企业安全生产现状的安全生产预警指数图。

预警指数部分是通过少量的、不完全的信息，根据灰色预测理论，建立数学模型，对未来的安全生产趋势进行预测，得出预警指数，形成安全生产趋势图。

系统管理部分包含角色管理与用户管理，可通过该功能实现对不同的角色设置不同的权限，并给系统用户赋予不同的角色，从而达到控制不同的用户可以访问而且只能访问自己被授权的资源的目的。

6.1.2 系统功能

依据钢铁企业生产事故风险预警指数系统目标和总体结构设计，将系统进行模块化划分，主要包括人的模块、物的模块、隐患模块、管理模块、事故事件模块、修正系数模块，如图6-2所示。

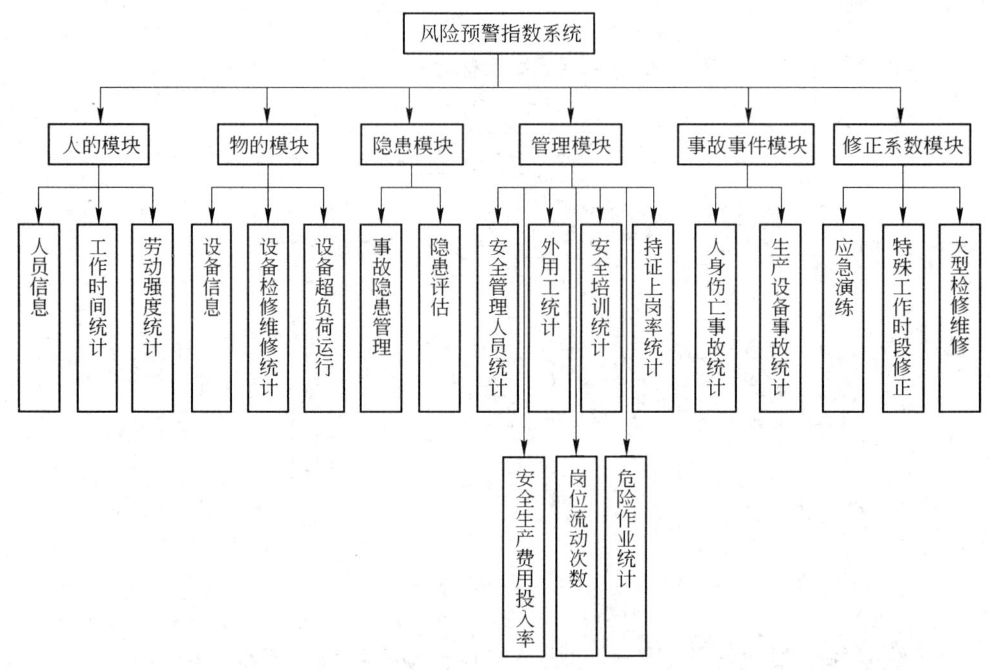

图6-2 系统模块图

人的模块主要实现对人员信息的管理、工作时间统计与劳动强度指标的展示，具体包括数据的增、删、改、查等操作。其中人员信息数据主要包括人员基本信息、工作强度、证书信息等数据；工作时间统计功能可进行员工加班情况的记录，对单位时间内加班时长与总工作时长进行汇总并查询；劳动强度指标展示功能主要是通过对单位员工劳动强度的汇总与计算，得出劳动强度指标并进行展示。

物的模块主要实现设备信息、设备检修维修统计、设备超负荷运行统计等数据的管理工作，可进行数据的增、删、改、查操作。其中设备信息主要包括对设备的状态、检验情况、完好情况等数据的汇总与操作；设备检修维修统计功能主要统计设备检修维修计划、单位时间内设备检修维修的台数等信息；设备超负荷运行统计功能主要统计单位时间内设备超负荷运行时长等信息，并为相应的指数提供数据。

隐患模块主要实现事故隐患管理与隐患评估工作。事故隐患管理功能主要是用来管理和统计违章事件及隐患信息，实现对数据的增、删、改、查操作，其中隐患类别主要有煤气相关、高温设备、其他设备、作业环境、其他隐患等几种；隐患评估功能主要是指对隐患信息（如伤害等级、是否整改完成等）进行整理与分析，得出相应的整改完成率等指标。

管理模块主要实现安全管理人员、外用工、安全培训、持证上岗率、安全生产费用投入率、岗位流动次数、危险作业的统计。其中安全管理人员统计功能主要是通过对企业各类安全管理人员人数的汇总与计算，得出专职安全管理人员指标值并进行展示；外用工统计功能主要是通过对企业内外用工人员人数的汇总与计算，得出外用工指标值并进行展示；安全培训统计功能可进行安全培训情况的记录与管理，对不同的培训类型进行汇总与查询；持证上岗统计功能主要是通过对企业内不同职位类别的人员进行汇总，根据人员持证情况，得出持证上岗指标值并进行展示；安全生产费用投入率统计功能可进行安全生产费用投入情况的记录与管理，可查询单位时间内安全生产费用投入情况；岗位流动次数统计功能可对企业内员工岗位调动的情况进行记录与管理，对单位时间内的换岗情况进行汇总与查询；危险作业统计功能可对危险作业进行记录与管理，对单位时间内的危险记录进行汇总与查询。

事故事件模块主要是对人身伤亡事故与生产设备事故的统计。人身伤亡事故统计功能可记录与管理人身伤亡事故，对单位时间内人身伤亡情况进行查询；生产设备事故统计功能可记录与管理生产设备事故，对单位时间内生产设备事故进行查询。

修正系数模块主要是对应急演练、特殊工作时段修正及大型检修维修修正的统计。应急演练功能可记录应急演练级别等信息，对单位时间内应急演练情况进行查询，并根据演练级别及演练次数对指数进行修正；特殊工作时段修正功能是用来设置存在特殊工作时段的月份，并根据特殊工作月份对指数进行修正；大型检修维修功能可记录大型检修维修信息，对单位时间内大型检维修情况进行查询，并根据大型检修维修计划对指数进行修正。

6.2 数据库设计

6.2.1 数据库逻辑关系

数据是整个系统实现与运行的关键基础，由于构建系统的数据源较为广泛，数据种类繁多，具有动态、异质以及海量等特点，并且涵盖了企业安全生产多方位、历史与现时等多维度、多分辨率下的各类数据，因此需要对这些数据进行详细的整理、分析与归类。

安全预警指数数据库主要负责对企业安全生产相关的基本信息数据如员工信息、设备信息、培训记录数据等进行存储、管理以及维护。其中员工信息主要来源于人力资源备案数据，设备信息主要来源于设备管理系统，按照统一的格式将这些数据信息进行存储，有助于数据的统一分析与利用。

通过分析实际采集到的数据以及系统对数据的要求，构建了完成系统运行所需的数据表，其逻辑结构如图6－3所示。图中的箭头方向表示了服务的关系，其中核心数据表为人员对应表，生产设备事故记录表、加班记录表、人身伤亡事故记录表、人员信息表和培训记录表都与此表关联。人员信息表记录了人员的详细信息，并与证书信息表和违章记录表关联；设备信息表记录设备的标准基本信息，其与设备超负荷运行记录表和设备维护记录表相关联。其余还有事故隐患表、应急演练记录表、安全生产费用投入记录表、岗位调动记录表和危险作业记录表。

6.2.2 数据库设计

根据系统实现的需求，系统建立的基础信息表包括人员对应表、生产设备事故记录表、加班记录表、人身伤亡事故记录表、人员信息表、培训记录表、设备信息表、设备超负荷运行记录表、设备维护记录表、事故隐患表、应急演练记录表、安全生产费用投入记录表、岗位调动记录表和危险作业记录表。

（1）事故隐患表。事故隐患表主要存储了整改完成时间、隐患名称、隐患描述等信息。各字段属性设计见表6－1。

表6－1 事故隐患属性表

Code	Comment	Data Type	Length	Primary
FID	编号	int		X
FSFZGWC	是否整改完成	varchar（40）	40	
FSHDJ	伤害登记	varchar（40）	40	
FSJZGWCS	实际整改完成时间	date		
FYHMC	隐患名称	varchar（100）	100	
FYHMS	隐患描述	varchar（1000）	1000	
FYQZGWCS	要求整改完成时间	date		

（2）人员信息表。人员信息表主要存储了人员的出生日期、岗位开始时间、工作制、人员基本信息ID等信息。各字段属性设计见表6－2。

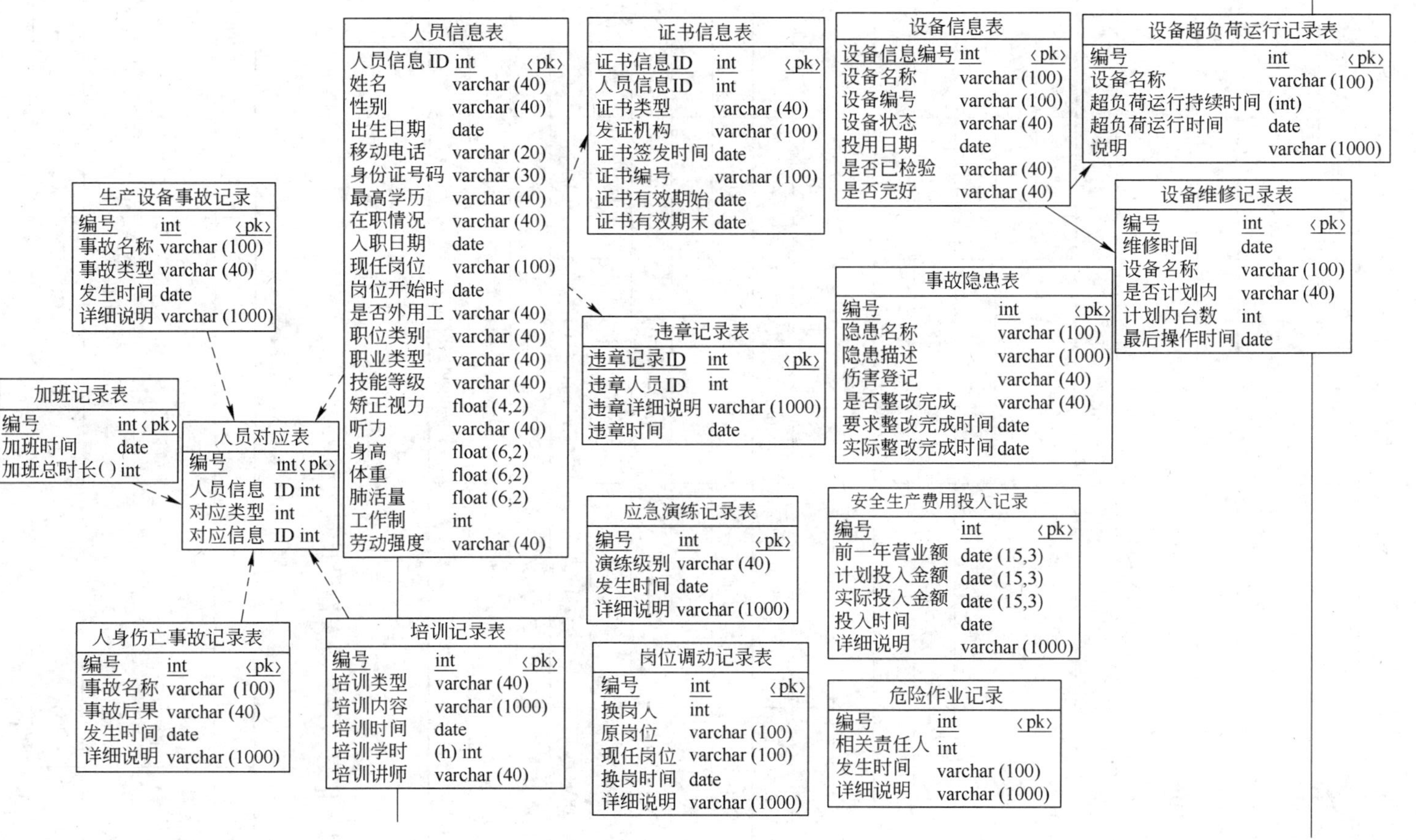

图6-3　数据表逻辑关系

表6-2 人员信息属性表

Code	Comment	Data Type	Length	Primary
FCSRQ	出生日期	date		
FGWKSSJ	岗位开始时间	date		
FGZZ	工作制	int		
FID	人员基本信息 ID	int		X
FJNDJ	技能等级	varchar（40）	40	
FJZSL	矫正视力	float（4，2）	4	
FLDQD	劳动强度	varchar（40）	40	
FRZRQ	入职日期	date		
FSFWYG	是否外用工	varchar（40）	40	
FSFZHM	身份证号码	varchar（30）	30	
FSG	身高	float（6，2）	6	
FSHL	肺活量	float（6，2）	6	
FTL	听力	varchar（40）	40	
FTZ	体重	float（6，2）	6	
FXB	性别	varchar（40）	40	
FXL	最高学历	varchar（40）	40	
FXM	姓名	varchar（40）	40	
FXRGW	现任岗位	varchar（100）	100	
FYDDH	移动电话	varchar（20）	20	
FZWLB	职位类别	varchar（40）	40	
FZYLX	职业类型	varchar（40）	40	
FZZQK	在职情况	varchar（40）	40	

（3）人员对应表。人员对应表主要存储了对应类型、对应信息、编号、人员信息等信息。各字段属性设计见表6-3。

表6-3 人员对应属性表

Code	Comment	Data Type	Length	Primary
FDYLX	对应类型：0 加班记录 1 培训记录 2 生产设备事故记录 3 人身伤亡事故记录	int		
FDYXXID	对应信息 ID	int		
FID	编号	int		X
FRYXXID	人员信息 ID	int		

（4）人身伤亡事故记录表。人身伤亡事故记录表主要存储了发生时间、事故后果、事故名称和详细说明等信息。各字段属性设计见表6－4。

表6－4 人员伤亡事故记录属性表

Code	Comment	Data Type	Length	Primary
FFSSJ	发生时间	date		
FID	编号	int		X
FSGHG	事故后果	varchar（40）	40	
FSGMC	事故名称	varchar（100）	100	
FXXSM	详细说明	varchar（1000）	1000	

（5）加班记录表。加班记录表主要存储了加班时间、加班总时长等信息。各字段属性设计见表6－5。

表6－5 加班记录属性表

Code	Comment	Data Type	Length	Primary
FID	编号	int		X
FJBSJ	加班时间	date		
FJBZSC	加班总时长（h）	int		

（6）危险作业记录表。危险作业记录表主要存储了发生时间、相关责任人和详细说明等信息。各字段属性设计见表6－6。

表6－6 危险作业记录属性表

Code	Comment	Data Type	Length	Primary
FFSSJ	发生时间	varchar（100）	100	
FID	编号	int		X
FXGZRRID	相关责任人	int		
FXXSM	详细说明	varchar（1000）	1000	

（7）培训记录表。培训记录表主要存储了培训讲师、培训类型等信息。各字段属性设计见表6－7。

表6－7 培训记录属性表

Code	Comment	Data Type	Length	Primary
FID	编号	int		X
FPXJS	培训讲师	varchar（40）	40	

续表6-7

Code	Comment	Data Type	Length	Primary
FPXLX	培训类型	varchar（40）	40	
FPXNR	培训内容	varchar（1000）	1000	
FPXSJ	培训时间	date		
FPXXS	培训学时（h）	int		

（8）安全生产费用投入记录表。安全生产费用投入记录表主要存储了计划投入金额、前一年营业额等信息。各字段属性设计见表6-8。

表6-8 安全生产费用投入记录属性表

Code	Comment	Data Type	Length	Primary
FID	编号	int		X
FJHTRJE	计划投入金额	float（15，3）	15	
FQYNYYE	前一年营业额	float（15，3）	15	
FSJTRJE	实际投入金额	float（15，3）	15	
FTRSJ	投入时间	date		
FXXSM	详细说明	varchar（1000）	1000	

（9）岗位调动记录表。岗位调动记录表主要存储了换岗人、换岗时间、现任岗位等信息。各字段属性设计见表6-9。

表6-9 岗位调动记录属性表

Code	Comment	Data Type	Length	Primary
FHGRID	换岗人	int		
FHGSJ	换岗时间	date		
FID	编号	int		X
FXRGW	现任岗位	varchar（100）	100	
FXXSM	详细说明	varchar（1000）	1000	
FYGW	原岗位	varchar（100）	100	

（10）应急演练记录表。应急演练记录表主要存储了发生时间、详细说明等信息。各字段属性设计见表6-10。

表6-10 应急演练记录属性表

Code	Comment	Data Type	Length	Primary
FFSSJ	发生时间	date		
FID	编号	int		X
FXXSM	详细说明	varchar（1000）	1000	
FYLJB	演练级别	varchar（40）	40	

（11）生产设备事故记录表。生产设备事故记录表主要存储了发生时间、事故类型、事故名称等信息。各字段属性设计见表6-11。

表6-11 生产设备事故记录属性表

Code	Comment	Data Type	Length	Primary
FFSSJ	发生时间	date		
FID	编号	int		X
FSGHG	事故类型	varchar（40）	40	
FSGMC	事故名称	varchar（100）	100	
FXXSM	详细说明	varchar（1000）	1000	

（12）设备信息表。设备信息表主要存储了设备信息编号、设备名称等信息。各字段属性设计见表6-12。

表6-12 设备信息属性表

Code	Comment	Data Type	Length	Primary
FID	设备信息编号	Int		X
FSBBH	设备编号	varchar（100）	100	
FSBMC	设备名称	varchar（100）	100	
FSBZT	设备状态	varchar（40）	40	
FSFWH	是否完好	varchar（40）	40	
FSFYJN	是否已检验	varchar（40）	40	
FTYRQ	投用日期	Date		

（13）设备维修记录表。设备维修记录表主要存储了最后操作时间、计划内台数等信息。各字段属性设计见表6-13。

表6-13 设备维修记录属性表

Code	Comment	Data Type	Length	Primary
FCZSJ	最后操作时间	Date		
FID	编号	Int		X
FJHNTS	计划内台数	Int		
FSBMC	设备名称	varchar（100）	100	
FSFJHN	是否计划内	varchar（40）	40	
FWXSJ	维修时间	date		

（14）设备超负荷运行记录表。设备超负荷运行记录表主要存储了超负荷运行时间、设备名称等信息。各字段属性设计见表6-14。

表6-14 设备超负荷运行记录属性表

Code	Comment	Data Type	Length	Primary
FCFHYXSJ	超负荷运行时间	date		
FCXSJ	超负荷运行持续时间（h）	int		
FID	编号	int		X
FSBMC	设备名称	varchar（100）	100	
FSM	说明	varchar（1000）	1000	

（15）证书信息表。证书信息表主要存储了发证机构、证书编号等信息。各字段属性设计见表6-15。

表6-15 证书信息属性表

Code	Comment	Data Type	Length	Primary
FFZJG	发证机构	varchar（100）	100	
FID	证书信息 ID	int		X
FRYJBXXID	人员信息 ID	int		
FZSBH	证书编号	varchar（100）	100	
FZSLX	证书类型	varchar（40）	40	
FZSQFSJ	证书签发时间	date		
FZSYXQM	证书有效期末	date		
FZSYXQS	证书有效期始	date		

（16）违章记录表。违章记录表主要存储了违章人员、违章时间等信息。各字段属性设计见表6-16。

表 6-16 违章记录属性表

Code	Comment	Data Type	Length	Primary
FID	违章记录 ID	Int		X
FWZRYID	违章人员	Int		
FWZSJ	违章时间	Date		
FWZXXSM	违章详细说明	varchar（1000）	1000	

6.3 系统实现

系统主体的开发在最为普遍的操作系统 Windows 下进行。

系统在程序设计方面采用了面向对象的编程语言 Java。Java 诞生于 20 世纪 90 年代，由 Sun Microsystems 公司推出（现已被甲骨文公司收购），包括 Java 程序语言设计和 Java 平台，即 Java EE、Java SE、Java ME。Java EE（Java platform enterprise edition，Java 平台企业版），主要针对企业开发和部署可移植的、健壮的、可伸缩且安全的服务器端 Java 程序。Java SE（Java platform standard edition，Java 平台标准版）主要用于开发和部署在桌面、服务器、实施环境以及嵌入式环境中使用的 Java 应用程序。Java ME（Java platform micro edition，Java 平台微型版）主要针对在嵌入式设备以及移动设备（例如 PDA、手机、打印机等）上运行的应用程序开发。本系统中采用的是 Java 平台标准版。

Java 语言与 C++等其他语言有所不同，Java 是一个完全面向对象、与开发平台无关并且可以进行分布式部署的语言。Java 不同于一般的编译执行计算机语言或解释执行的计算机语言，Java 首先将源代码编译成为二进制字节码，然后通过在不同平台下的虚拟机来将该字节码进行编译和执行，运用这种方法实现了一次编译，到处运行的跨平台的特性。在长期的 Java 平台中由于每次编译需要消耗一定的时间，影响了 Java 程序的运行效率，但在 Java SE 1.4.2 版本发布以后，该问题得到了很大的改善，本程序中使用的 JDK 的版本为 1.6.0 版本。

在数据库管理与设计方面，采用结构化查询语言，即 SQL 语言。SQL 是一种数据库查询以及程序设计的计算机语言，可以完成存取、查询、更新和管理关系数据库系统。SQL 作为一种高级的非过程化编程语言，是重要的服务器和客户端沟通工具，它允许用户在高层的数据结构上工作，足以满足本系统在数据库操作上的各项需求。

本系统的程序编辑环境是在 Eclipse IDE（integrated development environment，集成开发环境）下进行的。Eclipses 是基于 Java、开源并且可扩展的开发平台。就其本身而言，Eclipse 只是一个框架和一组服务，它的开发环境通过插件和组件构建，因此该平台不仅适用于 Java 程序开发，还可以通过安装相应的程序开发组件进行C++或Python等的程序开发。此外，Eclipse下还具有多种界面开发与设计插件，除了满足主体程序设计的要求外，还可以高效、美观地对程序界面进行优化。

在数据库管理方面，系统采用免费、开源的小型关系型数据库管理系统MySQL。与大型数据库如Oracle、SQL Server等相比，MySQL规模较小、功能和效率不如前者，但对于本系统来说，其完全可以胜任，而且MySQL是开放源码的软件，许多数据库爱好者对其进行了各种插件的开发及功能的升级。MySQL特性见表6-17。

表6-17 MySQL特性

特 性	描 述
多平台支持	支持多种操作系统，如AIX、Linux、Mac OS、HP_ UX等
丰富API接口	提供了多种编程语言的PAI接口，例如C++、Java、PHP、Python等
多线程支持	可以最大化利用CPU的资源
优化查询算法	优化了SQL算法，显著提高查询速度
多方法连接	提供了多种数据库连接方法，如TCP/IP、ODBC、JDBC等
丰富开源工具	拥有丰富的管理插件，如Navicat for MySQL、SQLyogEnt等

数据作为程序的调用和操作对象，需要与主程序之间进行连接，系统采用JDBC（Java data base connectivity standard）的方式进行连接。JDBC是Java核心库的一部分，是一个面向对象的应用程序接口（API），通过JDBC可以对各类数据库进行连接与访问，但是又独立于具体的关系数据库。JDBC的API中用不同的Java类对象来表示与数据库的连接（connection）、SQL语句（SQL statements）、结果集（result sets）以及其他数据库对象，使Java程序可以方便地与数据库进行交互并处理所得到的结果。通过JDBC，Java程序（包括Applets，Java Applications和Servlet等）均可以通过SQL语句或存储在数据库中的过程（stored procedures）对数据库进行各种操作，紧密地将Java程序和数据库连接在一起，提高了管理和执行效率。

6.4 实例应用

选择在武汉钢铁股份有限公司炼钢总厂三炼钢分厂进行系统应用。武汉钢铁集团是新中国成立后兴建的第一个特大型钢铁联合企业，于1955年开始建设，1958年9月13日建成投产，是中央和国务院国资委直管的国有重要骨干企业。本部厂区坐落在湖北省武汉市东郊、长江南岸，占地面积21.17km^2。武钢拥有矿山采掘、炼焦、炼铁、炼钢、轧钢及配套公辅设施等一整套先进的钢铁生产工艺设备，是我国重要的优质板材生产基地，为我国国民经济和现代化建设做出了重要贡献。武钢联合重组鄂钢、柳钢、昆钢股份后，已成为生产规模逾4000万吨的大型企业集团，居世界钢铁行业第四位。

炼钢总厂三炼钢分厂从德国和西班牙等国引进关键技术设备，现有两座脱硫站、三座容量250t转炉、三座吹氩站、两座真空、两座钢包炉和三台双流连铸机及其他辅助设施。现已具备730万吨以上的年生产能力。其中高技术含量、高附加值产品产量比达90%以上，入炉铁水实现百分之百扒渣。主要品种包括汽车板、硅钢、桥梁钢、管线钢等。产品质量一流，除大量供应国内重点知名工程外，还远销美国、欧洲、东南亚及我国台湾等地，深受用户青睐。现有职工732人，专职安全管理人员8人。其中，具有高级技师11人，技师593人，具有大专及以上学历的占职工总数的54%。

6.4.1　系统登录

进入武钢预警指数管理系统需要登录，通过授权的用户名和密码方可进入该系统。程序本身具有过滤功能，登录的用户可以对该企业数据进行操作。在Windows操作系统运行环境下双击应用程序进行身份认证，武钢预警指数管理系统登录主界面如图6－4所示。

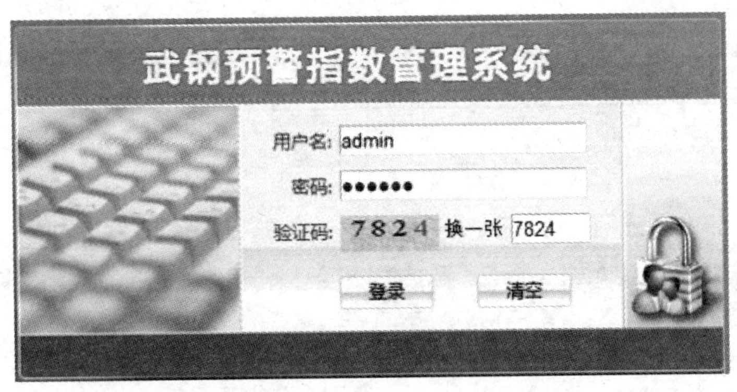

图6－4　武钢预警指数管理系统登录主界面

6.4.2　数据模块

6.4.2.1　人的模块

进入系统首页后，在“人”的模块中有“人员管理”、“工作时间统计”和“劳动强度指标”三个模块。在“人员管理”一栏，输入武钢炼钢总厂三炼钢分厂人员信息，包括“姓名”、“性别”、“初始年月”、“学历”、“工龄”、“岗位工龄”、“职位类别”、“职业类别”等信息；在“工作时间统计”界面输入人员工作情况的信息；在“劳动强度指标”输入工作性质后，经过后台运算可得出企业劳动强度指标值（定量化运算），具体如图6－5和图6－6所示。

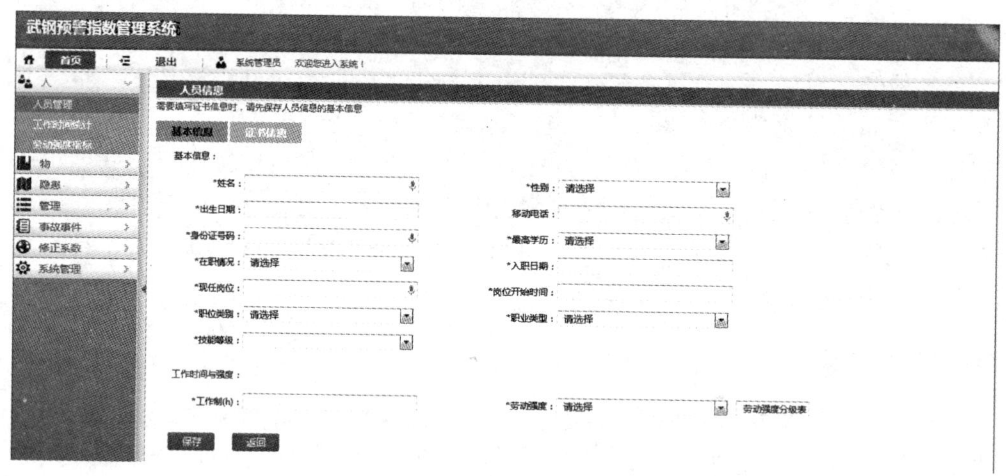

图6－5 人员管理录入界面

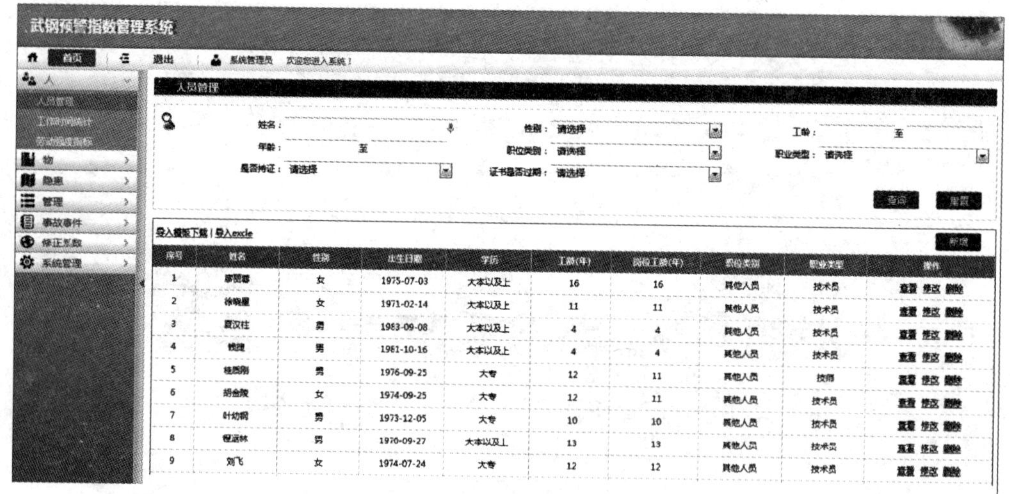

图6－6 人员管理查询界面

6.4.2.2 物的模块

在“物”的模块中输入“特种设备管理”、“安全设备设施”、“设备计划内检修维修统计”、“设备抢修统计”和“设备超负荷运行统计”。在每个栏目中均输入相应的数据，如图6－7所示。

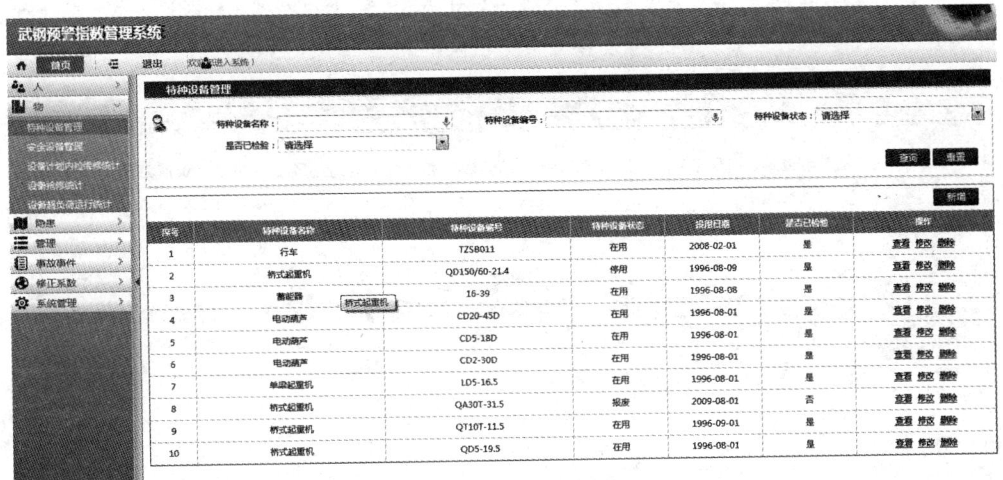

图 6－7　物的模块中特种设备管理信息查询界面

6.4.2.3　隐患模块

在“隐患”模块中输入“隐患整改完成率”、“违章记录统计”和“隐患统计”三栏数据，如图 6－8 所示。

图 6－8　隐患信息查询界面

6.4.2.4　管理模块

在“管理”模块中录入“安全管理人员统计”、“外用工统计”、“安全培训统计”、“持证上岗率统计”、“安全生产费用投入使用率统计”、“岗位流动人数统计”和“危险作业”等数据，如图6-9所示。

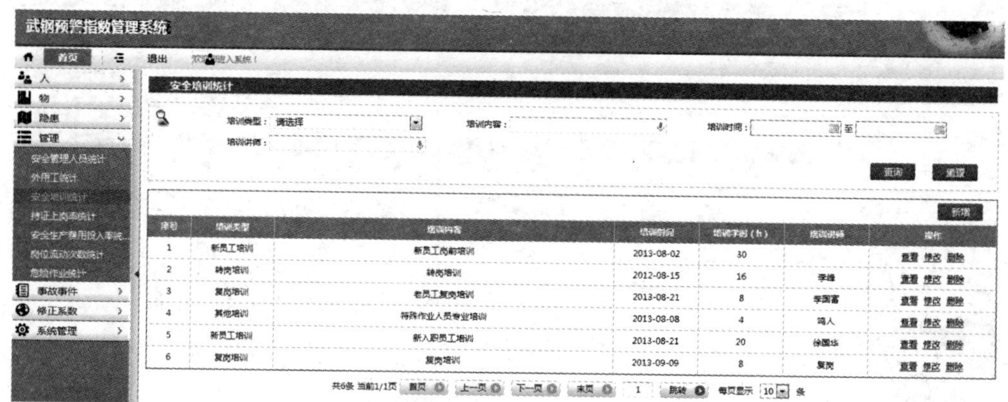

图6-9 管理模块中安全培训查询界面

6.4.2.5 事故事件模块

在“事故事件”模块中录入“人身伤亡事故统计”和“生产设备事故统计”数据，字段包括“事故类型”、“事故后果”、“发生时间”、“责任人”等，如图6-10所示。

序号	事故类型	事故后果	发生时间	相关责任人	操作
1	高处坠落	险兆	2013-07-30		查看 修改 删除
2	车辆伤害	重伤	2013-07-29		查看 修改 删除
3	机械伤害	轻伤	2013-08-06		查看 修改 删除
4	物体打击	微伤	2013-08-08	[illegible]	查看 修改 删除
5	机械伤害	险兆	2013-08-07		查看 修改 删除
6	机械伤害	险兆	2013-08-07	[illegible]	查看 修改 删除
7	触电	险兆	2013-08-06		查看 修改 删除

图6-10 事故事件数据查询界面

6.4.2.6 修正系数模块

“修正系数”模块可录入“应急演练”、“特殊工作时段”和“大型检修”三类修正元素，如图6-11所示。在一定时间内发生应急演练或特殊工作时段作业时以及大型检修作业发生时，会对企业生产安全状态产生影响。应急演练能降低企业事故发生时所造成的影响，降低企业风险；特殊工作时段作业时，如节假日、酷暑时，由于人员心态、身体状况，会增加企业生产事故风险；大型检修作业发生时，往往由于外用工大量临时作业增加，不安全作业行为大量增加，会增加企业事故风险。因此，考虑将这三类作为修正系数，调整企业风险预警曲线。

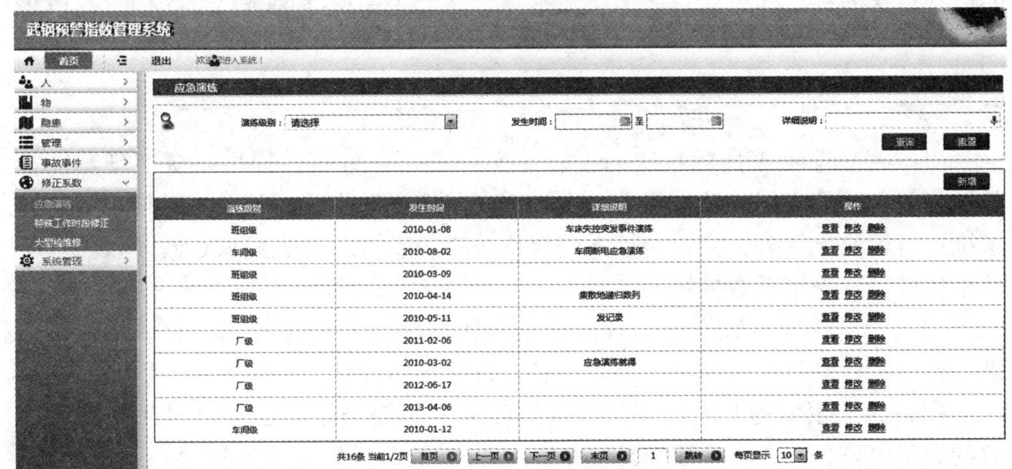

图 6－11　修正系数模块录入界面

6.4.3　图形生成

将各指标模块按照内容要求进行数据输入后，软件后台已将各指标量化方式、指标权重等固化，最后以图形的方式表现武钢炼钢总厂三炼钢分厂的预警曲线，如图 6－12 所示。根据企业数据统计习惯，确定该企业预警周期为月。根据

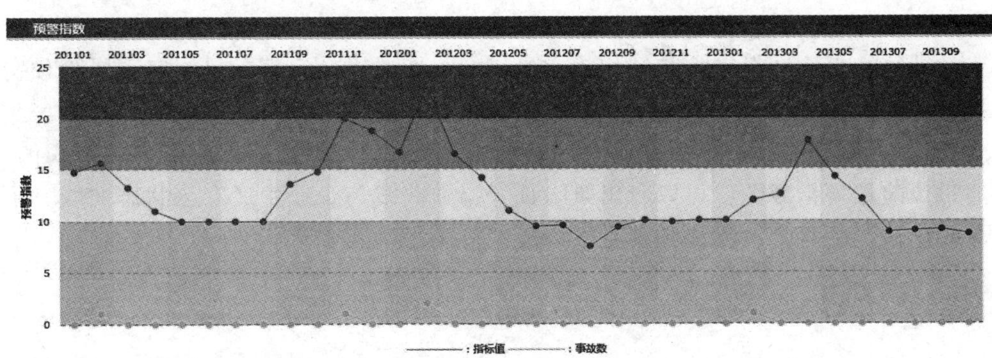

图 6－12　风险预测预警结果界面

历史数据经验判断，取得10、15、20三个数值作为预警阈值，分别作为安全、注意、警告、危险四个等级的分界线。

该企业于2011年2月和11月、2012年2月以及2013年2月均发生过设备伤人事故，与预警曲线该段时间的上升趋势相吻合，同时，提示该企业在特殊时段（春节前后）事故发生的现象凸现，应加强在系数修正中特殊工作时段作业的研究，并加强特殊工作时段作业的管理，提请企业负责人及时采取措施，防范事故的发生。

6.5 本章小结

（1）对风险预警指数系统的设计与实现进行了分析，提出系统实现功能为数据管理、预警指标、预警指数三个子系统。依据系统目标和总体结构设计，将系统进行模块化划分，主要包括人的模块、物的模块、隐患模块、管理模块、事故事件模块、修正系数模块。

（2）针对系统对数据的需求，确立了数据库及其逻辑关系；对数据表结构进行设计，针对每个数据表存储的信息，进行属性设计。

（3）系统主体的开发在Windows操作系统下进行，程序设计采用了面向对象的编程语言Java，程序编辑环境是在Eclipse IDE（集成开发环境）下进行的；数据库管理与设计方面，采用结构化查询语言（SQL语言），在数据库管理方面，系统采用免费、开源的小型关系型数据库管理系统MySQL，数据与主程序之间以JDBC的方式进行连接。

（4）在武汉钢铁股份有限公司炼钢总厂三炼钢分厂进行钢铁企业生产事故风险预警软件系统应用，计算运行后台化，结果通过可视化界面输出，提供了友好的人机界面：

1）钢铁企业生产事故风险预警软件系统实现了人的因素、物的因素、管理因素、隐患因素和事故事件因素五个预警指标模块的编辑、修改、查询等功能。按照系统要求，将各指标直接按照系统要求录入内容，同时提供EXECL系统导入的功能，系统会自动将其转化为定量指标。通过后台运算，最终实现风险预警指数图的生成。

2）根据企业生产事故风险状况，取得10、15、20三个数值作为预警阈值；通过风险预警指数图，可以看出风险预警指数曲线与企业生产安全状态曲线、事故发生情况相符合，验证预警方法、模型能满足现实要求。

第3篇

矿山企业生产事故安全预警

7 我国非煤矿山生产事故安全表征

7.1 我国非煤矿山生产系统特点分析

矿山生产劳动密集，在矿山生产系统中，人员、设备、物质、信息等交叉作用，致使各类危险因素不可避免的产生，在特定的环境作用下，引发事故，造成人员伤害和财产损失[121]。灾害事故的发生受多因素的影响，纷繁复杂。具体表现为：

(1) 系统结构复杂。矿山生产由多类工序构成，各个工序所形成的子系统集合成为一个庞大的生产体系，其中各组分的多样性、差异性以及组分之间相互关系的多样性和差异性造成系统结构复杂[122]。

(2) 系统环境复杂。矿山开采自然环境较差，生产过程中产生的粉尘和有毒有害、易燃易爆气体使得工作环境更加恶劣。除了客观的工作环境，生产过程中涉及的经济、社会、人文环境等因素，也会影响系统的整体运行[123]。

(3) 系统非线性。矿山各类事故时有发生，事故影响因素众多，作用方式复杂，与事故的发生存在着非线性关系。因此，事故的防治问题可以看作是事故的发生与各影响因素间复杂的非线性函数关系的逼近问题[124]。

(4) 系统随机性和模糊性。矿山生产系统内部具有较多的变量，大多数灾害因素及其状态变化均具有随机性，致使系统具有随机性。而系统的子系统之间的模糊性、子系统与其组成因素间的模糊性以及对结果影响的模糊性则会使得系统具有模糊性。

(5) 系统运行的动力学特性。矿山生产过程不断更新，其中的物质及能量也在不断更迭，因此矿山生产系统的运行过程具有动力学特性，并且在动力学过程中可能产生无穷的多样性、差异性、丰富性、奇异性等[125]。

7.2 我国非煤矿山生产事故统计与分析

非煤矿包括非金属矿、有色金属矿、黑色金属矿、石油和天然气以及其他矿种。目前，我国非煤矿山深受重大事故灾害的困扰，事故严重程度仅次于交通和煤炭矿山。

根据国家安监总局事故查询系统，2001～2013 年全国非煤矿共发生安全生产事故 19061 起，死亡人数累计 24095 人，具体事故情况如图 7－1 所示。

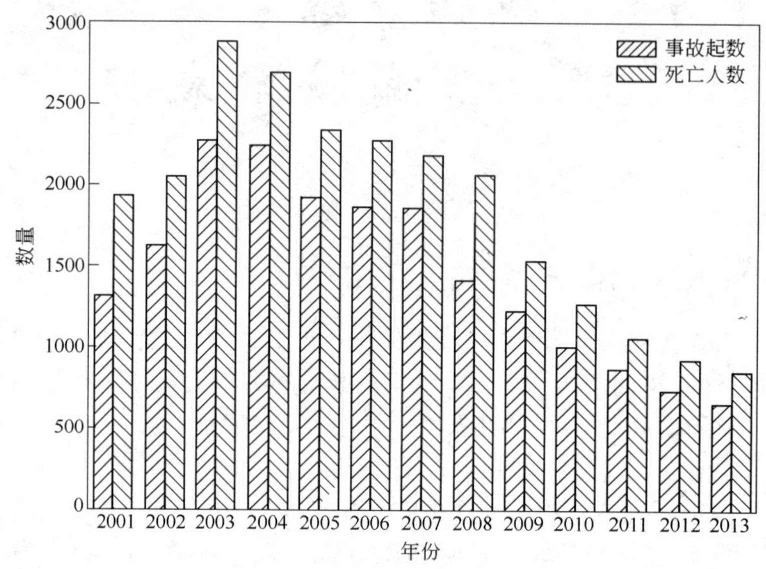

图 7－1 2001～2013 年非煤矿山事故发生起数及死亡人数统计

近年来，国家开展非煤矿山安全专项整治工作，并实行安全生产许可制度，较大地改善了我国非煤矿山的安全生产状况。如图 7－1 所示，自 2003 年起，我国非煤矿山事故总量保持逐年下降的趋势，安全生产态势逐步稳定和好转。2013 年全国共发生非煤矿山事故 659 起，死亡 852 人，相比于 2003 年，事故数减少了 1624 起、死亡人数减少了 2038 人，分别下降了 71.1 % 和 70.5 %。但是事故总量仍然较大，重、特大事故没有被有效遏制，安全生产形势依旧不容乐观。

主要从以下三个维度分析非煤矿山事故。

7.2.1 按行业分类

非煤矿山按行业分布主要包括五类，经统计，2001～2013 年各非煤矿种发生事故的情况见表 7－1。

表 7－1 2001～2013 年非煤矿山事故按行业分布情况表

类 别	非金属矿	有色金属矿	黑色金属矿	其他采矿	石油和天然气
事故起数	10369	4880	1935	1565	312
死亡人数	12137	6442	3147	1820	549

根据表 7－1 数据，分别做出 2001～2013 年各非煤矿种事故发生起数和死亡

人数的分布图，如图7－2、图7－3所示。

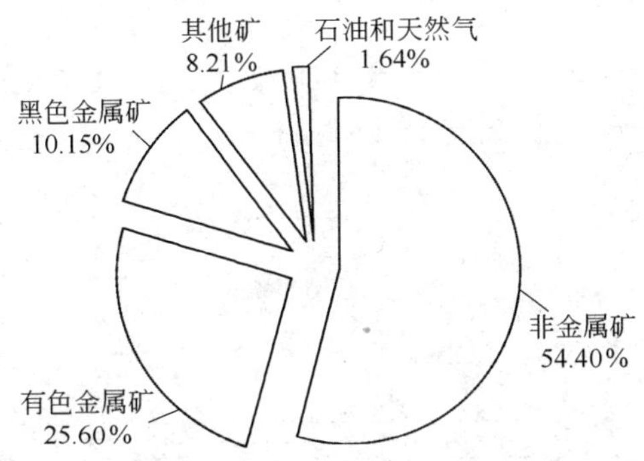

图7－2 2001～2013年各类非煤矿山事故发生起数分布图（按行业分类）

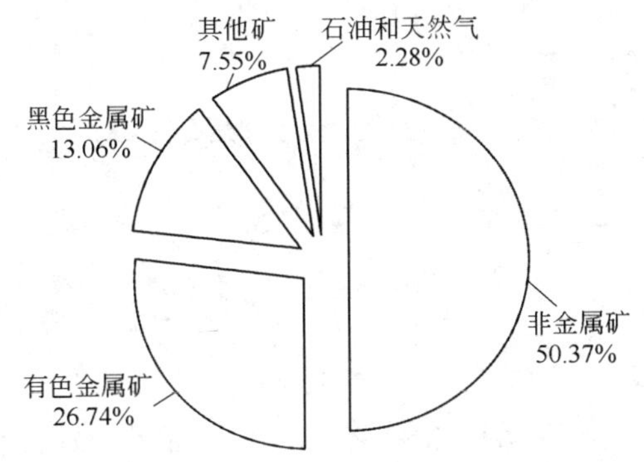

图7－3 2001～2013年各类非煤矿山事故死亡人数分布图（按行业分类）

从图中可以看出，非金属矿和有色金属矿发生事故的总量及死亡人数最高，其中非金属矿事故发生起数以及死亡人数占比都超过50%。近年来，非金属矿事故数虽呈现逐年下降的趋势，但是比重仍在40%～60%之间波动，事故量及死亡人数仍旧较大，有色金属矿事故死亡人数所占比重相对较少，但呈明显上升趋势。因此主要针对这两类矿山事故情况进行分析。

7.2.2 按事故类型分类

国标《企业职工伤亡事故分类》（GB 6441—86）和《企业职工伤亡事故调查分析规则》（GB 6442—86）将矿山伤亡事故划分为20类，包括物体打击、车辆伤害、机械伤害、起重伤害、触电、淹溺、灼烫、火灾、高处坠落、坍塌、冒顶片帮、透水、放炮、火药爆炸、瓦斯爆炸、锅炉爆炸、压力容器爆炸、其他爆炸、中毒和窒息以及其他[126]。根据统计，2001～2013 年各类非煤矿山事故累计发生起数及死亡人数情况如图 7－4 所示。

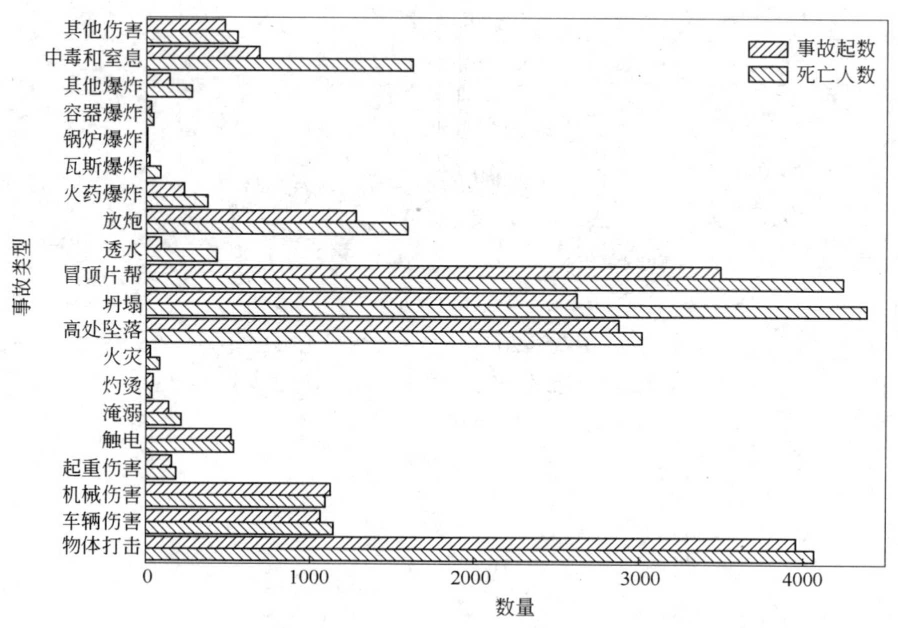

图 7－4 2001～2013 年非煤矿山事故发生情况分布图（按事故类型分类）

从事故发生总量来看，物体打击、冒顶片帮、高处坠落事故数居前三位；坍塌、冒顶片帮、物体打击事故死亡人数居前三位。根据统计，2001～2013 年各类事故量总体均下降，从事故下降幅度来看，物体打击、放炮、坍塌年均下降幅度最大。

7.2.3 按事故原因分类

2001～2013 年我国非煤矿山事故发生情况（按发生原因分类）如图 7－5、图 7－6 所示。

通过对图表分析，可以得到 2001～2013 年我国非煤矿山事故发生原因包括：技术和设计上有缺陷；设备、设施、工具、附件有缺陷；安全设施缺少或有缺陷；生产场所环境不良；个人防护用品缺少或有缺陷；没有安全操作规程或不健全；违反操作规程或劳动纪律；劳动组织不合理；对现场工作缺乏检查或指挥错误；教育培训不够、缺乏安全操作知识等。

从图 7－5、图 7－6 可以看出，发生事故原因最多的是违反操作规程或劳动纪律，占事故发生数和死亡人数的 28.12% 和 30.16%；其次是生产场所环境不良，随后是个人防护用品缺少或有缺陷以及安全设施缺少或有缺陷。

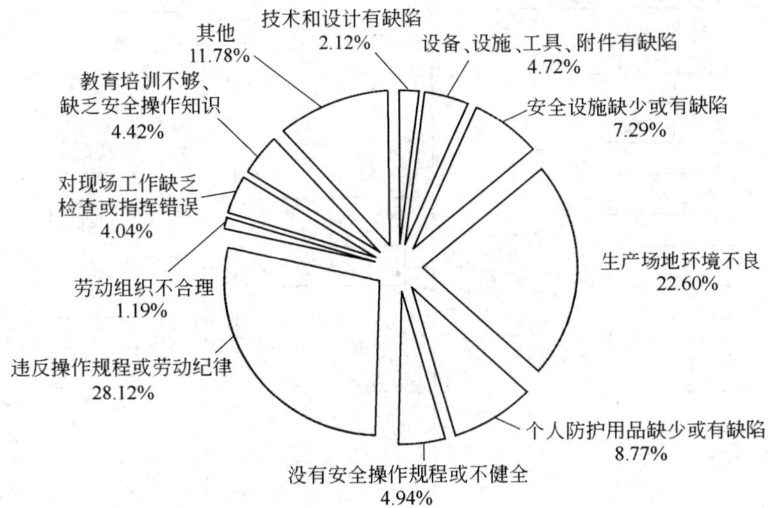

图 7 - 5　2001 ~ 2013 年非煤矿山事故发生起数分布图（按发生原因分类）

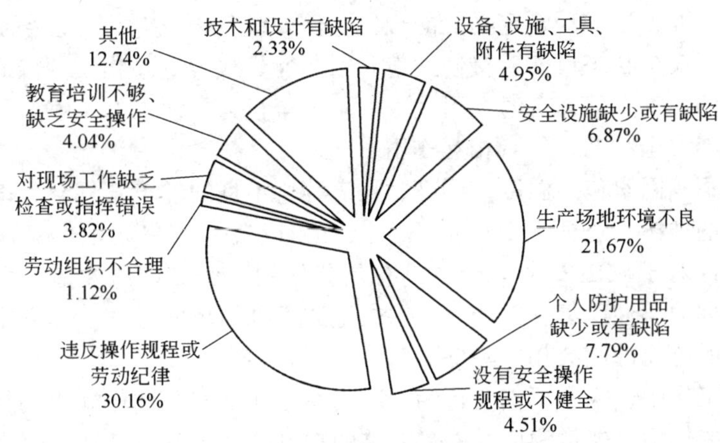

图 7 - 6　2001 ~ 2013 年非煤矿山事故死亡人数分布图（按发生原因分类）

7.3　我国矿山企业事故成因分析

根据我国矿山生产系统的特点以及事故的统计分析，结合现代事故致因理论，将事故的发生归结为人的因素、设备因素、环境因素和管理因素的共同结果，并将事故程度分为隐患、险兆、伤残和死亡四类。为更好地对事故发生的机理进行分析，设计出了矿山事故致因分析模型，如图 7 - 7 所示。

在矿山事故致因分析模型中，事故致因包括直接原因和间接原因。直接原因中物的不安全状态是指机器设备明显不符合安全要求的状态或者机械设备和零部

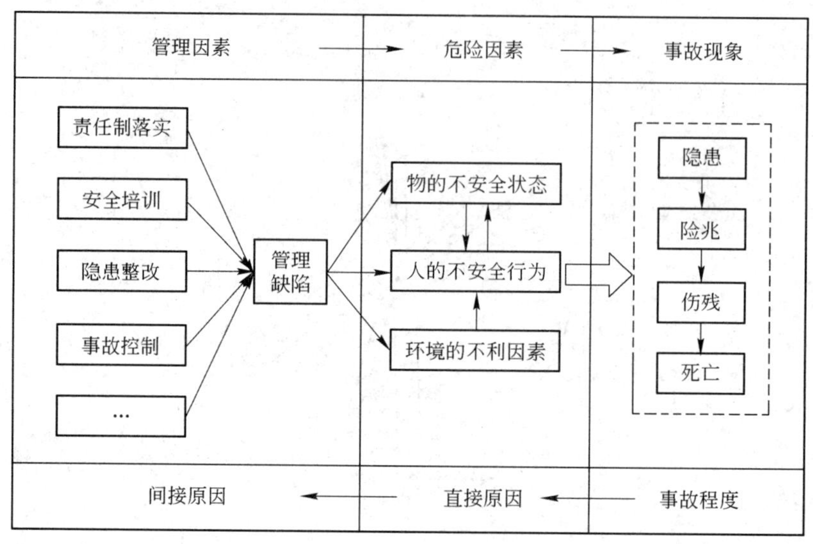

图7-7 矿山事故致因分析模型

件等性能低下而无法实现既定功能的现象，例如设备设施老化、设备负荷运转等情况。物的不安全状态可能直接使约束和限制能量或者危险物质的措施失效，引发事故。物的不安全状态有时会引发人的不安全行为，而人的不安全行为有时则会造成物的不安全状态，二者相互作用。

环境的不利因素包括温度、湿度、噪声等，不良的环境条件会分散人的注意力，影响人的情绪，进而造成人的不安全行为或者“人失误”的情况。矿山的自然环境条件对于矿山安全生产也具有重要作用，例如地质构造、水文地质条件、围岩物理力学性质等。例如对于水文地质条件简单的矿体，其开采过程中水灾事故发生的可能性则会相应降低。

在安全工作中，人的不安全行为一般指明显违反安全操作规程的行为，通过不安全行为的作用，能量源以及能量载体的控制往往被直接破坏，使得能量或者危险物质意外释放，导致事故发生。此外，人的不安全行为也可能造成物的不安全状态，引发事故。人的自身素质如性格、年龄、学历等情况会对人的不安全行为产生影响，并表现为违章操作、违章越权指挥等现象。

人、物、环境的不安全因素共同构成了危险源，如果企业存在管理缺陷，不能及时进行人、物、环境的安全管理，不能及时地进行隐患排查和风险辨识，进而采取屏蔽措施，约束和限制能量，则这些因素的相互作用就会促进事故的发生，最终造成人员伤亡和经济损失。

7.4 本章小结

本章对非煤矿生产系统特点进行了分析，从多个角度阐述了非煤矿生产系统的复杂性。在非煤矿生产特点的分析之上，对近年来非煤矿生产事故的发生情况进行了统计，并从行业、事故类别以及发生原因等多方面进行了对比分析，挖掘矿山企业生产事故的演化及发展规律，提取出事故发生的主要原因为人的因素、设备因素、环境因素和管理因素等。在此基础之上，结合各类事故致因理论的本质以及其描述的事故发生的基本机理，对我国矿山事故成因进行了进一步的分析，为后续的事故影响因素分析埋下了伏笔。

8 非煤露天矿山生产事故安全预警指标体系构建

本章主要以非煤露天矿山生产过程中的安全生产事故为对象，进行事故原因以及影响因素分析，并以此为基础构建安全预警指标体系。

8.1 非煤露天矿山生产事故分析

8.1.1 非煤露天矿山事故原因分析

非煤露天矿山开采主要包括4道生产工艺：穿孔、爆破、铲装和运输，各工序相互作用，共同构成露天开采最基本的生产周期。在整个生产周期中，物体打击事故、高处坠落事故、坍塌事故、运输事故、爆破事故、触电事故、火灾事故、机械伤害事故等为主要的事故类型[127]。事故原因众多，主要分析如下。

8.1.1.1 物体打击事故

采剥作业面、破碎场所、装运场地、排土作业区等是物体打击事故发生的主要区域，事故原因包括：未及时处理边坡和爆堆上的伞岩、浮石，导致人员伤亡或设备损坏；自卸汽车驾驶员擅离驾驶室或将头、手伸出窗外，被铲斗上掉落或车厢内溅出的岩石砸伤；没有在溜槽底部的接矿平台设置警示标志和防护栏。

8.1.1.2 高处坠落事故

采场、排土场、操作平台以及溜井口等是高处坠落事故发生的主要区域，事故发生原因包括：采场工作面、排土场边缘矿岩塌陷，使得人员或设备坠落；人员和卸矿车辆不慎从卸矿口坠入溜井中；人员高空作业时，安全防护措施（安全带、安全网、警示标志）不落实，作业人员不使用防护工具或使用不当（不戴安全帽、未正确使用安全带）；作业人员生理或心理素质不达标，酒后登高作业等违章操作行为；大风或雨、雪、雾天气等不良气候条件的影响。

8.1.1.3 坍塌事故

坍塌事故包括采场边坡坍塌和排土场边坡坍塌事故，事故对矿山生产及机械设备、人员安全产生极大危害，事故原因包括：台阶参数、总堆置高度等参数设计不合理；边坡与排土场实际角度超过设计角度或设计不合理；安全平台达不到设计规定或无安全平台；岩石性质、岩体结构面等地质构造的影响；水文地质条件（地下水静水压力和动水压力）的影响；降雨、地震等自然气候条件等。

8.1.1.4 运输事故

铁路运输、汽车运输和皮带运输是露天矿的主要运输方式。铁路运输中引发事故的主要因素包括脱轨、撞车、线路弯曲、下沉以及行驶过程中的制动等。带式运输作业中，保护罩安装不当、人员靠近胶带是导致事故的主要因素。对于汽车运输而言，作业时制动失灵、卡车带病运行，安全装置失效，路况不好，气候、季节条件（冰雪、雨季）的影响，夜间照明不良，卡车盲区范围大等也可引发事故。此外，疲劳驾驶、酒后驾驶、超速行驶、争道抢行等违章驾驶，技术水平不达标，安全教育培训不到位，实践应急经验与能力不足也会引发汽车运输事故。

8.1.1.5 爆破事故

爆破作业包括爆破前准备、药包加工、装药、连线、起爆、爆后检查等，作业过程中不安全因素可能会导致事故的发生，譬如爆破员警戒不到位，警戒安全距离不足，如果人员或车辆闯入炮区，就有可能出现伤亡事故；爆破抵抗线不够大，装药量超标，则会引起飞石砸人和设备设施等事故；作业人员未遵守爆破规程，人员和设备还未到安全地点就起爆；爆后人员过早进入爆区，造成炮烟中毒事故；违规处理盲炮、残爆等，处理不当引起的事故；爆破人员未持证上岗、技术操作不熟练等引发的事故。

8.1.1.6 触电事故

露天矿采场移动设备的高压电缆外露、各类电气设备的安装检修以及各种接地保护失灵等，都存在不安全因素。引发触电事故的具体原因包括：电缆和电气设施老化或绝缘破损造成漏电；检修线路或电气设备时违章带电作业，送电前没有确认或误送电；移动带电电缆、设备设施时未停电；电气设备及线路安全防护不足；作业人员未穿戴或不正确穿戴防护用品；特种作业培训不足等。

8.1.1.7 火灾事故

露天矿常见的火灾事故包括运输卡车火灾、运输胶带火灾和电气火灾等，事故主要原因包括：吸烟、明火照明等引燃的火灾；运输卡车等设备跑、冒、滴、漏，引发火灾；机械摩擦或者电气设备绝缘损坏、性能不良、短路或过负荷引起的火灾。此外，电气设备安全设施配备不足、设备检维修落实不到位、安全警示标志设置不到位等也会引发火灾。

8.1.1.8 机械伤害事故

机械伤害是露天矿山生产过程中最常见的伤害之一，易造成机械伤害的机械、设备包括：运输机械、装载机械、破碎设备以及其他转动和传动设备。机械伤害事故原因包括：作业人员清理带式输送机或者排除故障时发生机械伤害；矿山电动机等设备缺乏防护罩、防护罩有缺陷或故障；设备的停车按钮、联锁装置失效；检测仪表及安全附件未定期检验等。

8.1.2 非煤露天矿山生产事故影响因素分析

通过露天矿山各类事故发生原因的分析，可将露天矿山事故的发生原因归结为人的因素、设备因素、环境因素以及管理因素4个方面。

8.1.2.1 人的因素

根据事故统计分析可知，人的因素是4个因素中最为主要的，是造成系统不安全状态、引发事故的主要矛盾。人的因素可以从生理状况、心理状态、技术素质和群体行为4个方面进行考虑，人的因素结构如图8－1所示。

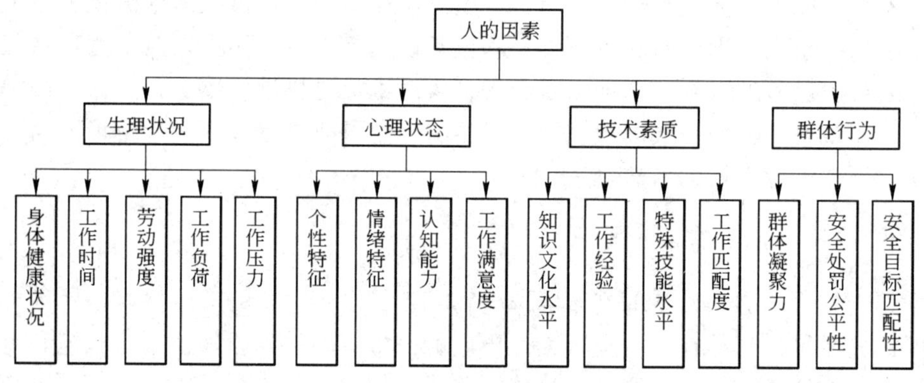

图8－1 人的因素结构图

A 生理状况

影响生理状况的因素如下：

(1) 身体健康状况。工人身体缺陷（如视力或听力不良等）或身体疾病等健康状况不良的情况会使得员工在工作过程中力不从心，无法集中注意力完成相应的工作内容。

(2) 工作时间。长时间的连续工作容易导致事故发生。矿山企业目前多实行“四班三倒”的工作制度，工人每班工作时间为8小时，但是由于实际工作情况，上班的时间远大于8小时，使得员工疲劳，引发事故。

(3) 劳动强度。虽然矿山生产水平技术不断提高，但是在矿山生产作业过程中，仍旧存在着大量劳动强度较大的岗位，工人的劳动强度要比其他行业更大，多数的中等和重度劳动容易造成工人疲劳。

(4) 工作负荷。指单位时间人体所承受的工作量，体现了工作任务在数量和质量上的共同要求，包括体力工作负荷和心理工作负荷。如果工作超过人的能力限度，出现超负荷情形，事故或差错发生率也会增加。

(5) 工作压力。矿山职工工作压力主要来源于工作的重要性、紧迫性、风险性和艰巨性，如果压力过大，就会造成心理负担，引发事故。

B 心理状态

影响心理状态的因素如下：

(1) 个性特征。人的个性特征不一，导致性格、气质、动机等存在多样性。具有焦虑和担忧、敌意、环境适应能力差等性格特征的人更容易发生事故。

(2) 情绪特征。工人在工作和生活中经历的各种事件，尤其是一些非良性事件，经常会引起一定的情绪波动，使得工人精力不集中、操作不协调，引发事故。

(3) 认知能力。矿山外部自然环境和工作环境不断变化，如果员工没有较强的认知能力，就会出现思维偏差、记忆失误，不能及时作出判断和决策。

(4) 工作满意度。具有较高工作满意度的员工有积极的工作态度，不断自我实现；反之，对工作不满意的员工则会消极怠工，造成事故隐患。

C 技术素质

影响技术素质的因素如下：

(1) 知识文化水平。员工的知识文化水平直接影响其对工作环境、系统的认知以及对操作规程的理解。整体来讲，较高知识文化水平的工人，对危险因素的认识水平和处理能力大于文化程度低者，因此更不容易发生事故。

(2) 工作经验。指员工在工作中随着时间的累积而建立起来的对工作深层的认识以及熟练程度。可见，随着年龄和工龄的增加，员工的工作经验也会逐步提升。研究发现，员工的工作经验与事故的发生呈现强烈的负相关关系，即更有经验的矿工比缺乏经验的矿工可能受到的伤害要低[128]。

(3) 特殊技能水平。采矿行业为高危行业，特殊工种较多，员工必须有特殊的知识能力和操作技能水平才能保障基本的安全生产。

(4) 工作匹配度。指员工的能力与工作要求相匹配的程度。匹配度越高，员工工作的心理状态越好，事故的发生率就会越低；反之，则越高。

D 群体行为

作为组织的一员，人的不安全行为往往与群体相关。影响群体行为的因素如下：

（1）群体凝聚力。指群体内部的紧密程度，能够直接影响员工在群体里的归属感和行动力。群体凝聚力越强，员工个体更能遵守群体安全行为。

（2）安全处罚公平性。指员工认为矿山在安全处罚方面对待自己的公平程度。认为自己受到不公平对待时，员工的安全管理动机、工作满意度和安全承诺会降低，诱发不安全行为。

（3）安全目标匹配性。指员工和群体的安全价值观之间的一致性。如果一致性高，则匹配性好；反之，匹配性差。

8.1.2.2 设备因素

随着新技术的不断发展，矿山机器设备逐渐增多，矿山生产进入机器时代，但是随之而来的也是由机器直接或者间接引发的各类事故。设备因素可以从设备设计、购置、安装、运行、维护保养等方面进行考虑，设备因素结构如图 8－2 所示。

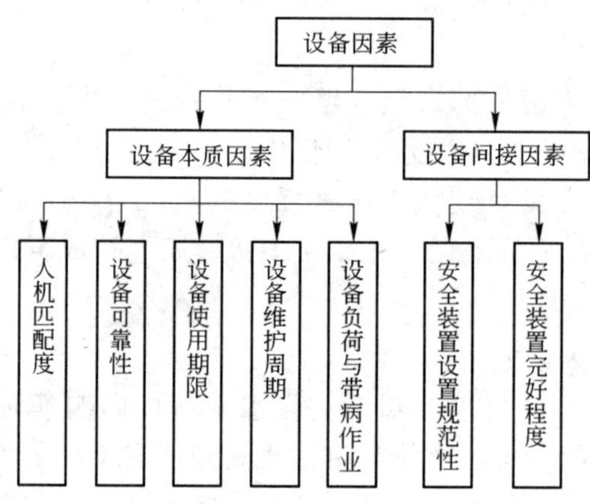

图 8－2 设备因素结构图

A 设备本质因素

设备本质因素主要包括：

（1）人机匹配度。人的心理和生理情况是人机系统安全、高效运转的重要因素。人体尺寸是人生理方面的重要参数，因此在选择机器设备时必须考虑人体尺寸等因素，使人机能够相互匹配。

（2）设备可靠性。指设备机能在一段时间上的稳定性程度，或者说在一定时间内不出问题的概率。可靠性差的设备，其发生故障的概率也会较大。

（3）设备的使用期限。以使用期限内设备更新改造的情况反映，即用结构相同的新设备来更换严重磨损而不能继续使用的旧设备，或者以更优良的新型设备来代替技术陈旧的设备。

（4）设备的维护周期。设备的正常运转直接受其维修保养质量的影响，设备不安全状态很大程度上由设备维修保养不当造成。可采用设备维护周期内设备的维护比例进行描述。

（5）设备负荷与带病作业。设备负荷指设备在规定的生产条件下和一定时间内实际生产量大于其设计的最大生产能力，设备带病作业指设备出现故障后仍旧继续运转的情况。设备负荷和带病作业会造成设备事故方面的隐患。

B 设备间接因素

设备间接因素主要包括：

（1）安全装置设置规范性。安全装置包括防护装置和保护装置。随着设备的性能越来越高，设备实现高速化和自动化，但也使得操作者容易疲劳，工作乏味，容易操作失误进而引发事故。因此，必须保障安全防护装置设置的合格性和规范性。

（2）安全装置完好程度。除了安全装置设置的规范性之外，还应该保证安全装置的完好程度。

8.1.2.3 环境因素

生产过程中，人和设备设施都会受到环境因素的影响。环境因素包括矿山生产所处的自然环境以及由于生产而产生的工作环境。环境因素结构如图 8－3 所示。

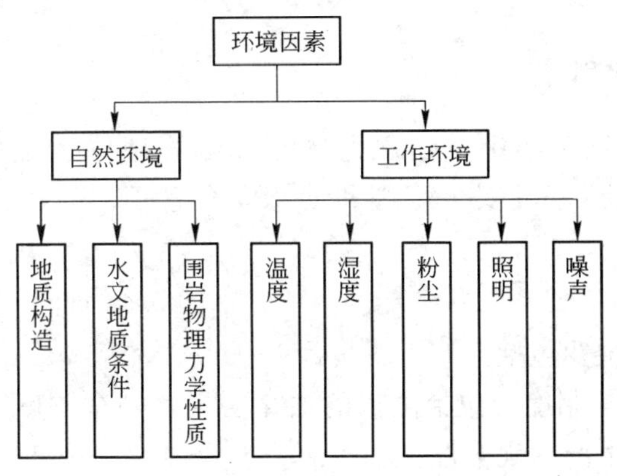

图 8－3 环境因素结构

A 自然环境

自然环境主要包括：

（1）地质构造。主要考虑褶皱、断层、节理等的风险因素，对于矿山坍塌等事故的发生具有重要影响。

（2）水文地质条件。指自然界中地下水的各种变化和运动的现象，是对水文地质分区、含水层类型及富水性、地下水的补、径、排条件及地下水的动态特征的综合描述。提前掌握好水文地质条件对于矿山避免事故尤其是水灾事故具有极为重要的作用。

（3）围岩物理力学性质。包括围岩稳定性、坚固性等性质，对于矿山采场边坡失稳、排土场边坡失稳等事故具有重要影响。

B 工作环境

工作环境主要包括：

（1）温度。温度的变化，直接影响人的体温。当温度的改变超过人体的正常调节范围时，就会影响情绪，破坏生理机能，引起违章作业，诱发事故。

（2）湿度。空气潮湿、气流不畅时，会阻碍人体正常排出汗液和热量，使人烦躁不安，体能减退，引起操作失误。

（3）粉尘。矿山作业过程中极易产生生产性粉尘，当人体吸入粉尘后，极易深入肺部，侵入血液，引起中毒，不仅会对员工作业造成影响，还会引发各类呼吸性疾病等。

（4）照明。合适的照度能够增加辨识能力，扩大视野，增加判断反应的时间，减少失误。尤其是矿山夜间生产作业过程中，照明显得更为重要。

（5）噪声。噪声会分散人的注意力，影响情绪和主动性，造成人生理和心理上的不适应，降低工人操作的准确性。此外，过高的噪声还会危害人体健康，导致多种疾病。

8.1.2.4 管理因素

在矿山安全管理工作中，建立完整的安全管理体系是控制和消除事故隐患的重要措施，包括基础安全管理和动态安全管理。管理因素结构如图 8－4 所示。

A 基础安全管理

基础安全管理主要包括：

（1）安全法规与制度。包括国家的法律法规、安全制度、安全生产标准等，能够保障矿山安全生产的规范性。

（2）安全管理组织机构。建立并完善矿山安全管理组织机构和人员配置，是保证安全生产责任制落实的基础。矿山应根据有关标准和实际规模构建安全管理机构，配备专职安全生产管理人员、安全员等。

（3）安全教育及培训。包括新员工培训、转岗、复岗以及再教育培训等，培训和教育内容包括安全法规教育、安全心理教育、安全技能教育等。

（4）安全投入。矿山安全资金投入必须得到保障并落到实处，借以增添安全设备设施和个体防护用品，进行安全方面的技术改造和安全教育培训等。

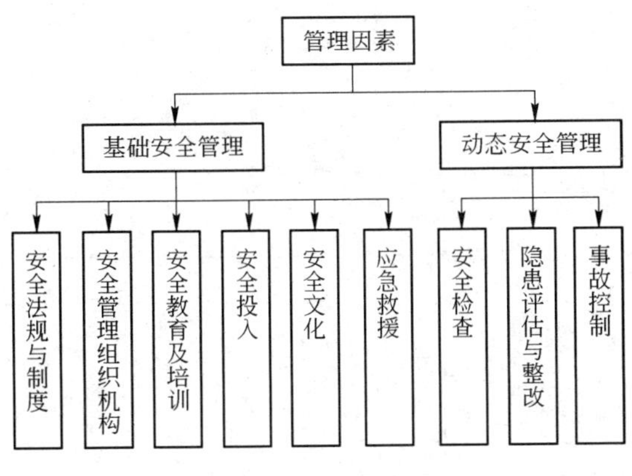

图 8-4 管理因素结构

(5) 安全文化。培育员工认可安全行为规范和安全价值观，在企业内部营造自我约束、自主管理和团队管理的安全文化氛围，最终实现持续改善安全业绩的目标，建立安全生产长效机制。

(6) 应急救援。包括应急救援预案的编制、应急资源配置和应急演练3个方面的内容。

B 动态安全管理

动态安全管理的主要内容是对生产设备、作业过程和工作环境进行安全跟踪和预测控制，主要包括：

(1) 安全检查。安全检查是监督矿山安全的重要手段。矿山应建立和健全现场安全检查制度，缩短安全检查周期，保障安全检查工作落实。

(2) 隐患评估与整改。作业现场的隐患分析与评估可以概括为对人的安全管理、对物的安全管理以及对环境管理3个方面的内容，为了更好地消除隐患，应在隐患评估的基础之上进行隐患整改，避免事故发生。

(3) 事故控制。事故控制是衡量矿山安全管理水平的最直接标准，直观清晰。对事故控制的预警监测，能够反映当前矿山安全事故的严重程度和变化趋势。

综上所述，可以归结出非煤露天矿事故的影响因素，见表8-1。

表 8-1 非煤露天矿山安全生产事故影响因素

目标层	一级因素	二级因素	三级因素
矿山安全生产事故影响因素	人的因素	生理状况	身体健康状况
			工作时间
			劳动强度
			工作负荷
			工作压力

续表 8－1

目标层	一级因素	二级因素	三级因素
矿山安全生产事故影响因素	人的因素	心理状态	个性特征
			情绪特征
			认知能力
			工作满意度
		技术素质	知识文化水平
			工作经验
			特殊技能水平
			工作匹配度
		群体行为	群体凝聚力
			安全处罚公平性
			安全目标匹配性
	设备因素	设备本质因素	人机匹配度
			设备可靠性
			设备的使用期限
			设备的维护周期
			设备负荷与带病作业
		设备间接因素	安全装置设置规范性
			安全装置完好程度
	环境因素	自然环境	地质构造
			水文地质条件
			围岩物理力学性质
		工作环境	温度
			湿度
			粉尘
			照明
			噪声
	管理因素	基础安全管理	安全法规与制度
			安全管理组织机构
			安全教育及培训
			安全投入
			安全文化
			应急救援
		动态安全管理	安全检查
			隐患评估与整改
			事故控制

8.2　非煤露天矿山生产事故安全预警指标体系建立

8.2.1　预警指标体系的构建原则

预警指标体系是构建预警模型的基础。矿山安全影响因素涉及广泛，要实现矿山安全预警目标，必须建立一套科学、完善、系统的预警指标体系，而预警指标体系的构建原则对于选取较为客观、有效的指标具有重要的指导意义。矿山生产事故安全预警指标的选取应遵循以下具体原则：

（1）全面性与代表性相结合。矿山生产的复杂性要求预警指标具有较广的覆盖面，能全面并综合地反映矿山生产的安全状态。因此，可根据实际情况，将其分为单因素指标和综合性指标，并要求指标体系内容明确，剔除冗余的指标，保证选取的指标具有代表性。

（2）定性分析与定量分析相结合。在指标体系的构建过程中，应尽可能选取可量化的指标。对有些难以量化的具有重要作用的指标，例如管理类因素，则可以采用定性描述。因此，在指标设定过程中，将两类指标相结合，并尽可能将定性指标进行定量化转化，以定量为主。

（3）科学性与可操作性相结合。指标的选取应以理论分析为基础，建立在科学、合理的准则之上。此外，还应考虑到数据和信息的可获得性，尽可能多地利用现有的统计资料和相关标准等经过甄别的适用信息，并进行加工处理。

（4）动态性与静态性相结合。矿山生产系统是一个动态的、开放的耗散系统，系统状态的变化和影响因素的变化之间相互影响。因此，矿山安全不能只着眼于过去和现在，还应不断关注系统在未来时间和空间上的发展趋势。这就要求指标体系的构建必须充分考虑静态性和动态性相结合的方式，既有静态指标，也有动态指标。

（5）规范性。所设计的各项指标应尽可能地与行业惯例接轨，尽量采用国内外权威机构发布的规范性的统计数据，易于对比和交流。

（6）时效性与预见性相结合。所选的指标应便于有关部门能及时统计或者预测出来，能适时、准确地判断出系统的安全状态，进而进行相关预警和预报，真正起到警示和预控功能的作用。

8.2.2　预警指标体系的设计流程

矿山生产事故安全预警的最终目标是杜绝或减少各类事故的发生，实现企业的安全生产。预警指标体系的构建是矿山生产事故安全预警的重要内容，指标的选取直接影响整个系统的实用性和可靠性。在预警指标体系构建原则的基础之上，通过指标体系的初步确立、指标体系的优化和指标体系的检验修订三个阶段，可以确定预警指标体系，具体流程如图 8－5 所示。

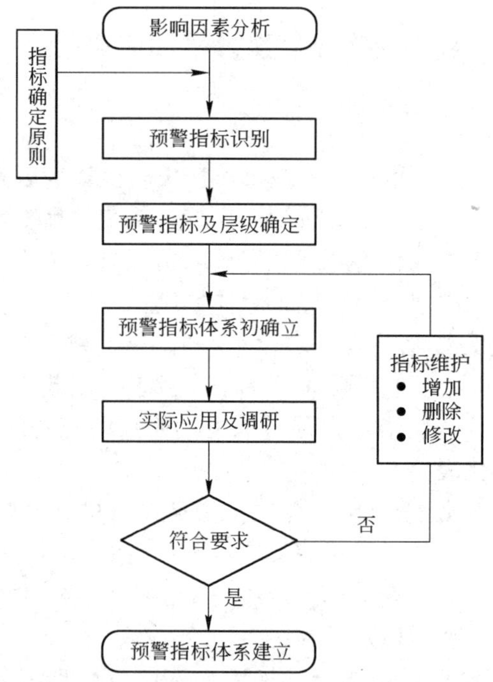

图8－5 预警指标体系的设计流程

在指标的设计过程中，主要联合运用以下几种方法进行指标的最终确定：

（1）资料分析法。在国内外相关研究的基础之上，结合我国2001～2013年国内矿山事故统计分析情况以及典型事故案例，从中提取出事故的主要影响因素，并根据事故致因等相关理论进行进一步整合，提出以人、机、环、管四大因素构建一级指标，并初步确定指标体系的层次分级。针对国内矿山的实际特点，根据我国矿山相关标准与规范，进行矿山危险源辨识以及有害因素分析，将各影响因素细分及归类，进一步充实和细化。

（2）德尔菲法。请采矿专业教师、矿山主要安全管理人员、国家相关安全部门人员等20名专家对设计出的指标体系中的指标进行打分。将指标的重要性分为5个等级，即完全不影响、不太影响、一般、较为影响、非常影响，按照1、2、3、4、5分来打分，得出各层指标相应的分值，选出分值超过3.5分的因素。问卷调查表见附录F。

（3）现场调研法。将经过德尔菲法确定的因素设计成问卷调查表，发放给矿山员工进行现场调查，求证指标的可靠性。如果某个指标的选择超过50%，则认为该指标有效。

8.2.3 预警指标体系的确定

如前所述，根据指标体系的基本建立原则，结合矿山实际情况，建立非煤露天矿生产事故安全预警指标体系，将人的因素、设备因素、环境因素、管理因素4大类要素作为一级指标，并细分为24个二级指标，如图8－6所示。

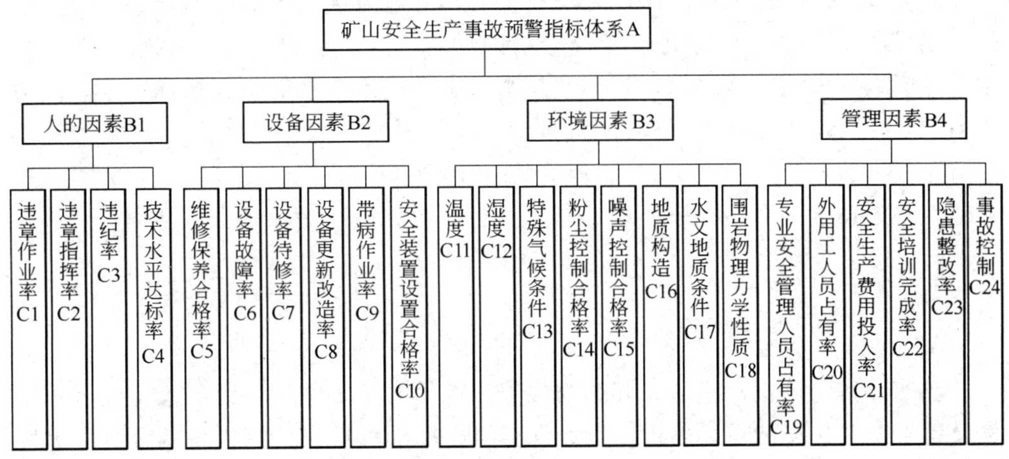

图8－6　非煤露天矿生产事故安全预警指标体系

8.2.4　预警指标的量化

8.2.4.1　人的因素

A　违章作业率

违章作业主要指现场操作人员的不安全行为，譬如超负荷工作、未穿戴安全工作服、违反矿山安全规程和安全生产法等。违章作业率能很好地反映违章作业的情况，其表示方式为：

$$I_1 = Z_s / P_s \times 100\% \quad (8-1)$$

式中，I_1为违章作业率；Z_s为工作人员的违章人次；P_s为工作人员总人数。

B　违章指挥率

除了现场工人的违章操作外，现场管理人员的违章指挥也是不安全行为的另一体现。违章指挥率是违章指挥的具体量化方式，其表示方式为：

$$I_2 = Z_m / P_m \times 100\% \quad (8-2)$$

式中，I_2为违章指挥率；Z_m为指挥人员的违章人次；P_m为指挥人员总人数。

C　违纪率

违反劳动纪律是矿山“三违”之一，也是导致事故发生的重要因素。违纪率能反映作业人员违反劳动纪律的程度，其表示方式为：

$$I_3 = Z_p / P_s \times 100\% \quad (8-3)$$

式中，I_3 为违纪率；Z_p 为作业人员违纪人次；P_s 为作业人员总人数。

D 技术水平达标率

人的技术水平需要在大脑皮层反复练习，并建立起稳固的动力定型才得以形成，如果员工文化水平不高或者缺少培训学习，在实际操作过程中则会力不从心，造成人为失误。技术水平达标率是衡量工人技术水平的重要指标，其表示方式为：

$$I_4 = Z_t / P_s \times 100\% \tag{8-4}$$

式中，I_4 为技术水平达标率；Z_t 为技术达标人数；P_s 为作业人员总人数。

8.2.4.2 设备因素

A 维修保养合格率

要使设备保持正常运转，其维修保养质量具有重要作用。设备维修保养不良是设备不安全状态的重要表现。维修保养合格率能够用来检测设备的维修保养情况，其表示方式为：

$$I_5 = S_q / S_c \times 100\% \tag{8-5}$$

式中，I_5 为维修保养合格率；S_q 为某段时间内抽检设备维修保养合格台数；S_c 为同期抽检设备总台数。

B 设备故障率

由于人为失误、自然力等原因致使设备在规定的时间和条件内无法达到设计功能的状态，称为设备故障。设备故障能够造成设备的不安全状态，导致生产作业效率降低或中断，直接影响矿山的生产安全。其表示方式为：

$$I_6 = S_t / S \times 100\% \tag{8-6}$$

式中，I_6 为设备故障率；S_t 为某一时期内出现故障的设备台数；S 为同期内设备总台数。

C 设备待修率

设备发生故障之后暂时等待修理的状态，称为设备待修。设备待修是由于反应时间长、维修技术低、维修人员少等原因所致，因此，设备待修率能很好地反应设备故障后重新回到工作状态的快慢程度，其表示方式为：

$$I_7 = S_w / S \times 100\% \tag{8-7}$$

式中，I_7 为设备待修率；S_w 为某段时间内待修设备台数；S 为同期设备总台数。

D 设备更新改造率

为了消除设备的有形磨损和无形磨损，需要进行设备更新改造，其内容主要包括设备改造和设备更新。前者指设备的使用期限到期时，对设备进行人机操作界面改造、安全防护设计等技术更新；后者则表示使用新设备代替旧设备。采用设备更新率来衡量生产设备的先进性，其表示方式为：

$$I_8 = S_t / S \times 100\% \tag{8-8}$$

式中，I_8 为设备更新改造率；S_t 为某段时间内设备更新台数；S 为同期设备总台数。

E 带病作业率

设备老化、带病作业不仅会降低工作效率，而且会引起设备的不安全状态，从而造成安全隐患，因此，必须严格控制设备的带病作业情况。带病作业率是设备带病作业程度的重要量化指标，其表示方式为：

$$I_9 = S_i / S \times 100\% \tag{8-9}$$

式中，I_9 为带病作业率；S_i 为某段时间内设备带病作业台数；S 为同期使用设备总台数。

F 安全装置设置合格率

通过设置安全装置，能够有效地减少或避免人员受到设备的伤害。采用安全装置设置合格率对矿山设备安全防护的程度进行量化，其表示方式为：

$$I_{10} = S_q / S \times 100\% \tag{8-10}$$

式中，I_{10}为安全防护装置设置合格率；S_q 为安全装置设置合格的设备台数；S 为同期设备总台数。

8.2.4.3 环境因素

A 温度

温度的改变，一方面会引起危险源状态的变化，增大风险；另一方面会使工作人员体内某些平衡状态失调，导致不安全行为的增加，进而使得事故发生的风险增加。温度指标 I_{11}的信息值可根据矿山实际测量情况获取。

B 湿度

湿度的变化同样能够引起工作人员生理和心理的变化，导致不安全行为的发生，湿度指标 I_{12}的信息值可根据矿山实际测量情况获取。

C 特殊气候条件

特殊气候条件包括大风、雨、雪、雾、冰雹、雷电、地震等，不仅会引起工作环境的较大变化，而且对于工作人员和设备也都会有较大的影响。特殊气候条件指标 I_{13}的信息值可根据矿山实际测量情况获取。

D 粉尘控制合格率

粉尘污染是矿山所面对的主要环境问题之一，影响人的生理和心理健康，引发不安全行为。目前，尘肺病已经成为矿山工作者的主要职业病。根据全国职业病发病情况通报，2013 年我国尘肺病患者共有 43.3 万例，每年新发病的人约

1.5万~2万人，其中矿山企业占80%。采用粉尘控制合格率进行量化，其表示方式为：

$$I_{14}=t_d/T\times 100\% \tag{8-11}$$

式中，I_{14}为粉尘控制合格率；t_d为一段时期内粉尘控制达标天数，d；T为同期内作业总天数，d。

E 噪声控制合格率

噪声污染不仅直接严重危害人体健康，还会使人们容易疲劳和烦躁、注意力分散，致使失误率明显上升。因此，必须对噪声污染采取有效的控制，改善矿山生产的作业环境。采用噪声控制合格率来对噪声污染的控制情况进行量化，其表示方式为：

$$I_{15}=t_y/T\times 100\% \tag{8-12}$$

式中，I_{15}为噪声控制合格率；t_y为一段时期内作业现场噪声控制达标天数，d；T为同期内作业总天数，d。

F 地质构造

地质构造主要考虑断层、褶皱、节理、裂隙等的风险因素，将地质构造分为简单、中等、复杂、极复杂4个等级，并将其各类型分别赋值为0.85、0.60、0.35、0.10。地质构造指标I_{16}的指标值可根据矿山地质报告获取。

G 水文地质条件

水文地质条件是指自然界中地下水的各种变化和运动的现象，是对水文地质分区、含水层类型及富水性、地下水的补、径、排条件及地下水的动态特征的综合描述。提前掌握好水文地质条件对于避免矿山事故尤其是水质事故具有极为重要的作用。按《矿井水文地质规程》可将其划分为水文地质简单、水文地质中等、水文地质复杂、水文地质极复杂4类，并将各类型分别赋值为0.85、0.60、0.35、0.10。水文地质条件指标I_{17}的指标值可根据矿山水文地质报告获取。

H 围岩物理力学性质

围岩物理力学性质包括围岩稳定性、坚固性等性质，对于矿山采场边坡失稳、排土场边坡失稳等事故具有重要影响。将围岩情况分为稳定、中等、不稳定、极不稳定4个等级，并将其各类型分别赋值为0.85、0.60、0.35、0.10。围岩物理力学性质指标I_{18}的指标值可根据矿山地质报告获取。

8.2.4.4 管理因素

A 专业安全管理人员占有率

专业安全管理人员是指企业中专职负责安全监督和检查、督促和指导、培训和教育工作的人员，包括企业进行安全托管，提供专职安全技术服务的有关人员。采用专业安全管理人员占有率来对矿山安全管理组织状态进行初步衡量，其表示方式为：

$$I_{19} = S_p / S_m \times 100\% \tag{8-13}$$

式中，I_{19}为专业安全管理人员占有率；S_p 为专业安全管理人员数；S_m 为工作人员总人数。

B　外用工人员占有率

外用工是指一些长期在生产企业工作或服务，却没有正式职工的编制，但又列入劳动统计范围的人员。外用工的用工方式与正式员工不同，人员流动性大，培训教育不到位，在生产过程中往往存在大量的不安全行为，对安全生产造成不利影响。从企业历史经验来看，外用工人员占比越高，安全生产形势越不利。因此，针对矿山企业外用工的用工比例越来越高的情况，外用工人员占有率应该作为管理方面重要的预警监测指标，其表示方式为：

$$I_{20} = S_w / S \times 100\% \tag{8-14}$$

式中，I_{20}为外用工人员占有率；S_w 为外用工人员数；S 为矿山总员工数。

C　安全生产费用投入率

2012 年，财政部和国家安监总局以财企〔2012〕16 号印发《企业安全生产费用提取和使用管理办法》。安全生产费用指的是按照上述规定标准提取在成本中列支，专门用于完善和改进企业或者项目安全生产条件的资金。主要通过安全生产费用投入率来反映，其表示方式为：

$$I_{21} = C_s / C \times 100\% \tag{8-15}$$

式中，I_{21}为安全生产费用投入率；C_s 为实际安全生产费用；C 为国家规定应投入安全生产费。

D　安全培训完成率

安全培训是指以提高安全监管人员、生产经营单位从业人员和从事安全生产工作的相关人员的安全素质为目的的教育培训活动。以新员工培训、转岗、复岗以及再教育培训的时间来评估其效果，以安全培训完成率来表示，其表示方式为：

$$I_{22} = T_s / T_y \times 100\% \tag{8-16}$$

式中，I_{22}为安全培训完成率；T_s 为实际完成培训时间，h；T_y 为应完成培训时间，h。

E　隐患整改率

隐患排查是矿山预先发现潜在的风险因素的重要手段，隐患排查与整改对于降低事故风险具有极其重要的作用。隐患整改率指在规定时间内已整改的隐患与需要整改的隐患之间的比值，以隐患整改率来表达，其表示方式为：

$$I_{23} = W_s / W \times 100\% \tag{8-17}$$

式中，I_{23}隐患整改率；W_s 为在规定时间内已整改的隐患数；W 为需要整改的隐患数。

F 事故控制

事故控制是衡量矿山安全管理水平的最直接标准，直观清晰。对事故控制的预警监测，能够反映当前矿山安全事故的严重程度和变化趋势。1948 年 8 月召开的国际劳联（ILO）会议上确定以事故发生频率和伤害严重程度作为伤亡事故的统计指标。事故等级分为死亡、重伤、轻伤，将其各等级分别赋值为 10、5、1。事故控制指标值 I_{24} 由企业事故量以及严重程度进行确定，其表达方式为：

$$I_{24} = a_{24} \times 10 + b_{24} \times 5 + c_{24} \times 1 \quad (8-18)$$

式中，a_{24}、b_{24}、c_{24}分别为企业每月死亡、重伤、轻伤发生的事故数量。

8.3 本章小结

本章对我国非煤露天矿的主要事故类型的发生原因进行了总结和综合，并从人、机、环境、管理 4 个方面对事故影响因素进行了深层次挖掘，为矿山生产事故安全预警指标体系的建立提供保障。提出了矿山企业生产事故安全预警指标体系的构建原则、设计流程和方法，结合调研情况，构建了预警指标体系，其中包含人的因素、设备因素、环境因素以及管理因素 4 个一级指标以及细化的 24 个二级指标。对各预警指标进行分层、说明，并针对其不同的特点采用不同的方式进行指标量化，为后续的预警模型建立提供条件。

9 非煤露天矿山生产事故安全评价及预警模型建立

根据各类方法的应用范围和优缺点，结合矿山生产基本特点，采用模糊综合评价法和灰色预测理论分别构建非煤露天矿山生产事故安全评价模型和安全预警模型，对矿山的安全生产状态进行综合评价并进行安全预警。

9.1 非煤露天矿山生产事故安全评价模型建立

9.1.1 指标权重计算

为了使矿山安全生产事故影响因素权值更具客观性，使评价结果更为准确，采用基于层次分析法和信息熵权法结合的简单平均组合赋权法确定各因素权重。

9.1.1.1 基于层次分析法的主观权重确定

利用 AHP 求解矿山安全生产预警指标主观权重的计算过程流程如图 9 - 1 所示。

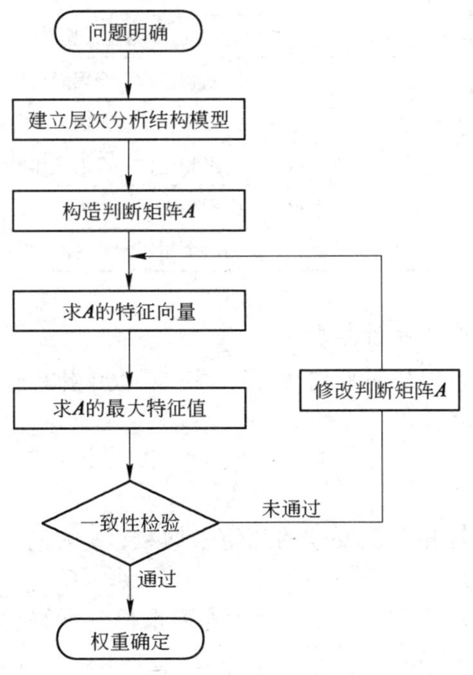

图 9 - 1 AHP 计算流程图

A 建立递阶层次结构模型

根据建立的预警指标体系，确定递阶层次为三层：

（1）最高层。即目标层，为矿山生产事故安全预警，表示系统的目的，即进行系统分析要达到的总目标。

（2）中间层。即准则层，包括人的因素、设备因素、环境因素以及管理因素4个一级指标。

（3）最底层。即方案层，包括24个二级指标。

B 构造判断矩阵

依据标度理论（见表9－1），以专家打分为基础，将预警指标层级的各个指标因素关于上一层次中某一指标因素的重要性进行两两比较，形成判断矩阵**A**：

$$\boldsymbol{A}=\begin{pmatrix} a_{11} & a_{12} & \cdots & a_{1n} \\ a_{21} & a_{22} & \cdots & a_{2n} \\ \vdots & \vdots & & \vdots \\ a_{n1} & a_{n2} & \cdots & a_{nn} \end{pmatrix} \tag{9-1}$$

式中，$a_{ii}=1$，$a_{ij}=1/a_{ji}$，$a_{ij}=a_{ik}\times a_{kj}$。

表9－1 相对重要性标度表

相对重要性标度	含　　义
1	表示两个因素相比，具有同等重要性
3	表示两个因素相比，一个因素比另一个稍微重要
5	表示两个因素相比，一个因素比另一个明显重要
7	表示两个因素相比，一个因素比另一个强烈重要
9	表示两个因素相比，一个因素比另一个极端重要
2，4，6，8	为两个相邻判断区间的中间值

C 层次单排序及一次性检验

根据判断矩阵，采用几何平均法计算每一层次单排序中各预警指标的重要性系数（即权重）：

$$\overline{w_i}=\left(\prod_{j=1}^{n}a_{ij}\right)^{\frac{1}{n}} \tag{9-2}$$

式中，$\overline{w_i}$为各预警指标相对重要度的几何平均数；n为同一层级进行相对重要度比较的预警指标个数。

针对向量$\overline{\boldsymbol{W}}=(\overline{w_1},\overline{w_2},\cdots,\overline{w_n})$，即可求得各预警指标的权重：

$$w_{si}=\overline{w_i}/\sum_{i=1}^{n}\overline{w_i} \tag{9-3}$$

式中，矢量 $\boldsymbol{W}_s = (w_{s1}, w_{s2}, \cdots, w_{sn})^T$ 为所求的特征向量。

由此可计算出判断矩阵 $\boldsymbol{A}$ 的最大特征值 λ_{max} 为：

$$\lambda_{max} = \frac{1}{n}\sum_{i=1}^{n}\frac{(AW_s)_i}{w_{si}} \tag{9-4}$$

式中，对任意 $i=1, 2, \cdots, n$，$(AW_s)_i$ 为向量 AW_s 的第 i 个元素。

计算一致性指标 CI：

$$CI = (\lambda_{max} - n)/(n-1) \tag{9-5}$$

式中，λ_{max} 为判断矩阵的最大特征值，n 为阶数。

查表 9-2 可求得对应的平均随机一致性指标 RI。

表 9-2 平均随机一致性指标值

n	1	2	3	4	5	6	7	8	9
RI	0.00	0.00	0.58	0.90	1.12	1.24	1.32	1.41	1.45

计算一致性比率 CR：

$$CR = CI/RI \tag{9-6}$$

当 $CR \leqslant 0.10$ 时，判断矩阵具有一致满意性；当 $CR > 0.10$ 时，判断矩阵则不具有一致满意性，需要进行修正。

D 层次总排序及一次性检验

依次沿递阶层次结构由上而下对层次单排序的重要性系数进行综合，便可计算出最底层中各二级指标因素相对于矿山生产事故安全预警总目标的相对重要性权值，并进行层次总排序的一致性检验。

9.1.1.2 基于熵权法的客观权重确定

信息熵是香浓（Claude E. Shannon）提出的将熵的物理学概念引入到信息论中的方法，其基本作用是通过对事物予以量化度量消除人们对事物的不确定性。信息熵表示，在一个信息系统中，系统越有序，信息熵就越低；反之，一个系统越是混乱，信息熵就越高[129]。在分析指标的相对重要性时，如果某个指标的熵小，则表明该指标的信息程度大，即在指标体系中的作用大，指标的重要性大，指标权重高；反之，指标的信息熵大，则表明该指标的信息程度少，其指标的权重小。预警指标层次包括一级指标和二级指标，利用信息熵求解矿山安全生产预警指标客观权重的计算步骤为：

（1）确定二级指标的权重。确定 l 个样本，对于第 i 个一级指标下的第 j 个二级指标 x_{ij}，将所研究的样本集记为 $\{\boldsymbol{A}_{ijk}\}$，其中 $i=1, 2, \cdots, n$；$j=1, 2, \cdots, m$；$k=1, 2, \cdots, l$。

（2）指标标准化处理。对于技术水平达标率、维修保养合格率等正向指标，其数值越高，结果越好，标准化为：

$$r_{ijk}=\frac{x_{ijk}-\min_{k}\{x_{ijk}\}}{\max_{k}\{x_{ijk}\}-\min_{k}\{x_{ijk}\}} \tag{9-7}$$

对于违章作业率、设备故障率等负向指标，其数值越低，结果越好，标准化为：

$$r_{ijk}=\frac{\max_{k}\{x_{ijk}\}-x_{ijk}}{\max_{k}\{x_{ijk}\}-\min_{k}\{x_{ijk}\}} \tag{9-8}$$

式中，r_{ijk}为第 k 个样本中指标 x_{ij}的标准值。

(3) 计算二级指标 x_{ij}下第 k 个样本占该指标的比重 p_{ijk}：

$$p_{ijk}=r_{ijk}/\sum_{k=1}^{l}r_{ijk} \tag{9-9}$$

(4) 计算二级指标 x_{ij}的熵值 e_{ij}：

$$e_{ij}=-\lambda\sum_{k=1}^{l}(p_{ijk}\ln p_{ijk}) \tag{9-10}$$

式中，$e_{ij}\geqslant 0$，λ 为信息熵的修正系数，$\lambda>0$，$\lambda=1/\ln l$。

(5) 计算二级指标 x_{ij}的差异系数 g_{ij}：

$$g_{ij}=\frac{1-e_{ij}}{m-\sum_{j=1}^{m}e_{ij}} \tag{9-11}$$

式中，$0\leqslant g_{ij}\leqslant 1$，$\sum_{j=1}^{m}g_{ij}=1$。

(6) 计算二级指标 x_{ij}的权重 w_{ij}：

$$w_{ij}=g_{ij}/\sum_{j=1}^{m}g_{ij} \tag{9-12}$$

(7) 根据二级指标 x_{ij}的权重 w_{ij}，可确定二级评价指标的权向量为 $\boldsymbol{W}_i=\{w_{i1},w_{i2},\cdots,w_{im}\}$，即可求得一级指标的权重值 w_{oi}：

$$w_{oi}=\frac{\sum_{j=1}^{m}w_{ij}}{\sum_{i=1}^{n}\sum_{j=1}^{m}w_{ij}} \tag{9-13}$$

9.1.1.3 基于组合赋权法的权重确定

主客观权重集成采用平均求和的方法，即认为主客观权重同等重要，则组合权重为：

$$w_i=0.5w_{oi}+0.5w_{si}\quad(i=1,2,\cdots,n) \tag{9-14}$$

式中，w_i 为两种组合权重，$0 \leqslant w_i \leqslant 1$（$i=1, 2, \cdots, n$），$\sum_{i=1}^{n} w_i = 1$。

9.1.2 模糊综合评价模型生成

根据模糊综合评价构建的数学模型可分为一级模糊评价模型和多级模糊评价模型，根据指标层级，采用二级模糊综合评判，建模步骤如下。

9.1.2.1 建立对象集、因素集、评语集

首先将矿山安全生产状态这一评判对象构造成一个集合，形成对象集 $\boldsymbol{F}$。将影响矿山安全生产状态的指标构成一个集合，形成因素集 $\boldsymbol{U}$，指标体系分为一级指标和二级指标，因此因素集由两个层次构成。将矿山安全状态分为 5 级，对应的评价集为 $\boldsymbol{V} = \{v_1, v_2, v_3, v_4, v_5\}$ = {安全，较安全，一般安全，较危险，危险}。

9.1.2.2 确定各因素权重

由于因素集 $\boldsymbol{U}$ 中各指标因素 u_i 对评价对象的影响不同，因而需要对各因素按照其重要程度给出不同的权数 a_i，并由各权数组成因素权重集 $\boldsymbol{A}$。如 9.1.1 节所述，采用组合赋权法确定指标权重。

9.1.2.3 构造隶属函数

将获取的预警指标值在评价集中进行模糊化，得出每个指标特定的等级评价，即确定隶属函数。根据相关文献资料和矿山安全预警指标的非线性特点，采用钟形隶属函数确定各预警指标的隶属度。

$$r(x) = \frac{1}{1+\alpha(x-a)^{\beta}} \quad (\alpha>0, \ \beta \text{为正偶数}) \tag{9-15}$$

式中，$r(x)$ 为隶属度；x 为各指标经一致化处理后的值；a 为各评语集中各等级的临界值，即函数曲线的中心；α、β 为其他参数，可根据情况而定。

9.1.2.4 建立多因素模糊评判矩阵

根据各指标值 u_i（$i=1, 2, 3, \cdots, n$），可求得所有指标的隶属度，并形成多因素评判矩阵 $\boldsymbol{R}$。

$$\boldsymbol{R} = \begin{pmatrix} \boldsymbol{R}_1 \\ \boldsymbol{R}_2 \\ \boldsymbol{R}_3 \\ \vdots \\ \boldsymbol{R}_m \end{pmatrix} = \begin{pmatrix} r_{11} & r_{12} & r_{13} & \cdots & r_{1n} \\ r_{21} & r_{22} & r_{23} & \cdots & r_{2n} \\ r_{31} & r_{32} & r_{33} & \cdots & r_{3n} \\ \vdots & \vdots & \vdots & & \vdots \\ r_{m1} & r_{m2} & r_{m3} & \cdots & r_{mn} \end{pmatrix} \tag{9-16}$$

式中，r_{ij}表示指标 i 对评判结果 j 的隶属程度，$0\leqslant r_{ij}\leqslant 1$，其中，$1\leqslant i\leqslant m$，$1\leqslant j\leqslant n$。

9.1.2.5 建立模糊综合评判模型

通过计算出来的各层次的因素权重 $\boldsymbol{A}$ 和模糊评价矩阵 $\boldsymbol{R}$，根据乘法运算，可得到模糊综合评价向量 $\boldsymbol{B}=(b_1, b_2, b_3, \cdots, b_n)$：

$$\boldsymbol{B}=\boldsymbol{A}\cdot\boldsymbol{R}=(a_1, a_2, a_3, \cdots, a_m)\cdot\begin{pmatrix} r_{11} & r_{12} & r_{13} & \cdots & r_{1n} \\ r_{21} & r_{22} & r_{23} & \cdots & r_{2n} \\ r_{31} & r_{32} & r_{33} & \cdots & r_{3n} \\ \vdots & \vdots & \vdots & & \vdots \\ r_{m1} & r_{m2} & r_{m3} & \cdots & r_{mn} \end{pmatrix} \tag{9-17}$$

在单因素评价基础上进行二级模糊综合评价，根据模糊向量单值化的原则，得出综合评价结果。

9.1.2.6 计算综合决策值

将 $\boldsymbol{B}$ 归一化，即令 $\boldsymbol{B}'=(b'_1, b'_2, b'_3, \cdots, b'_n)$，其中

$$b'_i = b_i/\sum_{i=1}^{n} b_i \tag{9-18}$$

则可求得综合决策值：

$$\boldsymbol{N}=\boldsymbol{B}'\cdot\boldsymbol{C}^{\mathrm{T}} \tag{9-19}$$

式中，$\boldsymbol{C}=\{C_1, C_2, \cdots, C_n\}$ 为评语集所对应的赋分值。

9.2 非煤露天矿山生产事故安全预警模型建立

“指数”是一种无量纲的相对比较值，具有直观易懂、科学准确、内涵丰富等特点，能够揭示和反映事物的本质和规律。根据模糊综合评价模型所得出的综合评价结果，设定“矿山安全生产状态指数”，表征矿山企业生产系统当前的安全状态。由于该指数值无法对将来的状态进行预测预警，而灰色预测理论能够预测未来时间点的状态值，因此基于灰色预测理论构建预警模型，对未来的安全状态进行预测预警。

常用的灰色预测模型包括时间序列预测、畸变预测、季节灾变与异常值预测、拓扑预测以及系统预测五种类型。由于系统预测能够通过对系统行为特征指标建立一组相互关联的灰色预测模型，预测系统中众多变量间的相互协调关系的变化，因此，本节采用灰色系统预测的均值 EGM(1，1) 模型和灰色状态马尔可夫模型构建矿山企业生产事故安全预警模型，其中均值 EGM(1，1) 模型主要预测下一期的预警值，灰色状态马尔可夫模型则预测下一期最有可能出现的状态。

9.2.1　均值 EGM(1,1) 预警模型生成

在灰色预测理论相关模式中，GM 表示灰色理论的灰微分方程模型，其中均值 EGM(1，1) 模型表示只含有单一变量的一阶微分等间距序列模型。矿山每月的安全生产状态不同，因此以矿山安全生产状态指数为基础所形成的原始序列为振荡序列。建模流程如图 9 - 2 所示。

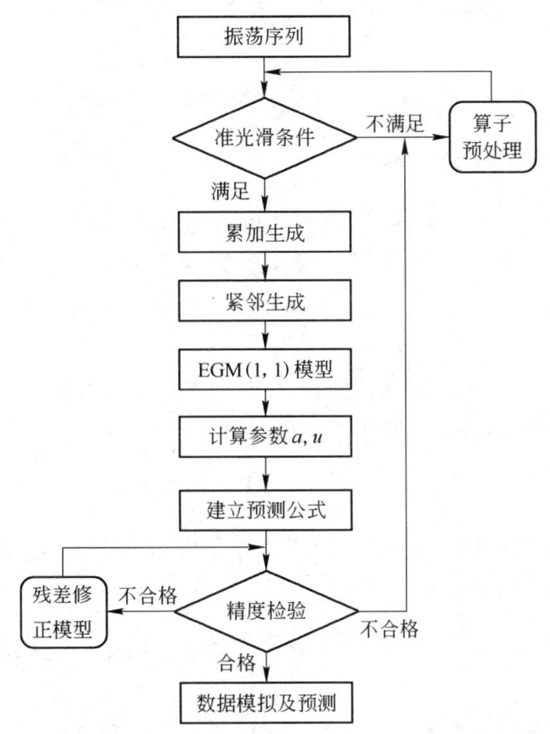

图 9 - 2　振荡序列均值 EGM(1，1) 模型的建模流程

9.2.1.1　原始序列生成

以月为周期进行矿山生产事故安全预警，采用每月矿山评价所得出的矿山安全生产状态指数为基本样本，形成原始序列 $\boldsymbol{X}^{(0)} = \{X^{(0)}(1), X^{(0)}(2), \cdots, X^{(0)}(n)\}$。

9.2.1.2　准光滑条件及准指数规律检验

为了使得 GM(1,1) 模型可用，须对原始数据序列和累加序列进行准光滑条件及准指数规律检验。准光滑性检验公式为：

$$\rho(k) = \frac{X^{(0)}(k)}{\sum_{i=1}^{k-1} X^{(0)}(i)}, k = 2,3,\cdots,n \tag{9-20}$$

式中，$\rho(k)$ 为光滑比，当 $\rho(k)<0.5$ 时满足光滑条件。

准指数规律检验公式为：

$$\sigma(k) = \frac{\sum_{i=1}^{k} X^{(0)}(i)}{\sum_{i=1}^{k-1} X^{(0)}(i)}, k = 2,3,\cdots,n \tag{9-21}$$

式中，$\sigma(k)$ 为级比，当 $1\leqslant\sigma(k)<1.5$ 时满足准指数规律。

9.2.1.3 构造缓冲弱化算子

基于振荡序列建立的灰色预测模型精度较差，而振荡序列的平滑序列具有更小的振幅及更好的光滑性，因此引入缓冲弱化算子增大原始序列的光滑性。缓冲弱化算子满足不动点公理，规定在弱化算子对原始序列数据的调整下，系统原始行为数据序列中的数据 $X(n)$ 保持不变。

引入一阶弱化算子 D，可得一阶算子作用序列 $\boldsymbol{X}^{(0)}D = \{X^{(0)}(1)d, X^{(0)}(2)d, \cdots, X^{(0)}(k)d, \cdots, X^{(0)}(n)d\}$，其中

$$X^{(0)}(k)d = \frac{1}{n-k+1}(X^{(0)}(k) + X^{(0)}(k+1) + \cdots + X^{(0)}(n)) \tag{9-22}$$

引入二阶弱化算子 D^2，可得二阶算子作用序列 $\boldsymbol{X}^{(0)}D^2 = \{X^{(0)}(1)d^2, X^{(0)}(2)d^2, \cdots, X^{(0)}(k)d^2, \cdots, X^{(0)}(n)d^2\}$，其中

$$X^{(0)}(k)d^2 = \frac{1}{n-k+1}(X^{(0)}(k)d + X^{(0)}(k+1)d + \cdots + X^{(0)}(n)d) \tag{9-23}$$

9.2.1.4 累加序列生成

通过累加公式 $X^{(1)}(k) = \{\sum_{i=1}^{k} X^{(0)}(i)d^2 \mid k = 1,2,\cdots,n\}$，可使数据呈现更明显的规律。二阶算子作用序列累加形成新的数据序列为

$$\begin{aligned}\boldsymbol{X}^{(1)} &= \{X^{(1)}(1), X^{(1)}(2), \cdots, X^{(1)}(n)\} \\ &= \{X^{(0)}(1)d^2, X^{(0)}(1)d^2 + X^{(0)}(2)d^2, \cdots, \sum_{i=1}^{n} X^{(0)}(i)d^2\}\end{aligned} \tag{9-24}$$

9.2.1.5 灰色建模

根据累加所生成的新数据列 $\boldsymbol{X}^{(1)}$，建立一阶灰色微分方程：

$$\frac{d\boldsymbol{X}^{(1)}}{dt} + a\boldsymbol{X}^{(1)} = u \tag{9-25}$$

求解一阶微分方程，得到 EGM(1, 1) 预警模型：

$$X^{(1)}(k+1)=\left[X^{(1)}(1)-\frac{u}{a}\right]e^{-ak}+\frac{u}{a} \tag{9-26}$$

利用最小二乘法，解得：

$$\hat{a}=(B^TB)^{-1}B^Ty_n \tag{9-27}$$

根据 EGM(1, 1) 预警模型，求得累加数据列的各项预测值 $\hat{\boldsymbol{X}}^{(1)}=\{\hat{X}^{(1)}(1),\hat{X}^{(1)}(2),\cdots,\hat{X}^{(1)}(k)\}$。采用后减运算还原，即可求出原始数据列中第 $k+1$ 项的估计值，即第 $k+1$ 月的矿山安全预警指数：

$$\hat{X}^{(0)}(k+1)=\hat{X}^{(1)}(k+1)-\hat{X}^{(1)}(k) \tag{9-28}$$

9.2.1.6 精度检验

为了验证模型预测精度，采用后验差比值 C 和小误差频率 P 进行后验差检验。将求出的 C、P 值与预测精度等级对照表（见表 9－1）进行等级对照，确定模型的预测精度。

9.2.2 灰色状态马尔可夫预警模型生成

以矿山每月的安全生产状态指数为原始数据 $X^{(0)}(k)(k=1,2,\cdots,n)$ 得到非平稳随机序列。构建灰色状态马尔可夫模型，预测矿山生产未来将出现的状态。

9.2.2.1 划分预测对象所出现的状态

根据安全状态等级划分，可将 $X^{(0)}(k)(k=1,2,\cdots,n)$ 的取值划分为 s 个不同的状态 $\otimes_i$，表示为

$$\otimes_i=[a_i,\ b_i],\ i=1,\ 2,\ \cdots,\ s \tag{9-29}$$

式中，a_i，b_i 为根据状态划分需要设定的常数。

9.2.2.2 计算初始概率

在观测记录的 M 期中，状态 $\otimes_i$ 出现了 M_i 次，则

$$f_i=M_i/M \tag{9-30}$$

式中，f_i 为 $\otimes_i$ 出现的频率，用以近似地表示 $\otimes_i$ 出现的概率，即 $f_i\approx p_i$。

9.2.2.3 计算状态转移概率

仍然以频率近似表示概率进行计算，则由状态 $\otimes_i$ 转移到 $\otimes_j$ 的一步转移频率为

$$f_{ij}=M_{ij}/M_i \tag{9-31}$$

式中，M_{ij} 为状态 $\otimes_i$ 转移到 $\otimes_j$ 的个数，令 $f_{ij}\approx p_{ij}$。

类似地，可以得到 m 步状态转移概率的近似值

$$p_{ij}(m)=M_{ij}(m)/M_i,\ i=1,2,\cdots,s \tag{9-32}$$

9.2.2.4 根据转移概率进行状态预测

通过式（9－31）和（9－32），可得状态转移概率矩阵 $\boldsymbol{P}$。假设预测对象目前处于状态 $\otimes_i$，则 p_{ij} 就描述了 $\otimes_i$ 在未来转向状态 $\otimes_j$ 的可能性大小。按照最大概率准则，确定（p_{i1}，p_{i2}，…，p_{is}）中的最大值所对应的状态为预测结果，即

$$\max\{p_{i1},p_{i2},\cdots,p_{is}\}=p_{ik} \tag{9-33}$$

当矩阵中第 i 行转移概率的最大值难以确定时（第 k 行有两个或者两个以上相同或十分接近的最大值），可以进一步考察两步转移概率矩阵 $\boldsymbol{P}^{(2)}$ 或 n 步转移概率矩阵 $\boldsymbol{P}^{(n)}$（其中 $n\geqslant3$）。

9.2.3 预警阈值确定及预警等级划分

预警信号输出中，阈值的确定具有重要作用，必须根据实际情况进行动态分析，按照企业所处的行业、地区等具体情况制定，并及时根据条件变化进行修改。其确定方法多样，如根据同行业平均值、专家经验值、企业发生过的安全事故统计值、企业历史经验判断等进行确定。

借鉴相关文献，结合现场实际调研，确定矿山企业生产事故安全预警阈值，将矿山企业安全状态划分为安全、较安全、一般安全、较危险、危险5个等级，见表9－3。

表9－3 矿山企业生产事故安全预警等级

预警等级	安全	较安全	一般安全	较危险	危险
预警值 L	≥90	80～90	60～80	40～60	≤40

综合预警值反映未来时间系统的整体或局部（并非单一）的安全程度，通过预警值 L 与预警阈值的相互比较，可得出企业所处的安全预警等级。当企业处于“安全”等级，可以不采取附加的管理措施；当企业处于“较安全”等级，企业安全管理者需注意生产系统的安全动态；当企业处于“一般安全”水平，企业安全管理者应加强安全管理；当企业安全处于“较危险”水平，企业管理者需结合实际情况分析较危险状态产生的原因，并采取相应的对策措施；当企业处于“危险”水平，企业必须立即采取措施，必要时进行停产控制。

9.3 本章小结

本章采用层次分析法和信息熵权法相结合的组合赋权法确定预警指标权重，充分保证了指标权重的客观性和可靠性。采用模糊综合评价法构建了矿山企业安

全生产状态的评价模型，对矿山安全生产状态进行综合评价。以综合评价值为基础，提出了“矿山安全生产状态指数”的概念。构建基于均值 EGM(1，1) 和灰色状态马尔可夫模型的预警模型，以矿山安全生产状态指数作为预警模型的原始数据，进行矿山未来时间点的安全情况预测。设定预警阈值，将矿山企业安全生产状态划分为安全、较安全、一般安全、较危险、危险 5 个等级，通过对比预警值和预警阈值，得出矿山企业所处的预警等级。

10 非煤露天矿山生产事故评价与预警模型检验

10.1 实例矿山概况

蟒山石灰石矿区位于山东省枣庄市峄城区西南约9km处，位于郯（城）－薛（城）公路南侧、206国道西侧，西距京福高速公路、京沪铁路25km左右，交通便利。矿区属低山丘陵区，地形起伏相对较大，区内最高点黄崖山海拔标高为333.3m，最低点位于矿区西南侧，为133.5m，最大相对高差为199.8m。矿区南北长约1000m，东西宽约550m，矿区面积约0.5713km^2。开采矿区资源量6518.70万吨，设计圈定矿量6033.83万吨，矿石平均品位50.18%，设计年生产能力220万吨。

该区属暖温带季风性气候，四季分明、季风明显、雨热同季。年平均气温13.9℃，一月份最冷，平均温度为－0.9℃，七月份温度最高，平均为26.7℃；该区一般情况下降水较为充沛，年平均降水量为874.1mm；区内年平均大风天数为8.7天（瞬时风速≥17m/s或风力≥8级），春季发生大风天数最多，平均3.9天；平均出霜日期为10月28日，终霜日期平均为4月15日，全年平均无霜期195天。

该矿矿体大部分裸露于地表，矿层呈中－厚层状，层间无软弱夹层，风化程度低，物理力学性质良好。矿区地形地貌简单，便于自然排水，岩溶不发育。该水泥灰岩矿矿体位于当地侵蚀基准面以上，地形有利于自然排水，地下水、地表水均不会对矿坑产生充水，水文地质条件属于简单类型。矿层直接底板为馒头组洪河砂岩段，岩性为灰绿色海绿石细粒长石砂岩、钙质砂岩，与矿层界线清晰，节理裂隙不发育，岩石坚定稳固，可作为矿山开采终了的稳定自然边坡。

该矿运输方式为公路开拓汽车运输，员工及设备工作采用连续工作制，年工作300天，每天工作两班，每班8小时。现有职工80人左右，包括特种作业人员，技术管理人员，安全、环保、消防等人员。

10.2 评价模型检验

10.2.1 数据样本生成

以月为周期进行矿山安全评价及安全预警，收集蟒山矿2013年1月至2014

年5月共17个月各指标的信息数据，并进行分析整理，按照8.2.4节的量化方式将各指标信息数据值进行量化，量化后的指标数据见附录G。

10.2.2 评价过程计算

10.2.2.1 权重计算

A 主观权重确定

通过专家打分法对指标的相对重要度打分，打分表参见附录H。本次的专家评价组包括4位矿山安全管理及技术人员、4位采矿/安全专业教师、4位从事相关课题研究的研究生，共发出专家打分表12份，收回12份。根据专家意见，构造指标判断矩阵，计算各指标权重，并进行一致性检验。以某位专家的评分为例进行计算，可得各指标的判断矩阵及计算结果，见表10-1~表10-5。

表10-1 "人的因素"判断矩阵及计算结果

B1	C1	C2	C3	C4	$\overline{w}_i$	w_{si}
C1	1	1	1	3	1.316	0.300
C2	1	1	1	3	1.316	0.300
C3	1	1	1	3	1.316	0.300
C4	1/3	1/3	1/3	1	0.439	0.100
$\lambda_{max}=4$ $CI=0$ $RI=0.90$ $CR=0<0.1$						

表10-2 "设备因素"判断矩阵及计算结果

B2	C5	C6	C7	C8	C9	C10	$\overline{w}_i$	w_{si}
C5	1	1/3	1/3	1	1/5	1/5	0.405	0.053
C6	3	1	1	3	1/2	1/3	1.070	0.141
C7	3	1	1	3	1/2	1/3	1.070	0.141
C8	1	1/3	1/3	1	1/5	1/5	0.405	0.053
C9	5	2	2	5	1	3	2.587	0.341
C10	5	3	3	5	1/3	1	2.054	0.271
$\lambda_{max}=6.244$ $CI=0.049$ $RI=1.24$ $CR=0.039<0.1$								

表10-3 "环境因素"判断矩阵及计算结果

B3	C11	C12	C13	C14	C15	C16	C17	C18	$\overline{w}_i$	w_{si}
C11	1	3	1/5	3	3	1/3	1/5	1/5	0.720	0.063
C12	1/3	1	1/5	3	3	1/3	1/5	1/5	0.547	0.048
C13	5	5	1	7	7	1/3	1/3	1/3	1.611	0.141

续表 10－3

B3	C11	C12	C13	C14	C15	C16	C17	C18	$\overline{w}_i$	w_{si}
C14	1/3	1/3	1/7	1	1	1/5	1/5	1/7	0. 312	0. 027
C15	1/3	1/3	1/7	1	1	1/5	1/5	1/7	0. 312	0. 027
C16	3	3	3	5	5	1	1/3	1/3	1. 715	0. 150
C17	5	5	3	5	5	3	1	1/3	2. 565	0. 224
C18	5	5	3	7	7	3	3	1	3. 672	0. 320
$\lambda_{max}=8.850$ $CI=0.121$ $RI=1.41$ $CR=0.086<0.1$										

表 10－4 “管理因素”判断矩阵及计算结果

B4	C19	C20	C21	C22	C23	C24	$\overline{w}_i$	w_{si}
C19	1	1/3	1/3	1/5	1/7	1/7	0. 277	0. 030
C20	3	1	1	1/5	1/7	1/7	0. 480	0. 052
C21	3	1	1	1/5	1/7	1/7	0. 480	0. 052
C22	5	5	5	1	1/3	1/5	1. 424	0. 153
C23	7	7	7	3	1	1	3. 177	0. 342
C24	7	7	7	5	1	1	3. 460	0. 372
$\lambda_{max}=6.403$ $CI=0.081$ $RI=1.24$ $CR=0.065<0.1$								

表 10－5 目标层－因素层判断矩阵及计算结果

A	B1	B2	B3	B4	$\overline{w}_i$	w_{si}
B1	1	5	1/3	1	1. 136	0. 212
B2	1/5	1	1/7	1/5	0. 275	0. 051
B3	3	7	1	3	2. 817	0. 525
B4	1	5	1/3	1	1. 136	0. 212
$\lambda_{max}=4.073$ $CI=0.024$ $RI=0.90$ $CR=0.027<0.1$						

同理，可求出其他专家打分的计算结果，并将结果进行算术平均，最后可得蟒山露天矿预警指标体系中各指标的主观权重值，见表 10－6。

表 10－6 安全预警指标主观权重表

最 底 层	中 间 层				主观总权重
	人的因素	设备因素	环境因素	管理因素	
	0. 405	0. 203	0. 136	0. 256	
违章作业率	0. 312	0	0	0	0. 126
违章指挥率	0. 296	0	0	0	0. 120

续表 10－6

最 底 层	中 间 层				主观总权重
	人的因素	设备因素	环境因素	管理因素	
	0.405	0.203	0.136	0.256	
违纪率	0.247	0	0	0	0.100
技术水平达标率	0.145	0	0	0	0.059
设备维修保养合格率	0	0.117	0	0	0.024
设备故障率	0	0.227	0	0	0.046
设备待修率	0	0.091	0	0	0.018
设备更新改造率	0	0.080	0	0	0.016
带病作业率	0	0.276	0	0	0.056
安全装置设置合格率	0	0.209	0	0	0.042
温度	0	0	0.088	0	0.012
湿度	0	0	0.060	0	0.008
特殊气候条件	0	0	0.148	0	0.020
粉尘控制合格率	0	0	0.145	0	0.020
噪声控制合格率	0	0	0.092	0	0.013
地质构造	0	0	0.157	0	0.021
水文地质条件	0	0	0.136	0	0.018
围岩物理力学性质	0	0	0.174	0	0.024
专业安全管理人员占有率	0	0	0	0.121	0.031
外用工人员占有率	0	0	0	0.060	0.015
安全生产费用投入率	0	0	0	0.140	0.036
安全培训完成率	0	0	0	0.124	0.032
隐患整改率	0	0	0	0.276	0.071
事故控制	0	0	0	0.279	0.071

B 客观权重确定

以数据样本为基础，按照式（9－7）～式（9－13）即可求得各指标的熵值和权重，结果见表 10－7。

表 10－7 安全预警指标熵值及客观权重表

一级指标	客观权重	二级指标	熵 值	客观权重
人的因素	0.119	违章作业率	0.870	0.327
		违章指挥率	0.904	0.242
		违纪率	0.898	0.255
		技术水平达标率	0.930	0.176

续表 10－7

一级指标	客观权重	二级指标	熵　值	客观权重
设备因素	0. 311	设备维修保养合格率	0. 942	0. 056
		设备故障率	0. 687	0. 300
		设备待修率	0. 734	0. 255
		设备更新改造率	0. 775	0. 216
		带病作业率	0. 877	0. 118
		安全装置设置合格率	0. 941	0. 056
环境因素	0. 308	温度	0. 909	0. 088
		湿度	0. 929	0. 069
		特殊气候条件	0. 922	0. 075
		粉尘控制合格率	0. 893	0. 103
		噪声控制合格率	0. 955	0. 043
		地质构造	0. 776	0. 217
		水文地质条件	0. 776	0. 217
		围岩物理力学性质	0. 806	0. 188
管理因素	0. 262	专业安全管理人员占有率	0. 813	0. 213
		外用工人员占有率	0. 917	0. 095
		安全生产费用投入率	0. 899	0. 115
		安全培训完成率	0. 846	0. 175
		隐患整改率	0. 776	0. 255
		事故控制	0. 871	0. 147

C　组合权重确定

根据式（9－14），可求得指标的组合权重，见表 10－8 和表 10－9。

表 10－8　第二层次指标的组合权重

指　　标	主观权重	客观权重	组合权重
违章作业率	0. 312	0. 327	0. 319
违章指挥率	0. 296	0. 242	0. 269
违纪率	0. 247	0. 255	0. 251
技术水平达标率	0. 145	0. 176	0. 161
设备维修保养合格率	0. 117	0. 056	0. 086
设备故障率	0. 227	0. 300	0. 263
设备待修率	0. 091	0. 255	0. 173

续表 10－8

指　　标	主观权重	客观权重	组合权重
设备更新改造率	0.080	0.216	0.148
带病作业率	0.276	0.118	0.197
安全装置设置合格率	0.209	0.056	0.133
温度	0.088	0.088	0.088
湿度	0.060	0.069	0.064
特殊气候条件	0.148	0.075	0.111
粉尘控制合格率	0.145	0.103	0.124
噪声控制合格率	0.092	0.043	0.068
地质构造	0.157	0.217	0.187
水文地质条件	0.136	0.217	0.176
围岩物理力学性质	0.174	0.188	0.181
专业安全管理人员占有率	0.121	0.213	0.167
外用工人员占有率	0.060	0.095	0.077
安全生产费用投入率	0.140	0.115	0.127
安全培训完成率	0.124	0.175	0.149
隐患整改率	0.276	0.255	0.266
事故控制	0.279	0.147	0.213

表 10－9　第一层次指标的组合权重

指　标	主观权重	客观权重	组合权重
人的因素	0.405	0.119	0.262
设备因素	0.203	0.311	0.257
环境因素	0.136	0.308	0.222
管理因素	0.256	0.261	0.259

10.2.2.2　隶属函数确定

选取钟形隶属函数，通过实际情况以及相关资料参考，可确定隶属函数参数值，根据 5 个评价等级，可分别确定隶属函数如下：

（1）“安全”等级的隶属函数。

$$f(x)=\frac{1}{1+1000(x-0.95)^2} \tag{10-1}$$

（2）“较安全”等级的隶属函数。

$$f(x)=\frac{1}{1+1000(x-0.85)^2} \tag{10-2}$$

（3）“一般安全”等级的隶属函数。

$$f(x)=\frac{1}{1+1000(x-0.7)^2} \tag{10-3}$$

（4）“较危险”等级的隶属函数。

$$f(x)=\frac{1}{1+1000(x-0.5)^2} \tag{10-4}$$

（5）“危险”等级的隶属函数。

$$f(x)=\frac{1}{1+1000(x-0.35)^2} \tag{10-5}$$

10.2.2.3 评判矩阵建立及综合评价结果计算

将标准化数值代入隶属函数，求得各指标的隶属度，即可建立多因素模糊评判矩阵。以2013年1月的原始数据为例进行评价，计算过程如下：

A 第二层次模糊评价

a 人的因素评价

经过模糊变换可得：

$$\begin{aligned}\boldsymbol{B}_{B1}&=\boldsymbol{W}_{B1}\cdot\boldsymbol{R}_{B1}\\&=(0.319,0.269,0.251,0.161)\cdot\begin{pmatrix}0.002&0.003&0.004&0.013&0.058\\0.006&0.010&0.037&0.403&0.027\\0.024&0.091&0.286&0.016&0.006\\0.068&0.783&0.053&0.009&0.004\end{pmatrix}\\&=(0.019,0.152,0.092,0.118,0.028)\end{aligned} \tag{10-6}$$

b 设备因素评价

经过模糊变换可得：

$$\begin{aligned}\boldsymbol{B}_{B2}&=\boldsymbol{W}_{B2}\cdot\boldsymbol{R}_{B2}\\&=(0.086,0.263,0.173,0.148,0.197,0.133)\cdot\\&\quad\begin{pmatrix}0.003&0.004&0.007&0.035&0.783\\0.001&0.001&0.002&0.004&0.008\\0.001&0.001&0.002&0.004&0.008\\0.001&0.001&0.002&0.004&0.008\\0.286&0.043&0.011&0.004&0.002\\0.286&0.043&0.011&0.004&0.002\end{pmatrix}\\&=(0.095,0.015,0.005,0.007,0.073)\end{aligned} \tag{10-7}$$

c 环境因素评价

经过模糊变换可得：

$$\begin{aligned}
\boldsymbol{B}_{B3} &= \boldsymbol{W}_{B3} \cdot \boldsymbol{R}_{B3} \\
&= (0.088, 0.064, 0.111, 0.124, 0.068, 0.187, 0.176, 0.181) \cdot \\
&\quad \begin{pmatrix} 0.286 & 0.043 & 0.011 & 0.004 & 0.002 \\ 0.003 & 0.004 & 0.008 & 0.044 & 0.991 \\ 0.061 & 0.636 & 0.059 & 0.009 & 0.004 \\ 0.002 & 0.003 & 0.005 & 0.016 & 0.091 \\ 0.286 & 0.043 & 0.011 & 0.004 & 0.002 \\ 0.001 & 0.001 & 0.002 & 0.004 & 0.008 \\ 0.001 & 0.001 & 0.002 & 0.004 & 0.008 \\ 0.001 & 0.001 & 0.002 & 0.004 & 0.008 \end{pmatrix} \\
&= (0.052, 0.079, 0.011, 0.009, 0.080)
\end{aligned} \tag{10-8}$$

d 管理因素评价

经过模糊变换可得：

$$\begin{aligned}
\boldsymbol{B}_{B4} &= \boldsymbol{W}_{B4} \cdot \boldsymbol{R}_{B4} \\
&= (0.167, 0.077, 0.127, 0.149, 0.266, 0.213) \cdot \\
&\quad \begin{pmatrix} 0.286 & 0.043 & 0.011 & 0.004 & 0.002 \\ 0.286 & 0.043 & 0.011 & 0.004 & 0.002 \\ 0.286 & 0.043 & 0.011 & 0.004 & 0.002 \\ 0.286 & 0.043 & 0.011 & 0.004 & 0.002 \\ 0.001 & 0.001 & 0.002 & 0.004 & 0.008 \\ 0.001 & 0.001 & 0.002 & 0.004 & 0.008 \end{pmatrix} \\
&= (0.149, 0.023, 0.007, 0.004, 0.005)
\end{aligned} \tag{10-9}$$

B 模糊综合评价

根据第二层次模糊评价，可得项目综合矩阵为：

$$\boldsymbol{R}_{A} = \begin{pmatrix} \boldsymbol{R}_{B1} \\ \boldsymbol{R}_{B2} \\ \boldsymbol{R}_{B3} \\ \boldsymbol{R}_{B4} \end{pmatrix} = \begin{pmatrix} 0.019 & 0.152 & 0.092 & 0.118 & 0.028 \\ 0.095 & 0.015 & 0.005 & 0.007 & 0.073 \\ 0.052 & 0.079 & 0.011 & 0.009 & 0.080 \\ 0.149 & 0.023 & 0.007 & 0.004 & 0.005 \end{pmatrix} \tag{10-10}$$

经过模糊变换可得：

$$
\begin{aligned}
\boldsymbol{B}_{\mathrm{A}} &= \boldsymbol{W}_{\mathrm{A}} \cdot \boldsymbol{R}_{\mathrm{A}} \\
&= (0.262, 0.257, 0.222, 0.259) \cdot \begin{pmatrix} 0.019 & 0.152 & 0.092 & 0.118 & 0.028 \\ 0.095 & 0.015 & 0.005 & 0.007 & 0.073 \\ 0.052 & 0.079 & 0.011 & 0.009 & 0.080 \\ 0.149 & 0.023 & 0.007 & 0.004 & 0.005 \end{pmatrix} \\
&= (0.080, 0.067, 0.029, 0.036, 0.045)
\end{aligned} \tag{10-11}
$$

将模糊综合评价结果归一化，可得：

$$\boldsymbol{B}' = (0.311,\ 0.261,\ 0.113,\ 0.140,\ 0.175) \tag{10-12}$$

根据评价集的赋分值 $\boldsymbol{C}$ = （95，85，70，50，35），根据式（9－19），可以求得模糊综合评价得分值为：

$$
\begin{aligned}
N &= \boldsymbol{B}' \cdot \boldsymbol{C}^{\mathrm{T}} \\
&= (0.311, 0.261, 0.113, 0.140, 0.175)(95, 85, 70, 50, 35)^{\mathrm{T}} \\
&= 72.734
\end{aligned} \tag{10-13}
$$

总体综合评价后评价结果介于60到80之间，处于“一般安全”的等级，存在一定的不稳定因素。

10.2.3 安全评价结果及分析

根据模糊综合评价计算过程，可计算出蟒山矿17个月的模糊综合评价结果，以“矿山安全生产状态指数”表示，结果见表10－10，形成的图形如图10－1所示。

表10－10 矿山安全生产状态指数

时间	L	安全等级	时间	L	安全等级
2013.1	72.734	一般安全	2013.10	63.449	一般安全
2013.2	85.586	较安全	2013.11	75.629	一般安全
2013.3	73.355	一般安全	2013.12	70.607	一般安全
2013.4	76.899	一般安全	2014.1	82.982	较安全
2013.5	69.343	一般安全	2014.2	84.043	较安全
2013.6	73.317	一般安全	2014.3	83.738	较安全
2013.7	81.850	较安全	2014.4	69.044	一般安全
2013.8	79.042	一般安全	2014.5	69.267	一般安全
2013.9	71.430	一般安全			

注：L 为矿山安全生产状态指数。

从图表中可以看出，蟒山矿安全生产状态总体处于“一般安全”和“较安全”的水平，矿山安全形势良好，但是还存在部分危险和不稳定因素，应及时发

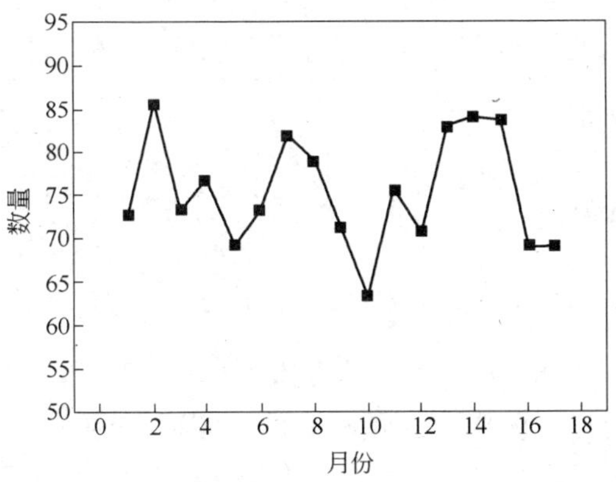

图 10－1 蟒山矿安全生产状态指数值

现并加大整改措施，改善安全生产形势。

2013～2014 年，矿山安全生产状态指数处于波动状态。经分析，2013 年 2 月中上旬矿山处于春节放假状态，大部分工作人员和矿山设备都停止工作，因此安全生产状态处于“较安全”水平，安全生产状态指数值上升。2013 年 3 月矿山全面恢复生产，计划产量由 1 月份的 18 万吨提高到 20 万吨，开采量加大，并且经过 2 月份放假之后全员整体还处于较为疲软的状态，违章作业率较高，安全培训落实不到位，因此安全生产状态指数值降低。到了 4 月份，企业加大了安全知识培训、《安全管理制度》培训和《岗位操作规程》培训等方面的安全培训力度，矿山的整体安全生产状态水平提升。2013 年 5 月开始，企业管理者对各类隐患加大了排查力度，增加安全生产费用投入，加大了对人员的培训力度，加大对隐患治理力度，整改完成率提高较多，并逐渐形成常态化，矿山安全生产状态指数值持续上升。2013 年 7 月、8 月、9 月，矿山安全生产状态指数值保持下降态势，经分析，与作业环境有着较为密切的联系。2013 年 7 月，当地最高温度 36 ℃，最低温度 24 ℃，全月 31 天中有 21 个降雨天，3～4 级风力共有 4 天，4～5 级风力 1 天；2013 年 8 月，全月 31 天中有 12 个降雨天，最高温度 37 ℃，最低温度 17 ℃，3～4 级风力共有 4 天。连续的阴雨天气，气温高，湿度大，导致作业人员易疲劳、压抑、精神状态不佳、注意力不集中，造成了事故的发生，使得安全状态水平较低。从 2013 年 10 月开始，企业开始建设二级标准化矿山，进一步加强了日常的安全检查力度，进行安全自评并接受上级部门的定期安全检查，安全生产水平提高。2013 年 11 月后，企业生产形势较好，期间人员岗位的流动次数增加，设备的部分功能不是很完善，导致了矿山安全生产状态指数有短暂的下降，但随着人员调整正常和生产运行平稳后，安全状态处于较为正常的水平。到 2014 年 4 月，矿山部分机器设备带病作业，例如自卸矿车制动、灯光、转向不良，未能及时维修保养，致使行驶过程中出现事故；此外，该阶段“三违”情况较为严重，也加大了不安全因素，使得矿山整体安全生产水平降低。

10.3 预警模型检验

10.3.1 预警过程计算

10.3.1.1 均值 EGM(1,1) 模型

采用蟒山矿 17 个月的安全生产状态指数作为基本数据样本，根据 9.2 节的灰色预测模型，可构建预警模型，预测矿山未来时间的安全生产情况。

原始数据列为 $\boldsymbol{X}^{(0)}=\{X^{(0)}(1),X^{(0)}(2),\cdots,X^{(0)}(17)\}$，根据式（9－22）和式（9－23），可求得一阶算子和二阶算子作用序列，将二阶算子作用序列中的数据累加，可求得累加序列 $\boldsymbol{X}^{(1)}$。各类数据值见表 10－11。

表 10－11 原始数据及生成的各类数据值

序 号	原始序列	一阶算子作用序列	二阶算子作用序列	累加序列
1	72.734	75.430	74.760	74.760
2	85.586	75.599	74.719	149.479
3	73.355	74.933	74.660	224.139
4	76.899	75.046	74.640	298.779
5	69.343	74.903	74.609	373.388
6	73.317	75.367	74.585	447.973
7	81.850	75.553	74.514	522.486
8	79.042	74.923	74.410	596.896
9	71.430	74.465	74.353	671.249
10	63.449	74.845	74.338	745.587
11	75.629	76.473	74.266	819.853
12	70.607	76.614	73.898	893.752
13	82.982	77.815	73.355	967.107
14	84.043	76.523	72.240	1039.347
15	83.738	74.016	70.813	1110.160
16	69.044	69.156	69.211	1179.372
17	69.267	69.267	69.267	1248.639

根据式（9－27），可求得参数 a，u 的值

$$a=0.004521436,\quad u=76.39146 \tag{10-14}$$

可得 EGM(1, 1) 模型为

$$X^{(1)}(k+1) = -16820.63771e^{-0.004521436k} + 16895.39811 \qquad (10-15)$$

因此，可求得 $X^{(1)}$ $(k+1)$ 的模拟值 $\hat{X}^{(1)}$ $(k+1)$，通过减运算还原，即可求得原始序列的模拟值 $\hat{X}$ $(k+1)$，见表 10－12。

表 10－12　原始序列值与模拟值比较表

序　号	原始值	模拟值	残　差	相对误差/%
1	74.760	74.760	0	0.00
2	74.719	75.882	-1.163	-1.56
3	74.660	75.539	-0.879	-1.18
4	74.640	75.199	-0.559	-0.75
5	74.609	74.859	-0.250	-0.34
6	74.585	74.522	0.063	0.08
7	74.514	74.186	0.328	0.44
8	74.410	73.851	0.559	0.75
9	74.353	73.518	0.835	1.12
10	74.338	73.186	1.152	1.55
11	74.266	72.856	1.410	1.90
12	73.898	72.527	1.371	1.86
13	73.355	72.200	1.155	1.57
14	72.240	71.874	0.366	0.51
15	70.813	71.550	-0.737	-1.04
16	69.211	71.227	-2.016	-2.91
17	69.267	70.906	-1.639	-2.37

根据模拟值和原始值，可求得平均相对误差、均方差比值以及小误差概率等参数，结果见表 10－13。

表 10－13　精度检验

平均相对误差	均方差比值	小误差概率
0.012	0.554	0.765

对照表 9－3，可得该模型的精度等级为合格。因此，模型可用。根据式 (10－15) 以及减运算还原，可求得 $X(18) = 70.586$，即 2014 年 6 月的安全生产状态指数预测值为 70.586，所属等级为“一般安全”。

10.3.1.2 灰色状态马尔可夫模型

根据安全状态等级划分，可将蟒山矿安全生产状态指数所处的状态划分为5种不同的状态：

(1)“安全”状态：$\otimes_i \in [90, 100]$。

(2)“较安全”状态：$\otimes_i \in [80, 90)$。

(3)“一般安全”状态：$\otimes_i \in [60, 80)$。

(4)“较危险”状态：$\otimes_i \in [40, 60)$。

(5)“危险”状态：$\otimes_i \in [0, 40)$。

根据蟒山矿17个月的安全生产状态指数，可算出处于较安全状态的有 $M_2 = 5$，一般安全状态的有 $M_3 = 12$，其他状态的有 $M_1 = 0$，$M_4 = 0$，$M_5 = 0$。

计算转移概率时，由于不确定最后一个数据转到哪个状态，因此最后一个数据不参加计算。根据原始数据可得各状态转移次数 $M_{22} = 2$，$M_{23} = 3$，$M_{32} = 3$，$M_{33} = 9$，其余转移状态次数均为0。

根据式（9-31）和式（9-32），可求得状态转移概率矩阵为：

$$\boldsymbol{P} = \begin{pmatrix} 0 & 0 & 0 & 0 & 0 \\ 0 & 2/5 & 3/5 & 0 & 0 \\ 0 & 1/4 & 3/4 & 0 & 0 \\ 0 & 0 & 0 & 0 & 0 \\ 0 & 0 & 0 & 0 & 0 \end{pmatrix} \tag{10-16}$$

由于第17个月蟒山矿处于“一般安全”状态，而经由一次转移到达5种状态的概率分别为 $P_{31} = 0$，$P_{32} = 1/4$，$P_{33} = 3/4$，$P_{34} = 0$，$P_{35} = 0$，则 $\max\{P_{31}, P_{32}, P_{33}, P_{34}, P_{35}\} = 3/4 = P_{33}$。因此，可预测第18个月即2014年6月蟒山矿的安全生产状况处于“一般安全”等级。预测结果与EGM(1，1）模型预测结果所处的状态相同。

10.3.2 预警结果分析

根据预警模型，可以得出蟒山矿未来月份的安全生产状况处于“一般安全”状态，与企业实际安全自评以及二级标准化矿山建设水平相匹配。根据预警值及预警等级，应提醒企业安全管理者加强安全管理。

针对预警预告，综合考虑影响矿山安全生产的各方面因素，结合生产实际，可以从人员、环境、管理等方面采取预控措施。

人的不安全行为对矿山的安全生产具有举足轻重的作用。蟒山矿除了自身的生产和管理人员之外，还有各类外包施工单位，并且会有人员的不定期流动。因此，应该结合国家施行的《非煤矿山外包工程安全管理暂行办法》，加强矿山生产中对承包商的管理。加强人员的准入管理，明确员工准入条件（包括员工自身身体素质、文化水平、专业技能等），从源头上控制人的不安全行为。并且建立相应的程序制度，识别、梳理和控制人员的不安全行为，制定员工岗位规范和控制措施，以实现人员准入、培训教育和监督全过程的流程管理。蟒山矿的穿孔爆破工艺和运输主要由当地的施工队承包，员工整体文化水平较低，因此应该针对性地加大培训力度，尤其是针对穿孔爆破等特种作业，其培训力度和培训周期显得更为重要。目前，蟒山矿的员工行为监督机制较为完善，具有专门的监督机构进行监督和考核，建立健全了员工档案，并实现了分类管理。后续工作中可以对档案内容进行进一步分析和评估，并且明确需要重点监控的对象，对不同类型的不安全行为进行系统、针对性地管控。

蟒山矿现在自上而下同时对三个工作面进行开采，应加强生产系统各要素的防控和管理。对于爆破管理而言，应保持并加强爆破管理程序。确保爆破器材和爆破设备购置渠道正规可靠，严格进行入库检验和登记，在专门的存放地点存放爆破器材并且设立明显标志，严格编制爆破作业说明书等，从爆破器材存储、运输和爆破作业等过程中进行风险预控。建立并保持地质测量控制程序，确保各类地质报告齐全、规范，在生产过程中及时预测预报各项地质情况。加强运输、采掘设备管理，确保各类设备运行正常，安全保护和防护设施齐全、灵敏和可靠，对各类设备以及特种作业设备进行定期检查和维护，并做好检查维修记录等。

此外，还应进一步规范登高作业、标识标志、应急与事故、消防、职业健康等方面的管理，使整个预警预控管理体系全方位地覆盖蟒山矿安全管理的全过程，提高整体安全生产水平。

10.4 本章小结

本章将建立的矿山生产事故安全评价及安全预警模型在蟒山露天石灰石矿山进行了实例运用。通过模糊综合评价法，得出蟒山矿安全生产状态总体处于“较安全”到“一般安全”的水平。通过灰色均值 EGM(1，1) 预测模型，得出蟒山矿未来时间的预警指数值为 70.586，处于“一般安全”的等级。通过灰色状态马尔可夫预警模型，得出蟒山矿未来月份的安全生产状况处于“一般安全”等级。两种灰色预测模型得出的结果一致，并且与该矿实际的安全自评以及二级标准化矿山建设水平相匹配，验证了预警方法以及模型的有效性和可行性。在预警结果的基础之上，提出了蟒山矿相应的预控措施，对于蟒山矿提高安全生产管理水平具有一定的借鉴意义。

附　　录

附录 A　2006～2012 年国内钢铁行业典型事故分析

表 A－1　2006～2012 年国内钢铁行业典型事故分析

序号	时间	事故名称	事故类别	伤亡情况	事故概况	事故原因
1	2006	河北唐山国丰钢铁有限公司“3.30”高炉爆炸事故	爆炸	6 人死亡，6 人受伤	2006 年 3 月 30 日炼铁厂 1 铁 5 号高炉在进行检修时，高炉产生冷悬料，下部通风口有涌渣现象，造成炉内悬料突然坍塌，发生爆炸	高炉检修过程中，高炉长时间悬料，料柱坍塌，人员处理不及时
2	2006	江苏无锡永强轧辊有限公司“11.8”钢水外洒事故	灼烫	8 人死亡，21 人受伤	2006 年 11 月 8 日永强公司技术改造项目新购置的一台 J5518 型立式离心铸造机，在安装调试完成后进行第一炉试生产时，为其配套的自行设计制造的滚环浇铸模具因高速旋转导致工装模具顶盖被冲开脱落，钢水突然外洒，造成不同程度的重大责任事故	因铸造机连接螺栓强度不足，导致钢水外泄。设计不合理
3	2006	武钢炼铁厂“7.7”拆除坍塌事故	坍塌	5 人死亡，2 人受伤	2006 年 7 月 7 日，武钢炼铁厂 4 号高炉在拆除距地面 14m 高的栈桥 1 号、2 号皮带通廊时发生坍塌	外用工违反拆除施工方案和拆除工序，管理上对工程外包队伍审查和管理不到位，作业前未进行安全交底
4	2007	辽宁铁岭市清河特殊钢有限责任公司“4.18”钢水包倾覆特别重大事故	灼烫	32 人死亡，6 人受伤	2007 年 4 月 18 日，辽宁省铁岭市清河特殊钢有限责任公司炼钢车间生产过程中，钢水包倾翻	吊运钢水起重机电气设备缺陷，炼钢厂管理不到位，劳动组织不合理，违规使用非冶金铸造
5	2007	辽宁海城钢铁有限公司“4.27”中毒事故	中毒窒息	4 人死亡	2007 年 4 月 27 日，辽宁省鞍山市后英集团海城钢铁有限公司炼铁车间 1 号高炉荒煤气总管道大膨胀节突然爆裂约 200mm 左右，致使煤气大量泄漏，造成距管道爆裂处 30m 左右的工作间内人员中毒	荒煤气盲板阀伸缩节在运行中被荒煤气颗粒长时间冲刷磨损造成漏洞，致使高炉煤气长时间泄漏。作业人员违规工作时间睡觉

续表 A－1

序号	时间	事故名称	事故类别	伤亡情况	事故概况	事故原因
6	2007	首钢京唐钢铁公司“3.21”中毒窒息事故	中毒窒息	5人死亡	2007年3月21日14时左右，中冶建设集团第四冶金建设公司5名工人，在河北唐山市曹妃甸工业区首钢京唐钢铁公司炼钢作业部除盐池进行防渗漏修护作业时，因池内缺氧导致窒息死亡	作业人员违规作业，安全教育不到位
7	2007	唐山市迁安联钢鑫达钢铁有限公司“6.6”中毒窒息事故	中毒窒息	3人死亡，12人受伤	2007年6月6日7时53分，河北唐山市迁安联钢鑫达钢铁有限公司在更换炼钢厂厂房外煤气输送管道过程中发生煤气泄漏事故	作业人员违规作业，安全意识较差，安全教育不到位
8	2008	江苏张家港沙钢集团润忠炼钢厂“3.29”爆炸事故	爆炸	3人死亡，6人受伤	2008年3月29日，张家港沙钢集团润忠炼钢厂2号炉实施补炉作业，维修人员进入炉内站在冷却水板上进行炉衬挖补工作当修补到最后一层时，冷却水平台突然发生爆炸，蒸汽冲出	钢厂电炉维修时，冷却板长时间当检修平台使用，导致爆裂
9	2008	河北港陆钢铁有限公司“12.24”高炉重力除尘器重大煤气泄漏事故	中毒	17人死亡，27人受伤	2008年12月24日，河北省遵化市港陆钢铁有限公司2号高炉重力除尘器泄爆板发生崩裂	操作规程制定不完善，管理制度缺失
10	2009	河北南宫市双龙金属制品有限公司“8.21”煤气中毒事故	中毒	6人死亡，1人受伤	2009年8月21日，南宫市双龙金属制品有限公司炼铁厂作业人员到7号箱体放散管关闭气动蝶阀发生煤气中毒	违章指挥和作业人员违规作业，安全教育不到位
11	2009	江苏无锡市新三洲特钢有限公司“7.15”坍塌事故	坍塌	3人死亡，8人受伤	2009年7月12日现场管理人员处理6000空分装置分馏塔冷箱中段外壁结霜现象，在冷箱扒砂孔旁边开一大扒砂口过程中，冷箱内珠光砂大量喷出，分馏塔上塔倒塌	外用工违反操作规程和国家标准，未办理动火证等相关手续，未配备劳动防护用品
12	2009	山东青岛市华冶铸钢有限公司“1.17”钢水喷炉灼烫事故	灼烫	4人死亡，1人重伤	2009年1月16日23时，该公司夜班工人熔钢水时结壳，炉内气体不断受热膨胀，电炉内剧烈发生的气体无法排出，发生钢水喷炉事故，因钢水喷溅灼烫造成	指挥人员违规指挥将大块废钢加入电炉，导致融化速度较慢，发生结壳，导致电炉爆炸

续表 A－1

序号	时间	事故名称	事故类别	伤亡情况	事故概况	事故原因
13	2009	陕西汉中钢铁集团有限公司“1.21”高炉中钟坠落事故	坠落	3人死亡，1人重伤	2009年1月21日16时20分，陕西汉中钢铁集团有限公司在检修3号高炉时炉顶大钟下坠，造成站在大钟上作业的人员随大钟一起从距地面27m高的炉顶坠落至距地面约7m高程的高炉炉底	施工单位伪造资质证取得工程，外用工违章作业，未搭设工作平台，非特种作业人员进行违章焊接作业
14	2010	河北普阳钢铁“1.4”煤气中毒事故	中毒窒息	21人死亡，9人受伤	2010年1月4日10时50分，位于邯郸武安市西南约45公里山区的河北普阳钢铁有限公司南坪炼钢分厂发生重大煤气中毒事故，1号转炉煤气柜内的煤气发生泄漏	作业人员违章作业，违规建设
15	2010	辽宁大连特殊钢有限责任公司“1.4”中毒窒息	中毒窒息	8人死亡	2010年1月4日，辽宁大连特殊钢有限责任公司第一炼钢厂电渣车间组织人员修电磁炉电机时，发生事故	作业人员违章作业，安全意识淡薄，盲目施救
16	2010	山东莱芜市莱城区富伦钢铁有限公司“12.8”铁水罐倾翻事故	灼烫	3人死亡，5人受伤	12月8日7时10分，山东莱芜市莱城区富伦钢铁有限公司炼钢厂因240T行车原因致铁水罐倾翻	违章指挥和作业人员违规作业，安全教育不到位
17	2011	江苏省南京钢铁有限联合公司“10.5”铁水外溢事故	灼烫	11人死亡，1人受伤	2011年10月5日11时30分左右，江苏省南京钢铁有限联合公司炼铁厂五号高炉在停炉准备过程中发生铁水外溢事故	作业人员施工过程中，高温铁水击穿炉壁
18	2011	内蒙古包钢炼钢厂“8.14”中毒窒息事故	中毒窒息	4人死亡	8月14日6时15分许，内蒙古包钢炼钢厂制钢二部职工在北精炼VD炉罐内精渣作业时两名工人突然窒息晕倒，另两名工人见状下到罐体营救时，也窒息晕倒，现场人员立即施救并送往医院抢救	作业人员违章作业，安全意识淡薄，盲目施救
19	2011	四川省达州钢铁集团有限责任公司“2.5”混铁炉喷溅事故	灼烫	3人死亡	2012年2月5日，四川省达州钢铁集团有限责任公司炼钢厂11号铁水罐往混铁炉倾倒过程中，发生喷溅	作业人员违规作业，安全教育不到位

续表 A－1

序号	时间	事故名称	事故类别	伤亡情况	事故概况	事故原因
20	2012	上海宝钢“12.17”钢水喷溅事故	灼烫	2 人死亡，13 人受伤	2012 年 12 月 17 日上午 9 时 10 分，宝钢股份公司炼钢厂一炼钢分厂行车在吊运 270t 钢水包时，发生双板钩单侧脱落，致使铁水包倾翻	因设备失效，导致吊铁水包倾翻坠地

附录 B　钢铁企业风险辨识表

表 B－1　宝钢宁波钢铁有限公司炼钢厂Ⅱ级风险表

序号	作业活动	危险源	可能导致的事故	有无以往案例	风险评价				
					L	E	C	D	级别
1	大包浇注作业	吊钢水至大包座时失去平衡，钢水倾翻、浇注过程中大包穿包导致钢水溢出	人员烫伤、设备损坏	无	3	6	15	270	Ⅱ
2	天车吊运液态金属作业	吊运铁水至脱硫站台车座子或重包等待位支座上座子失去平衡，铁水倾翻	人员烫伤、设备损坏	无	3	6	15	270	Ⅱ
3		吊运钢水至精炼车座子失去平衡，钢水倾翻	人员烫伤、设备损坏	无	3	6	15	270	Ⅱ
4		起吊液态金属，限位失灵或误操作	人员烫伤、设备损坏	无	3	6	15	270	Ⅱ
5		兑铁时炉内爆炸	人员烫伤、设备损坏	无	3	6	15	270	Ⅱ
6		吊运液态金属过程中，钢绳断及磨损	人员烫伤、设备损坏	无	3	6	15	270	Ⅱ
7	转炉炉前操作	进炉废钢中有杂质，油污潮湿、密封容器、易燃易爆	爆炸	有	6	6	7	252	Ⅱ
8		雨天雪天潮湿废钢进转炉	爆炸	有	6	6	7	252	Ⅱ
9		冶炼中烧枪，氧枪大量漏水	爆炸	有	3	6	15	270	Ⅱ
10	检修	烟道漏水处理	机械伤害、摔伤、砸伤	有	6	3	15	270	Ⅱ

表 B－2 宝钢宁波钢铁有限公司炼钢厂Ⅲ级风险表

序号	作业活动	危 险 源	可能导致的事故	有无以往案例	风险评价				
					L	E	C	D	级别
1	全厂共性作业	劳保服穿着不规范	烧伤、砸伤	有	6	6	3	108	Ⅲ
2		平台围栏缺损	摔伤	无	3	6	7	126	Ⅲ
3		楼梯护栏缺损	摔伤	无	3	6	7	126	Ⅲ
4	安全管理	外委检修工程未与相关方签订安全协议、制定安全措施	设备损坏、人员受伤	无	3	2	15	90	Ⅲ
5		内部检修未办理检修许可证	设备损坏、人员受伤	无	3	2	15	90	Ⅲ
6	安全教育培训	未按规定，定期组织职工进行安全教育、培训	人身伤害、设备损坏	有	3	3	15	135	Ⅲ
7	煅烧系统点、巡检及异常处理	预热机推杆检修，未按预热器推杆检修技术标准中要求，做到有效断能	机械伤害	无	6	3	7	126	Ⅲ
8	成品系统日常作业	皮带机卫生清扫，未按要求停机清扫	灼烫、尘肺病	无	3	6	7	126	Ⅲ
9	连铸生产准备作业	吊运液态中间包时主钩不稳	倾翻、钢液飞溅伤人或设备	无	3	6	7	126	Ⅲ
10		中包烘烤或烘烤长水口时煤气泄漏	煤气中毒	无	3	3	15	135	Ⅲ
11	大包浇注作业	吊挂钢水无人指挥、吊钩未挂牢、钢水泼出	人员烫伤、设备损坏	无	3	6	7	126	Ⅲ
12		更换连铸中间包时，行车吊钩不垂直，提升或落放过快	碰撞伤人	无	2	6	7	84	Ⅲ
13	中包浇注作业	大包、中间包穿、漏包	烫伤	无	3	6	7	126	Ⅲ
14		结晶器漏水、二冷水突然停水	爆炸	无	3	1	40	120	Ⅲ
15		扇形段喷嘴检查油多	跌倒摔伤	有	10	3	3	90	Ⅲ
16		射源辐射	辐射	无	3	6	7	126	Ⅲ

续表B-2

序号	作业活动	危险源	可能导致的事故	有无以往案例	风险评价				
					L	E	C	D	级别
17	连铸切割作业	进入煤气区域没有进行检查煤气泄漏	煤气中毒	无	3	3	15	135	Ⅲ
18		氧气管道、阀门泄漏	烫伤	无	3	2	15	90	Ⅲ
19		夹钳夹铸坯未夹牢就指挥起吊	砸伤	无	3	2	15	90	Ⅲ
20		夹钳夹铸坯未夹牢起吊，吊物坠落	砸伤	无	3	2	15	90	Ⅲ
21		超负荷吊运导致钢绳链断	砸伤	无	3	2	15	90	Ⅲ
22		吊物从人、机设备上方通过吊物坠落	砸伤	无	3	2	15	90	Ⅲ
23	汽车、叉车运输作业	进入厂房，未注意天车作业	坠落、砸伤	无	3	6	7	126	Ⅲ
24		装叉物料时，过高或重心偏移	倒塌、砸伤	有	3	6	7	126	Ⅲ
25	相关方进入煤气区域	乱动开关、阀门、按钮	设备损坏	有	3	2	15	90	Ⅲ
26		进入煤气区域不带煤气报警器	煤气中毒	无	3	3	15	135	Ⅲ
27	检查料仓及操作点检作业	上、下皮带过桥或楼梯未按规定使用扶梯	摔倒	有	3	6	7	126	Ⅲ
28		未正确使用劳保用品吸入大量灰尘	尘肺	无	6	6	3	108	Ⅲ
29		卸料小车拖缆或通廊内电缆漏电或卸料小车拖缆旁行走	触电、刮倒	无	1	6	15	90	Ⅲ
30		身体、衣物或工具接触旋转体	人身伤害	无	3	3	15	135	Ⅲ
31	皮带通廊清扫	皮带下清灰皮带突然运转	挤轧	无	1	6	15	90	Ⅲ
32	铸铁排渣作业	指挥行车工吊渣或加渣铁信号不清	砸伤	无	3	6	7	126	Ⅲ

续表 B－2

序号	作业活动	危 险 源	可能导致的事故	有无以往案例	风险评价				
					L	E	C	D	级别
33	天车作业	天车工离开操作室未停电	伤人	无	3	6	7	126	Ⅲ
34		超负荷吊运	人身伤害	无	3	3	15	135	Ⅲ
35		安全走道盖板脱焊，护栏脱焊	高空坠落	无	1	6	15	90	Ⅲ
36		旋转部位（可能伤到人）无护罩	绞伤	无	1	6	15	90	Ⅲ
37		存在裸露带电部位	触电	无	1	6	15	90	Ⅲ
38		电器安全防护设施失效	触电	无	1	6	15	90	Ⅲ
39		大、小车轮裂纹或轮缘磨损	损坏设备、坠落	无	1	10	7	70	Ⅲ
40		吊索具存在缺陷	吊物坠落伤人	无	1	10	15	150	Ⅲ
41		指挥人员站位不当	被碰撞	无	3	2	15	90	Ⅲ
42		操作人员存在生理缺陷，不适合从事起重作业	误操作伤人	无	0.5	10	15	75	Ⅲ
43		操作人员未持证上岗	误操作伤人	无	0.5	10	15	75	Ⅲ
44		操作人员劳保穿戴不齐全、不规范	被碰撞	无	1	10	15	150	Ⅲ
45	天车吊运液态金属作业	吊钩未挂牢，铁水洒出	人员烫伤、设备损坏	无	3	6	7	126	Ⅲ
46		钢、铁包倒包时，高温液态物倒在外面	人员烫伤、设备损坏	无	3	3	15	135	Ⅲ
47		兑转炉铁水未关防护门窗	铁水喷溅烫伤人	无	1	6	15	90	Ⅲ
48	天车吊运固态物体作业	更换连铸中间包时，天车吊钩不垂直，提升或落放过快	碰撞伤人	无	3	6	7	126	Ⅲ
49		吸盘摆放位置不当，重心不正，吸盘受力不均，吸不牢	坠落砸伤	无	1	6	15	90	Ⅲ
50		钢、铁包在修包台上未脱钩运行	碰撞	无	1	6	15	90	Ⅲ

续表 B－2

序号	作业活动	危 险 源	可能导致的事故	有无以往案例	风险评价				
					L	E	C	D	级别
51	天车检修作业	安全栏杆临时拆除没有设置临时安全措施	高空坠落	无	3	3	15	135	Ⅲ
52		未进行三方确认挂牌	坠落、砸伤、触电	无	3	3	15	135	Ⅲ
53		安全监护不到位、或安全绳没有佩戴	坠落、砸伤、触电	无	3	3	15	135	Ⅲ
54		走道盖板脱焊	高空坠落	无	1	6	15	90	Ⅲ
55		行车主梁、上下楼梯积尘过多或有油脂，易滑	高空坠落	无	1	6	15	90	Ⅲ
56	行车清扫作业	板钩清扫站位处栏杆脱焊或站位不正确	坠落、碰撞	无	3	2	15	90	Ⅲ
57	天车检修后的作业	走道或楼梯上有油污，未擦干净	高空坠落，摔伤、跌伤	无	3	3	15	135	Ⅲ
58		对现场检修遗留物清理不干净，物体坠落	砸伤	无	3	3	15	135	Ⅲ
59	交接班及设备点检上下天车作业	天车运行中未通知驾驶员停车就上下行车	高空坠落	无	3	3	15	135	Ⅲ
60		设备点检时，天车未停止运行，处于动态状态	挤伤	无	3	3	15	135	Ⅲ
61		光线不明或照明设施损坏，上下天车	高空坠落、滑倒	无	2	3	15	90	Ⅲ
62		人员上下天车时，相邻两车发生碰撞	人员高空坠落，摔伤、挤伤人	无	1	6	15	90	Ⅲ
63	废钢作业	废钢料仓收料，来往车辆多，且无安全通道	有运输废钢和钢渣的车辆，很容易造成人身伤害	无	3	6	7	126	Ⅲ
64		7号行车吊运废钢时吸盘下的废钢容易掉落	废钢掉落伤到人	无	3	6	7	126	Ⅲ

续表 B－2

序号	作业活动	危 险 源	可能导致的事故	有无以往案例	风险评价				
					L	E	C	D	级别
65	转炉炉前操作	兑铁水前，转炉未倒完余渣兑铁水	爆炸、烫伤	无	3	6	7	126	Ⅲ
66		氧枪系统故障，氧枪坠落炉内	爆炸、烫伤、砸伤	无	3	3	15	135	Ⅲ
67		转炉熔穿	烫伤、损坏设备	有	3	6	7	126	Ⅲ
68		转炉出钢时，倒炉补炉料坍塌	坍塌、烧伤	有	3	6	7	126	Ⅲ
69	转炉炉下操作	渣车、钢包车电缆破损漏电	触电	无	3	2	15	90	Ⅲ
70		在线煤气烤包泄露	煤气中毒	无	1	6	15	90	Ⅲ
71	炉前冶炼转炉维护	补炉料不符合质量要求	坍塌、烧伤	无	1	6	15	90	Ⅲ
72		烧结温度、时间不符合要求	坍塌	无	1	6	15	90	Ⅲ
73	钢水吹氩	开钢包车出钢，人不注意观察铁路上的情况	被碰撞	无	3	6	7	126	Ⅲ
74	精炼吊装作业	吊运钢包耳轴未挂稳	落下伤人	无	1	6	15	90	Ⅲ
75		指挥吊运钢水，行车未挂稳钢包耳轴	接触高温烫伤	无	1	6	15	90	Ⅲ
76	钢水精炼	精炼中期测温、取样、电极未断电	触电伤人	无	1	6	15	90	Ⅲ
77		未确认设备上有人，就送电精炼	触电	无	1	6	15	90	Ⅲ
78	人员随意出入、明火带入该区域	有煤气	煤气中毒，爆炸	无	3	3	15	135	Ⅲ
79	3.5M 排污时蒸汽冒出	排污口	蒸汽烫伤	无	3	6	7	126	Ⅲ
80	转炉检修作业	吊装重型机件不稳、捆绑不牢	砸伤	无	3	6	7	126	Ⅲ
81		搭桥支架不稳	摔伤	无	3	3	7	73	Ⅲ

续表 B-2

序号	作业活动	危险源	可能导致的事故	有无以往案例	风险评价				
					L	E	C	D	级别
82	进入煤气区域	进入煤气区域不带煤气报警器	煤气中毒	无	3	3	15	135	Ⅲ
83	转炉维护	烧结温度、时间不符合要求	坍塌	无	1	6	15	90	Ⅲ
84	拆炉机作业	进入厂房，未注意天车作业	坠落、砸伤	无	3	6	7	126	Ⅲ
85	板坯喷码作业	作业区域内，未注意天车作业	坠落、砸伤	无	3	6	7	126	Ⅲ
86	自动喷印机维护清洗作业	除鳞系统密封不良	喷溅、人身伤害	无	3	6	7	126	Ⅲ
87		清洗水除鳞系统，电机电源未关，误操作	喷溅、人身伤害	无	3	6	7	126	Ⅲ
88		清洗水除鳞系统，总进水开关阀未关闭，误操作	喷溅、人身伤害	无	3	6	7	126	Ⅲ
89	行车指挥作业	钢丝绳老化断丝，未检查就使用	砸伤	无	3	2	15	90	Ⅲ
90		吊钩吊具废旧、出故障	砸伤	无	3	2	15	90	Ⅲ
91		超负荷吊运导致钢绳链断	砸伤	无	3	2	15	90	Ⅲ
92		吊物从人、机设备上方通过吊物坠落	砸伤、砸坏设备	无	3	2	15	90	Ⅲ
93		钢丝绳跳槽，吊物坠落	砸伤	无	3	2	15	90	Ⅲ
94		板坯下线时，夹钳摆放位置不当，重心不正，夹钳受力不均，夹不牢	铸坯坠落，砸伤人员及砸坏设备	无	1	6	15	90	Ⅲ
95		吸盘摆放位置不当，重心不正，吸盘受力不均，吸不牢	坠落砸伤	无	1	6	15	90	Ⅲ

续表 B－2

序号	作业活动	危险源	可能导致的事故	有无以往案例	风险评价				
					L	E	C	D	级别
96	钢包吊运	能造成灼伤的高温物质	吊满包钢水包运行过程中突发的钢包穿漏，钢水漏出引起火灾并导致人员伤害（灼烫）	无	3	3	15	135	Ⅲ
97	摘挂油缸	作业环境不良	高空坠落	无	6	6	3	108	Ⅲ
98	点、巡检	煤气区域阀连接处易泄露煤气	煤气中毒	无	1	6	15	90	Ⅲ
99	检修	一次风机区域检修时煤气外泄	煤气中毒	无	3	2	15	90	Ⅲ
100		检修过程中转炉摇炉	机械伤害	无	3	2	15	90	Ⅲ
101		检修过程中氧枪横移	机械伤害	无	3	3	15	135	Ⅲ
102	大包回转台、中间包车日常点检及检修	运动物危害	机械伤害	无	3	6	7	126	Ⅲ
103	行车、电动葫芦日常点检	防护缺陷	高处坠落	无	3	6	7	126	Ⅲ
104	高压电气柜设备维护、点检	电危害	触电	无	3	6	7	126	Ⅲ
105	电缆隧道点检、维护	电危害	触电	无	3	6	7	126	Ⅲ
106		明火	火灾	无	3	6	7	126	Ⅲ
107	点检、检修	挤压	伤亡	无	3	6	7	126	Ⅲ
108		摔伤	伤亡	无	3	6	7	126	Ⅲ
109	行车日常点检、检修	煤气泄漏	煤气中毒	无	3	2	15	90	Ⅲ
110	石灰原料点检、巡检、检修	皮带机运转	卷入，挤压	无	6	6	7	90	Ⅲ
111	煤粉仓区域内动火	现场通风不畅，地面煤粉没有及时清理	火灾，爆炸	无	1	7	15	105	Ⅲ

表B－3　鞍山钢铁股份有限公司炼钢总厂Ⅱ级风险表

序号	作业活动	危险源	可能导致的事故	有无以往案例	风险评价				
					L	E	C	D	级别
1	转炉一次风机房煤气回收点检与检修作业	转炉煤气	中毒、火灾、爆炸	无	3	6	15	270	Ⅱ
2	转炉烟气冷却点检与检修作业	转炉烟气，受限空间	灼烫、窒息、中毒火灾、中暑	无	6	6	7	252	Ⅱ
3	100mm以上煤气运行管道点检与作业	煤气	中毒、火灾、爆炸	无	3	6	15	270	Ⅱ

附录C　钢铁企业生产安全事故风险预警调查问卷

一、问题描述

此调查问卷以安全生产事故风险预警指标为调查日标。

二、问卷说明

示例：您在购买一辆汽车时，表C－1所列因素对你产生影响有多大，请在右侧相应方格内打“√”。

表C－1　购买汽车的影响因素评估表

影响因素	完全不影响	不太影响	一般	较为影响	非常影响
	1	2	3	4	5
价格					
安全性					
外观					
品牌					

注：衡量尺度划分为5个维度，即完全不影响、不太影响、一般、较为影响、非常影响等5个尺度，按照1、2、3、4、5分来打分。

三、问卷内容

表 C-2 人的安全行为影响因素评估表

序号	影响因素	全不影响	不太影响	一般	较为影响	非常影响
		1	2	3	4	5
1	劳动强度					
2	工作时间					
3	学历					
4	上班时精神状态					
5	本企业工龄					
6	年龄					
7	职业技能等级					
8	收入情况					
9	人际关系					
10	安全态度					
11	情绪					
12	需要					
13	家庭背景					

表 C-3 物的状态影响因素评估表

序号	影响因素	全不影响	不太影响	一般	较为影响	非常影响
		1	2	3	4	5
1	设备功能完好率					
2	设备检修计划兑现率					
3	非计划检修维修数量					
4	设备超负荷运行台时					
5	设备的使用年限					
6	设备的先进程度					
7	设备设施检修率					
8	安全生产设备的检验率					
9	特种设备检验率					

表 C-4 隐患的影响因素评估表

序号	影响因素	全不影响	不太影响	一般	较为影响	非常影响
		1	2	3	4	5
1	隐患类别					
2	隐患整改完成率					
3	隐患评估					

表 C-5 管理的影响因素评估表

序号	影响因素	全不影响	不太影响	一般	较为影响	非常影响
		1	2	3	4	5
1	危险作业次数					
2	岗位流动人次					
3	安全生产费用投入率					
4	持证上岗率					
5	安全培训					
6	外用工人员占比					
7	专业安管人员占比					

表 C-6 事故事件的影响因素评估表

序号	影响因素	全不影响	不太影响	一般	较为影响	非常影响
		1	2	3	4	5
1	人身伤亡事故					
2	生产设备事故					

问卷结束，谢谢合作！

附录 D 层次分析法计算过程

D.1 明确问题

运用层次分析法首先要对问题进行明确，弄清问题的范围，了解问题所包含的因素，确定出因素之间的关联关系和隶属关系。

D.2 确定层次结构

明确问题后，通过调查研究和分析弄清决策问题的范围和目标，问题包含的因素，各因素之间的相互关系。然后将各个因素按照它们的性质聚集成组，并把它们的共同特性看成是系统中高一层次中的一些因素。而这些因素又按照另外一些特性被组合，从而形成更高层次的因素，直到最终形成单一的最高目标，这往往就是决策问题的总目标。因此，形成的递阶的层次结构一般为最高层（G）、中间层（A）和最低层（B）。

D.3　构造判断矩阵

判断矩阵是层次分析法的核心。判断矩阵是通过两两比较得出来的。设 W_i 表示反映第 i 个方案对于某个最低层目标的优越性或某层第 i 个目标对于某一目标的重要性的权值，以每两个方案（或子目标）的相对重要性为元素的矩阵。

$$\boldsymbol{A}=\begin{bmatrix} \frac{W_1}{W_1} & \frac{W_1}{W_2} & \cdots & \frac{W_1}{W_n} \\ \frac{W_2}{W_1} & \frac{W_2}{W_2} & \cdots & \frac{W_2}{W_n} \\ \vdots & \vdots & & \vdots \\ \frac{W_n}{W_1} & \frac{W_n}{W_2} & \cdots & \frac{W_n}{W_n} \end{bmatrix} \tag{D-1}$$

设 $a_{ij}=\frac{W_i}{W_j}$，则判断矩阵的元素 a_{ij} 具有如下性质：

（1）$a_{ii}=1$。

（2）$a_{ij}=\frac{1}{a_{ji}}$。

（3）$a_{ij}=a_{ik}\times a_{kj}$。

判断矩阵 $\boldsymbol{A}$ 中的元素 a_{ij} 可以利用决策者的知识和经验估计出来，例如，对于某一层的子目标 1 和子目标 2，如果决策者认为子目标 1 稍微重要于子目标 2，则 $a_{12}=3$，$a_{21}=1/3$；如子目标 1 明显重要于子目标 2，则 $a_{12}=5$，$a_{21}=1/5$ 等。这里采用 Saaty 定义的“1－9 标度法”相对重要性尺度见表 D－1。

表 D－1　相对重要性尺度

相对重要性尺度	相对重要水平的定义	说　明
1	同等重要（equal importance）	两个指标的重要性一样
3	稍重要（moderate importance of one over another）	从经验和判断上来看，某一个指标稍重要
5	颇重要（essential or strong importance）	从经验和判断上来看，某一个指标颇重要
7	极重要（demonstrated importance）	实际上显示某一个指标极重要
9	绝对重要（extreme importance）	有充分的证据显示某一个指标绝对重要
2，4，6，8	相邻衡量的中间值	需要折中时

D.4 计算各层次权重

由判断矩阵确定权重 W_i 可以有许多方法，通用的方法是幂乘法、几何平均法和规范列平均法。本书采用比较简便易行的几何平均法来确定各判断矩阵的特征向量和最大特征根。

几何平均法是一种较好的近似排序方法，又称方根法。在这种方法中，首先把判断矩阵的每一行的各个元素连乘，并开 n 次根就得到了相应的数。这些数构成了一个列矢量，经过规范化后就得到了相应于最大特征值 $\lambda_{\max}$ 的特征向量，进而可以计算得到 $\lambda_{\max}$。

几何平均法的计算步骤如下：

（1）计算判断矩阵 $\boldsymbol{A}$ 的各行各元素乘积。

$$m_i = \prod_{i=1}^{n} a_{ij} \quad (i = 1,2,\cdots,n) \tag{D-2}$$

（2）计算 n 次方根。

$$\overline{w}_i = \sqrt[n]{m_i} \tag{D-3}$$

（3）通过向量 $\overline{\boldsymbol{W}} = (\overline{w}_1，\overline{w}_2，\cdots，\overline{w}_n)$，即可求得各预警指标的权重：

$$\hat{w}_i = \frac{\overline{w}_i}{\sum_{j=1}^{n} \overline{w}_j} \tag{D-4}$$

式中，矢量 $\hat{\boldsymbol{w}} = (\hat{w}_1，\hat{w}_2，\cdots，\hat{w}_n)^{\mathrm{T}}$ 为所求的特征向量。

（4）计算 $\boldsymbol{A}$ 的最大特征值 $\lambda_{\max}$。

$$\lambda_{\max} = \frac{1}{n}\sum_{i=1}^{n} \frac{(A\hat{w})_i}{\hat{w}_i} \tag{D-5}$$

式中，对任意 $i=1，2，\cdots，n$，$(A\hat{w})_i$ 为向量 $\boldsymbol{A}\hat{\boldsymbol{w}}$ 的第 i 个元素。

D.5 一致性检验

D.5.1 单排序一致性检验

所谓层次单排序是指当前层次各因素对于上一层次某一因素的重要性排序，它由判断矩阵的特征向量表示。

理性决策者的偏好架构应该满足传递性（也称转移定律），因此，理想上决策者进行成对比较的结果满足传递性。举例说，若 $A:B=3$ 且 $B:C=3$，则 $A:C=9$。然而，人为主观判断所构成的成对比较矩阵不容易完全遵照传递性，因此可以容许传递性稍微低，但需测试其偏离一致性的程度。

一致性是指决策者在评估过程中所做的判断是合理的，无显著的前后矛盾。也就是说，若决策者认为属性 A1 相对于属性 A3 为颇重要（5 分），则 $a_{13}=5$，而属性 A2 相对于 A3 也是颇重要（5 分），则 $a_{23}=5$，则决策者应该评估属性 A1 相对于属性 A2 为相等重要（1 分），即 $a_{12}=1$ 才是符合一致性的评估。当然，要进行多个成对比较难免会有些微的不一致，但出入不应过大，若决策者给定的 a_{12} 值为 5 或 9，明显与 1 分有差异，即表示需要重新评估以将决策调整为一致。

当问题变得复杂，也就是两两比较的判断变多时，成对比较矩阵的阶数也会增加，因而比较不容易维持判断的一致性。因此 Saaty 另外提出了所谓的随机指标（Random Index，RI），以调整不同阶数下会产生不同程度的一致性指标 CI 值变化，而得到一致性比率（Consistency Ratio，CR）。根据实验，为矩阵阶数 1～12 时的 *RI* 值（阶数 1～11 是用 500 个样本求得的平均值；阶数 12～15 是用 100 个样本求得的平均值），见表 D－2。

表 D－2　1－12 阶举证平均随机一致性指标

阶数	1	2	3	4	5	6	7	8	9	10	11	12
RI	0	0	0. 52	0. 89	1. 12	1. 26	1. 36	1. 41	1. 46	1. 49	1. 52	1. 54

在不同阶数的矩阵下，*CI* 值经过 *RI* 值调整后可以得到一致性比率，即：

$$CI=\frac{\lambda_{max}-n}{n-1} \tag{D-6}$$

$$CR=\frac{CI}{RI} \tag{D-7}$$

当 $CR<0.1$ 时，矩阵的一致性程度才是令人满意的。

当 $n<3$ 时，判断矩阵永远具有完全一致性。当 $CR=0$ 时，判断矩阵具有完全一致性。如果求出的 *CR* 值超过可接受的上限 0.1，则表示成对比较矩阵的结果不符合一致性要求，那就意味着可能要修改一开始的评比矩阵，以符合一致性的要求。由于重新询问专家意见或制作问卷成本较高而且比较麻烦，这时，有两个方法可以解决这个问题。

第一种方法是只更换某个成对比较的判断值，先利用权重向量找出权重比率（w_i/w_j），比较成对矩阵的每一列中各个判断值和其权重比率的差额的绝对值 $|a_{ij}-w_i/w_j|$，找出差额绝对值最大的一组，将 a_{ij} 置换为（w_j/w_i），然后重新计算 λ_{max}、权重向量以及 *CI* 和 *CR*，再进行一致性检验，若通过检验即可停止。

第二种方法是更换以某个元素为主所做的整列成对比较判断值，计算成对比较矩阵的每一列中各元素与其权重比率差额绝对值的总和 $\sum_{j=1}^{n}|a_{ij}-w_i/w_j|$，再找出其中差额最大的一列，将该列中所有元素 a_{ij} 置换为 w_i/w_j，同时将所对应的 a_{ji} 也置换为 w_j/w_i，再以新的矩阵计算 λ_{max}、优先向量以及 *CI* 和 *CR*，再进行一致性检验，若通过检验即可停止。

D. 5. 2　总排序和总排序一致性检验

计算同一层次所有因素相对于高层次因素的相对重要性的排序权值，称为层次总排序。层次总排序组合权值见表 D－3。

表 D－3　层次总排序组合权值计算表

层次 C	C1	C2	…	Cm	G 层次总排序
层次 G	w_1	w_2	…	w_m	
G1	G_{11}	G_{12}	…	G_{1m}	$\sum_{j=1}^{m} W_j \cdot G_{1j}$
G2	G_{21}	G_{22}	…	G_{2m}	$\sum_{j=1}^{m} W_j \cdot G_{2j}$
…	…	…	…	…	…
G*n*	G_{n1}	G_{n2}	…	G_{nm}	$\sum_{j=1}^{m} W_j G_{nj}$

与层次单排序一致性检验一样，为了确信层次总排序权值的可靠性，也需要对它进行一致性检验。这一步骤也是由高到低逐层进行的。如果 G 层次某因素相对于 C_j 单排序的偏离一致性指标为 CI_j，相应的平均随机一致性指标为 RI_j，则 G 层次总排序的随机一致性比率为：

$$CR = \frac{\sum_{j=1}^{m} w_j CI_j}{\sum_{j=1}^{m} w_j RI_j} \tag{D-8}$$

式中　CR——层次总排序的随机一致性比率；

w_j——层次 C 中因素 G_j 所对应的权重；

CI_j——G 层次中的因素相对于 C_j 而得到的判断矩阵所对应的偏离一致性指标；

RI_j——G 层次中因素相对于 C_j 而得到的判断矩阵所对应的平均随机一致性指标。

类似地，当随机一致性比率 $CR<0.1$ 时，则认为层次总排序的结果具有满意的一致性；否则，就需要重新调整判断矩阵的元素取值。

D. 6　确定权重

当计算的随机执行性比率满足小于 0. 1 时，则认为总排序结构有效，该计算结果视为最后的指标权重。

附录 E　风险预警指数系统指标体系重要度调查表

风险预警指数系统指标体系重要度调查表

根据相对重要度尺度表（表 E－1）完成指标因子间的重要度判断表（表 E－2）。表 E－2 中出现的代号见安全预警指数系统指标体系图（图 E－1）。

表 E－1　相对重要性尺度表

相对重要性尺度	相对重要水平的定义	说　明
1	同等重要（equal importance）	两个指标的重要性一样
3	稍重要（moderate importance of one over another）	从经验和判断上来看，某一个指标稍重要
5	颇重要（essential or strong importance）	从经验和判断上来看，某一个指标颇重要
7	极重要（demonstrated importance）	实际上显示某一个指标极重要
9	绝对重要（extreme importance）	有充分的证据显示某一个指标绝对重要
2，4，6，8	相邻衡量的中间值	需要折中时

如：针对各指标对于预警结果的重要性，如果 C1 相对于 C2 颇重要，则 C1/C2＝5，也就是 C2/C1＝1/5。这是两者的对应关系。应弄清逻辑关系，避免发生逻辑错误。

（1）O－C 层，见表 E－2。

（2）C1－G 层、C2－G 层、C3－G 层、C4－G 层、C5－G 层、G7－F 层重要度判断表见表 E－2。

表 E－2　重要度判断表

O	C1	C2	C3	C4	C5
C1					
C2					
C3					
C4					
C5					

注：表中空格所填表示 C1 相对于 C2 重要度（C1/ C2）。

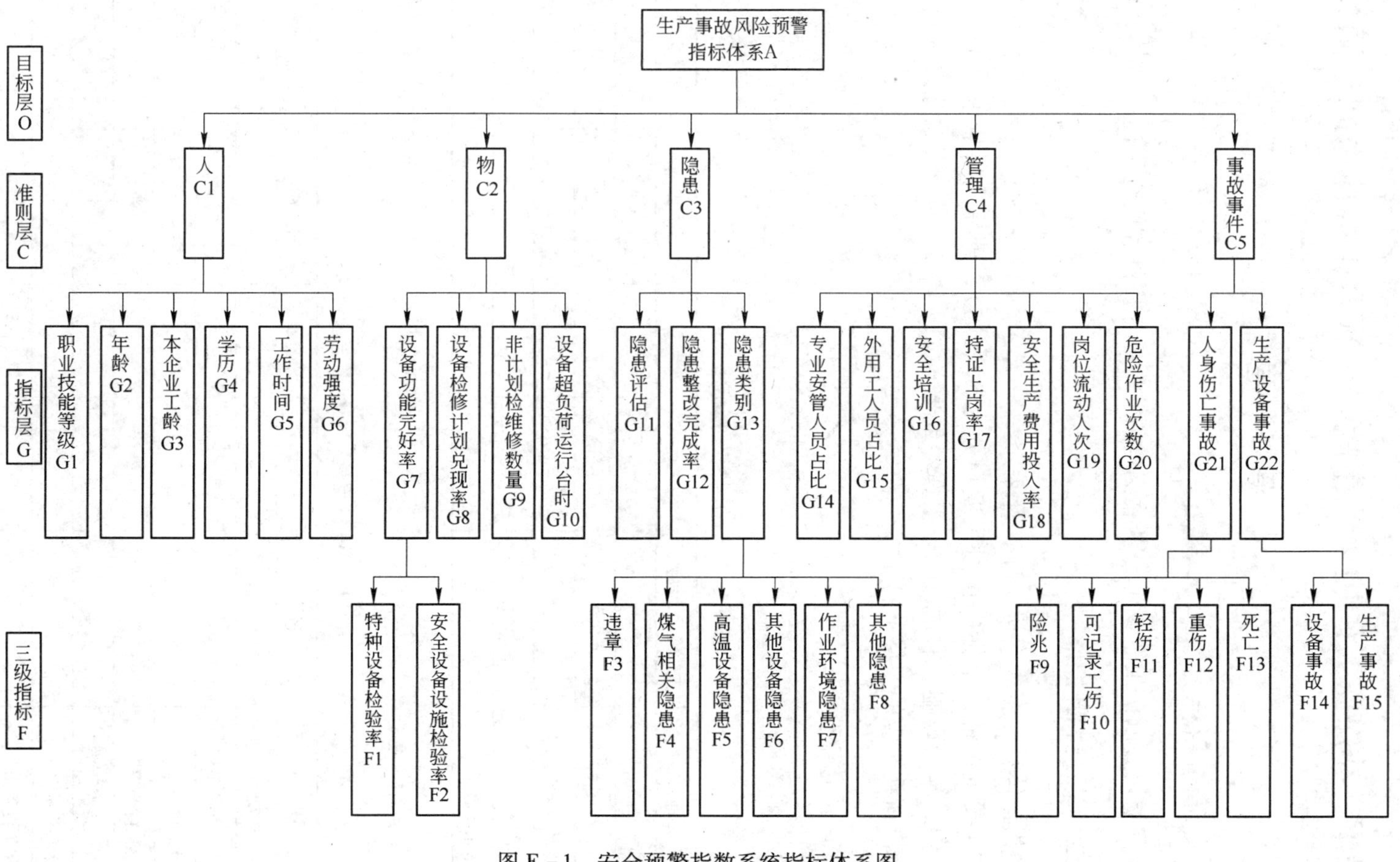

图E－1 安全预警指数系统指标体系图

附录F 非煤露天矿山生产事故安全预警指标体系问卷调查

调 查 问 卷

一、调查目标

此问卷调查以矿山企业生产事故安全预警指标为评价和调查目标。

二、问卷说明

本指标体系共有人、机、环、管4个一级指标，24个二级指标。问卷根据指标的重要度，将各指标的衡量尺度划分为5个维度，即完全不影响、不太影响、一般、较为影响、非常影响，根据各重要度按照1、2、3、4、5分来分别进行评分。请在对应的空格下打“√”。

三、问卷内容

1. 人的因素

表F-1 “人的因素”指标重要度评价表

类别	完全不影响	不太影响	一般	较为影响	非常影响
评分	1	2	3	4	5
违章作业率					
违章指挥率					
违纪率					
技术水平达标率					

2. 物的因素

表F-2 “设备因素”指标重要度评价表

类别	完全不影响	不太影响	一般	较为影响	非常影响
评分	1	2	3	4	5
维修保养合格率					
设备故障率					
设备待修率					
设备更新改造率					
带病作业率					
安全装置设置合格率					

3. 环境因素

表F-3 "环境因素"指标重要度评价表

类别	完全不影响	不太影响	一般	较为影响	非常影响
评分	1	2	3	4	5
温度					
湿度					
特殊气候条件					
粉尘控制合格率					
噪声控制合格率					
地质构造					
水文地质条件					
围岩物理力学性质					

4. 管理因素

表F-4 "管理因素"指标重要度评价表

类别	完全不影响	不太影响	一般	较为影响	非常影响
评分	1	2	3	4	5
专业安全管理人员占有率					
外用工人员占有率					
安全生产费用投入率					
安全培训完成率					
隐患整改率					
事故控制					

除了对以上指标的评分外，如果您觉得指标需要增、减、调整或做其他相应的改动，请反馈宝贵的意见和建议！

____

____

签名：　　　　　　　　　　　　　　　　　　年　　月　　日

附录G 非煤露天矿山生产事故安全预警指标相对重要度打分表

一、调查目标

此问卷调查以矿山企业生产事故安全预警指标之间的相对重要度为目标。

二、问卷说明

本指标体系共有人的因素、设备因素、环境因素、管理因素 4 个一级指标，24 个二级指标，见表 G－2。请各位根据相对重要尺度表（见表 G－1）完成预警指标之间的相对重要性判断，填写表格中对角线右上方的空格。其中表 G－3 为一级指标对总的目标而言相对重要性的判断，表 G－4～表 G－7 为针对每个一级指标中各二级指标的相对重要性的判断。

表 G－1　相对重要性尺度表

相对重要性标度	含　义
1	表示两个因素相比，具有同等重要性
3	表示两个因素相比，一个因素比另一个稍微重要
5	表示两个因素相比，一个因素比另一个明显重要
7	表示两个因素相比，一个因素比另一个强烈重要
9	表示两个因素相比，一个因素比另一个极端重要
2，4，6，8	为两个相邻判断区间的中间值

针对各指标对于预警结果的重要性，进行两两比较。例如，表 G－3 中如果认为“人的因素”相对于“物的因素”略微重要，则 $a=3$（a 见表 G－3 中标注）；如果认为“人的因素”相对于“物的因素”略微不重要，则 $a=1/3$。

注意逻辑一致，由于判断矩阵是两两比较，因此多个指标放在一起时要符合逻辑。即：甲指标比乙指标重要，乙指标比丙指标重要，则甲和丙比较时，一定是甲更重要。

表 G－2　预警指标体系递阶层次结构

目标层	一级指标	二级指标
矿山安全生产事故预警 A	人的因素 B1	违章作业率 C1
		违章指挥率 C2
		违纪率 C3
		技术水平达标率 C4
	设备因素 B2	设备维修保养合格率 C5
		设备故障率 C6
		设备待修率 C7
		设备更新改造率 C8
		带病作业率 C9
		安全装置设置合格率 C10

续表 G－2

目标层	一级指标	二　级　指　标
矿山安全生产事故预警 A	环境因素 B3	温度 C11
		湿度 C12
		特殊气候条件 C13
		粉尘控制合格率 C14
		噪声控制合格率 C15
		地质构造 C16
		水文地质条件 C17
		围岩物理力学性质 C18
	管理因素 B4	专业安全管理人员占有率 C19
		外用工人员占有率 C20
		安全生产费用投入率 C21
		安全培训完成率 C22
		隐患整改率 C23
		事故控制 C24

部分指标说明：

（1）人的因素。二级指标中违章作业、违章指挥、违反劳动纪律属于矿山“三违”，有相应的台账记录，是人的不安全行为的反映。

（2）环境因素。二级指标中的特殊气候条件包括大风、雨、雪、雾、冰雹、雷电、地震等；地质构造指褶皱、断层、节理等；围岩物理力学性质包括围岩稳定性、坚固性等。

（3）管理因素。二级指标中的隐患整改指隐患大小、隐患数量以及隐患整改完成情况；事故控制指发生事故的起数及严重程度。

三、问卷内容

表 G－3　“矿山安全生产事故预警”目标层的判断矩阵

	人的因素	物的因素	环境因素	管理因素
人的因素	1	a		
物的因素	—	1		
环境因素	—	—	1	
管理因素	—	—	—	1

表 G-4 “人的因素”中间层的判断矩阵

	违章作业	违章指挥	违反劳动纪律	技术水平
违章作业率	1			
违章指挥率	—	1		
违反劳动纪律率	—	—	1	
技术水平达标率	—	—	—	1

表 G-5 “物的因素”中间层的判断矩阵

	设备维修保养合格率	设备故障率	设备待修率	设备更新改造率	带病作业率	安全装置设置合格率
设备维修保养合格率	1					
设备故障率	—	1				
设备待修率	—	—	1			
设备更新改造率	—	—	—	1		
带病作业率	—	—	—	—	1	
安全装置设置合格率	—	—	—	—	—	1

表 G-6 “环境因素”中间层的判断矩阵

	温度	湿度	特殊气候条件	粉尘控制合格率	噪声控制合格率	地质构造	水文地质条件	围岩物理力学性质
温度	1							
湿度	—	1						
特殊气候条件	—	—	1					
粉尘控制合格率	—	—	—	1				
噪声控制合格率	—	—	—	—	1			
地质构造	—	—	—	—	—	1		
水文地质条件	—	—	—	—	—	—	1	
围岩物理力学性质	—	—	—	—	—	—	—	1

表 G-7 “管理因素”中间层的判断矩阵

	专业安全管理人员占有率	外用工人员占有率	安全生产费用投入率	安全培训完成率	隐患整改率	事故控制
专业安全管理人员占有率	1					
外用工人员占有率	—	1				
安全生产费用投入率	—	—	1			
安全培训完成率	—	—	—	1		
隐患整改率	—	—	—	—	1	
事故控制	—	—	—	—	—	1

签名:　　　　　　　　　　　　　　　　　　年　　月　　日

附录 H 蟒山露天矿预警指标量化原始样本

表 H-1 蟒山露天矿预警指标量化原始样本

指标	违章作业率/%	违章指挥率/%	违纪率/%	技术水平达标率/%	维护保养合格率/%	设备故障率/%	设备待修率/%	设备更新改造率/%	带病作业率/%	安全装置设置合格率/%
2013.1	19.49	10.53	4.24	88.98	90.00	6.67	6.67	0.00	0.00	97.56
2013.2	8.47	0.00	3.39	88.98	100.00	6.67	6.67	0.00	0.00	95.12
2013.3	22.88	5.26	5.08	87.29	90.00	6.67	6.67	0.00	0.00	90.24
2013.4	21.19	15.79	5.93	91.53	90.00	6.67	6.67	0.00	6.67	92.68
2013.5	25.42	15.79	5.08	88.98	100.00	6.67	6.67	10.00	6.67	95.12
2013.6	24.58	10.53	6.78	88.98	90.00	6.67	6.67	0.00	6.67	95.12
2013.7	27.12	10.53	8.47	89.83	100.00	0.00	0.00	0.00	0.00	87.80
2013.8	23.73	21.05	7.63	89.83	90.00	0.00	0.00	0.00	0.00	92.68
2013.9	16.10	21.05	5.93	92.37	100.00	6.67	6.67	10.00	6.67	92.68
2013.10	17.80	15.79	5.93	91.53	85.00	0.00	0.00	0.00	0.00	90.24
2013.11	20.34	10.53	4.24	93.22	100.00	6.67	6.67	0.00	0.00	87.80
2013.12	24.58	15.79	5.08	93.22	90.00	0.00	0.00	10.00	0.00	87.80
2014.1	19.49	10.53	3.39	94.92	100.00	0.00	0.00	0.00	0.00	97.56
2014.2	5.93	10.53	2.54	94.92	100.00	6.67	6.67	0.00	0.00	95.12
2014.3	13.56	5.26	4.24	89.83	100.00	6.67	0.00	10.00	0.00	92.68
2014.4	21.19	10.53	5.08	92.37	100.00	6.67	6.67	0.00	6.67	85.37
2014.5	14.41	10.53	4.24	94.92	100.00	6.67	6.67	0.00	6.67	90.24

续表 H－1

指标	温度/℃	湿度/%	特殊气候条件	粉尘控制合格率/%	噪声控制合格率/%	地质构造	水文地质条件	围岩物理力学性质	专业安全管理人员占有率/%	外用工人员占有率/%	安全生产费用投入率/%	安全培训完成率/%	隐患整改完成率/%	事故控制
2013. 1	－0. 90	68. 00	6. 45	89. 20	86. 67	0. 60	0. 60	0. 70	1. 69	32. 20	100. 00	100. 00	100. 00	15
2013. 2	2. 10	76. 00	25. 00	89. 20	86. 67	0. 60	0. 60	0. 85	1. 69	32. 20	100. 00	96. 00	99. 00	22
2013. 3	5. 30	63. 00	6. 45	89. 20	86. 67	0. 60	0. 60	0. 85	1. 69	32. 20	100. 00	100. 00	100. 00	13
2013. 4	15. 60	58. 00	13. 33	89. 20	80. 00	0. 85	0. 85	0. 85	1. 69	30. 00	100. 00	100. 00	100. 00	11
2013. 5	19. 40	51. 00	32. 26	89. 20	86. 67	0. 60	0. 60	0. 85	2. 00	32. 20	97. 00	98. 00	97. 00	14
2013. 6	23. 20	50. 20	26. 67	100. 00	86. 67	0. 60	0. 60	0. 70	1. 69	32. 20	100. 00	100. 00	100. 00	10
2013. 7	26. 70	46. 00	67. 74	89. 20	86. 67	0. 60	0. 60	0. 85	1. 69	32. 20	100. 00	100. 00	100. 00	23
2013. 8	25. 50	50. 00	40. 00	100. 00	86. 67	0. 85	0. 85	0. 85	1. 69	30. 00	100. 00	100. 00	100. 00	20
2013. 9	22. 70	56. 00	22. 58	89. 20	80. 00	0. 85	0. 85	0. 85	1. 69	32. 20	90. 00	100. 00	97. 00	17
2013. 10	17. 20	67. 00	6. 67	89. 20	86. 67	0. 60	0. 60	0. 80	2. 00	32. 20	100. 00	98. 00	100. 00	14
2013. 11	14. 50	73. 00	16. 13	100. 00	86. 67	0. 60	0. 60	0. 85	1. 69	30. 00	100. 00	100. 00	100. 00	13
2013. 12	4. 20	80. 00	3. 33	89. 20	86. 67	0. 85	0. 85	0. 85	1. 69	30. 00	100. 00	98. 00	98. 00	16
2014. 1	－0. 70	75. 00	6. 45	100. 00	86. 67	0. 85	0. 85	0. 85	1. 69	32. 20	95. 00	100. 00	100. 00	10
2014. 2	2. 30	70. 00	17. 86	100. 00	85. 00	0. 85	0. 85	0. 80	2. 00	30. 00	100. 00	98. 00	99. 00	8
2014. 3	4. 70	65. 00	9. 68	89. 20	86. 67	0. 85	0. 85	0. 85	1. 69	32. 20	100. 00	100. 00	100. 00	12
2014. 4	13. 80	59. 00	13. 33	89. 20	86. 67	0. 85	0. 85	0. 85	1. 69	32. 20	100. 00	100. 00	100. 00	15
2014. 5	18. 90	50. 00	25. 81	89. 20	86. 67	0. 85	0. 85	0. 85	1. 69	32. 20	100. 00	100. 00	100. 00	13

参 考 文 献

[1] Paul hopkin. Risk Management [M]. 蔡荣右，译. 北京：中国铁道出版社，2013.

[2] 樊运晓，罗云. 系统安全工程 [M]. 北京：化学工业出版社，2009.

[3] Commission COSO. Internal Control-integrated Framework: Evaluation tools [M]. Committee of Sponsoring Organizations of the Treadway Commission, 1992.

[4] 胡杰武，万里霜. 企业风险管理 [M]. 北京：清华大学出版社，2009.

[5] 运怀立. 现代企业全面风险管理的测度与策略选择 [J]. 现代财经（天津财经大学学报），2007 (4): 32~35.

[6] Commission COSO. COSO Enterprise Risk Management-Integrated Framework: Application Techniques [M]. Committee of Sponsoring Organizations of the Treadway Commission, 2004.

[7] 傅翀，王娟，秦志光，等. 宏观网络安全预警与应急响应系统 [J]. 电子科技大学学报，2006，35 (4): 702~705.

[8] ISO I. 31000: Risk management – principles and implementation of risk management [S], 2009.

[9] 许国栋，李心丹. 风险管理理论综述及发展 [J]. 北方经贸，2001 (9): 40~41.

[10] Gates S. Incorporating strategic risk into enterprise risk management: A survey of current corporate practice [J]. Journal of Applied Corporate Finance, 2006, 18 (4): 81~90.

[11] 刘庆芳. 全面风险管理在水泥行业中的应用研究 [D]. 江苏：江苏大学，2009.

[12] 武艳，张晓峰，张静. 企业风险管理 [M]. 北京：清华大学出版社，2011.

[13] 国务院国有资产监督管理委员会. 中央企业全面风险管理指引 [Z], 2006.

[14] 高雅青，李三喜，徐荣才. 3C 框架：中国式全面风险管理新理念 [J]. 国际商务财会，2008 (2): 18~21.

[15] 谢庆森，王秉权. 安全人机工程 [M]. 天津：天津大学出版社，1999.

[16] 孙华山. 安全生产风险管理 [M]. 北京：化学工业出版社，2006.

[17] 刘宏，丁伯虎，程宇和. 企业危险源风险管理方法研究 [J]. 中国安全科学学报，2007 (2): 94~98.

[18] Jeffrey S, Hickman, Scott Geller E. A safety self – management intervention for mining operations [J]. Journal of Safety Research, 2003 (34): 299~308.

[19] Maurice O, Pepe M. The productivity Assessment Tool: Computer – based cost benefit analysis model for the economic assessment of occupational health and safety interventions in the work Place [J]. Journal of Safety Research, 2005, 36 (3): 209~214.

[20] Ronald W, Kaiser. The long cycle in real estate [J]. Journal of Real Estate Research, 1997: 233.

[21] 佘丛国，席酉民. 我国企业预警研究理论综述 [J]. 预测，2003 (2): 23~29.

[22] Emery R F. Korean economic reform: before and since the 1997 crisis [M]. Aldershot, Hampshire, England: Ashgate, 2001.

[23] Altman. Financial ratios discriminant analysis and Prediction of corporate bankruptcy [J]. Journal of Finance, 1968: 589~609.

[24] Laitinen E K, Chong H G. Early-warning system for crisis in SMEs: preliminary evidence from

Finland and the UK [J]. Journal of Small Business and Enterprise Development, 1999, 6 (1): 89 ~ 102.

[25] Aziz, Emanu, Lawom. Bank prediction: an investigation of cash flow based models [J]. Journal of Management Studies, 1988: 419 ~ 437.

[26] 武耀东，袁凤英．企业安全事故分析及其对策 [J]．科技情报开发与经济，2007 (11): 254 ~ 255.

[27] Laitinen Erkki K. Data system for assessing probability of failure in SME reorganization [J]. Industrial Management and Data Systems, 2008, 108 (7): 849 ~ 866.

[28] 王曼怡．金融风险的生成机理与监测预警 [J]．首都经济贸易大学学报，2002，8 (3): 34 ~ 36.

[29] 黄继鸿，雷战波，凌超．经济预警方法研究综述 [J]．系统工程，2003，21 (2): 64 ~ 69.

[30] 佘廉．走出逆境丛书 [M]．北京：人民交通出版社，1995.

[31] 佘廉．企业预警管理论 [M]．石家庄：河北科学技术出版社，1999.

[32] 杨涛．钢铁企业事故风险预警理论与方法研究 [D]．北京：北京理工大学，2013.

[33] 黄光球，陆秋琴，云庆夏．建立矿山重大决策动态预警系统的方法 [J]．化工矿山技术，1995，24 (5): 19 ~ 23.

[34] 张明．煤矿安全预警管理及系统研究 [D]．山西：太原理工大学，2004.

[35] 牛强，周勇，王志晓，等．基于自组织神经网络的煤矿安全预警系统 [J]．计算机工程与技术，2006，27 (10): 1752 ~ 1753.

[36] 丁宝成．煤矿安全预警模型及应用研究 [D]．辽宁：辽宁工程技术大学，2010.

[37] 邵长安，李贺，关欣．煤矿安全预警系统的构建研究 [J]．煤炭技术，2007，26 (5): 63 ~ 65.

[38] Zhang Hongwei, Li Sheng, Chen Xuehua. Application of GIS technology in gas put burst predictions [J]. Journal of Safety and Environment, 2002, 1 (4): 44 ~ 46.

[39] 李江，林柏泉．改进的灰色预测模型在煤矿安全管理中的应用 [J]．能源技术与管理，2008 (2): 52 ~ 55.

[40] 穆荣，赵安新，施秉莉．煤矿预警监测信息系统的研究 [J]．技术与创新管理，2008，29 (2): 203 ~ 205.

[41] 冯利军．建筑安全事故成因分析及预警管理研究 [D]．天津：天津财经大学，2008.

[42] 赵平，裴晓丽，薛剑．基于信息融合的建筑施工安全预警管理研究 [J]．中国安全科学学报，2009，19 (10): 106 ~ 110.

[43] 赵元庆，侯得恒．建筑施工项目安全预警系统的仿真研究 [J]．计算机仿真，2013，30 (2): 359 ~ 363.

[44] 林成．安全预警管理技术在建筑施工中的应用 [J]．施工技术，2006，35 (5): 31 ~ 35.

[45] 杨艳玲．大型工程项目风险预警及应急预案研究 [D]．重庆：重庆交通大学，2009.

[46] 李万庆，安娟．基于 RS - SVU 的建筑施工项目安全预警模型 [J]．河北工程大学学报，2010，27 (4): 30 ~ 35.

[47] 任敏．基于危险源辨识与评价的建筑施工安全预警系统研究［D］．西安：西安建筑科技大学，2008.

[48] 张明丽，姚继涛．基于支持向量机建筑施工安全预警模型的研究［J］．中国安全生产科学技术，2011，7（3）：58～60.

[49] 田元福．建筑安全控制及应用研究［D］．西安：西安建筑科技大学，2004.

[50] 王玲．建筑施工安全及预警管理［J］．中华居民（下旬刊），2013（2）：95.

[51] 路志强．建筑施工安全评价体系及预警研究［D］．保定：河北农业大学，2005.

[52] 孙凯，曹朝妮．建筑施工企业安全管理信息系统的研究与开发［J］．建筑安全，2013（2）：59～62.

[53] 陈怡．建筑施工中的安全预警管理技术［J］．建筑安全，2013，5：12～14.

[54] 张明丽．建筑施工安全管理及预警研究［C］．西安：西安建筑科技大学，2011.

[55] 罗云，宫运华，宫宝霖，等．安全风险预警技术研究［J］．安全，2005（2）：26～28.

[56] 王宁．城市道路交通安全预警系统理论研究［D］．湖北：华中科技大学，2007.

[57] 宇仁德，田启华，祁素升．基于 GIS 的城市交通安全预警系统［J］．交通与计算机，2006，24（6）：95～98.

[58] 朱茵，陆化普，刘强．城市交通预警系统的事件自动检测算法研究［J］．公路交通科技，2004，21（10）：85～88.

[59] 李玲琦．基于 ITS 的事故多发路段预警技术研究［D］．重庆：重庆交通大学，2011.

[60] Wang Yonggang, Lu Xuemei. Grey Markov model for forecasting civil aviation incidents [J]. Journal of Safety and Environment, 2008, 8 (1): 163～165.

[61] Xu Zhisheng, Bai Guoqiang. Application of disastrous forecasting in prediction of fire [J]. Journal of Safety and Environment, 2003, 3 (6): 71～73.

[62] Huang Jingde, Chi Guangxu, Hu Shirong. Analysis on machinery fault predition system [J]. Journal of Safety and Environment, 2001, 1 (4): 41～44.

[63] Zhang Yixian, Xu Guodong. Uncertain analysis of estimation on sudden incidents for chemicals [J]. Journal of Safety and Environment, 2001, 1 (5): 14～18.

[64] Wei Yiming, Fan Ying, Xu Weixuan. Neural network based predicative method for flood disaster [J]. Chinese Journal of Management Science, 2000, 27 (3): 58～63.

[65] Wang Xianhua. Casualty incident forecast model of hydroelectric project and its application [J]. Journal of Safety and Environment, 2001, 1 (4): 32～35.

[66] 何学秋．安全工程学［M］．北京：中国矿业大学出版社，2002.

[67] 隋鹏程，陈宝智．安全原理与事故预测［M］．北京：冶金工业出版社，1988.

[68] Surry J. Inderstrial Accident Research. A Human Engineering Appraisal. Canada: University of Toronto, 1969.

[69] Andersson R. The role of accidentology in occupational accdent research. Arbete och halsa, 1991. Solna, Sweden. Thesis.

[70] Wigglesworth E C. A Teaching Model of injury Causation arid a Guide for Selecting Countermeasures, Occupational Psychology, 1972 (45): 2.

[71] Anantha Ramu and Johnson V T. Damage assessment of composite struetures – A fuzzy logic in-

tegrated neural network approach. Computers & Struetures, 1995 (3): 491 ~ 502.
[72] Bird. Jr. Frank. management Guide to Loss Conlrol. Atlanta: Institute Press, 1974.
[73] Adams. JGU. Risk and Freedomz, the record of road safety regulation, Transport Publishing Projects, 1985.
[74] Hale A R, Gendon A. Individual Behavior in the Face of danger. Amsterdam: Elsevier, 1987.
[75] Hatton W, Whateley M K G. Risk assessment applied to coal tonnage estimation in the United Kingdom. International Journal of Rock Meehanies and Mining Seience & Geomechanies, 1995 (6): 276.
[76] Wangenaar W A. Risk taking and accident causation. In J. F. yatcs (eds.), Risk taking behavior. John Wiley & Sons Ltd, 1992.
[77] DuZgun H S B. Analysis of roof fall hazards and risk assessment for Zonguldak coal basin underground mines. Intemational Journal of Coal Geology, 2005 (17): 104 ~ 115.
[78] Peter Montague. Reducing the harms associated with risk assessments. Environmental Impact Assessment Review, 2004 (24): 733 ~ 748.
[79] Vivek V Khanzode, Maiti J, Ray P K. Occupational injury and accident research: A comprehensive review [J]. Safety Science, 2012, 50 (5): 1355 ~ 1367.
[80] 赵德顺．企业员工不安全行为协同管理模式研究［D］．镇江：江苏大学，2010.
[81] 陈维民，徐莲．安全风险预控管理［M］．北京：中国矿业大学出版社，2006.
[82] Valerie Sutherland Peter Makin, Charless Cox. The Management of Safety [M]. Great Britain: Athenaeum Press Gateshead, 2000.
[83] Telix Redmill, Tom Anderson. Towards System Safety Proceedings of the Seventh safety Critical Sysetm Symposium [J]. Huntingdon, UK1999, 64 (3): 124 ~ 126.
[84] James P kohn, Theodore S Ferry. Safety and Health Management Planning [M]. Copyright 1998 by JoAnn sullivan, 2000.
[85] Frank R Spellman, Nancy E Whiting. Safety Engineering Principles and Practices [M]. Copyright 1998 by Government Institutes, 1998.
[86] 崔全会，黄受安，李规正．简论安全管理的警示职能——墨菲定律的启示［J］．中国安全科学学报，1999，9（4）：11 ~ 12.
[87] 爱德华．特纳．技术的报复［M］．徐俊培，钟季廉，姚时宗，译．上海：上海科技教育出版社，1999.
[88] 幕庆国．基于可拓的煤矿安全规律及控制措施研究［J］．中国矿业，2009，18（12）：44 ~ 47.
[89] 叶臻杰．关于系统预警方法的研究［J］．系统工程，1991，9（1）：35 ~ 42.
[90] 张泓铭，陈则明．城市房地产预警研究［J］．房地产市场，2004，23（11）：34 ~ 37.
[91] 艾健明．企业财务危机预警研究［J］．企业经济，2002，21（7）：103 ~ 104.
[92] 吴雯雯，杨玉辉，王家祥．国内外财务预警方法的研究综述［J］．黄河水利职业技术学院学报，2006，18（3）：81 ~ 84.
[93] Dai Wei, Chen Jianhong. Review of early warning system of mine safety in china [C] \\ ISMSSE. Procedia Engineering, 2011, 26 (11): 2436.

[94] 单潮龙，马伟明，贲可荣，等．BP人工神经网络的应用及其实现技术［J］．海军工程大学学报，2000，17（4）：181～185.

[95] 周琦．房地产风险预警研究方法对比分析［J］．科技信息（学术研究），2008，24（7）：75～76.

[96] 黄继鸿，雷战波，凌超．经济预警方法研究综述［J］．系统工程，2003，21（2）：64～70.

[97] 丁世飞，齐丙娟，谭红艳．支持向量机理论与算法研究综述［J］．电子科技大学学报，2011，40（1）：2～7.

[98] 白鹏，张喜斌，张斌，等．支持向量机理论及其工程应用实例［M］．西安：西安电子科技大学出版社，2008.

[99] 唐斌．群体性事件的网络传播与政府干预分析［J］．河南师范大学学报（哲学社会科学版），2009，36（6）：42～46.

[100] 陈衍泰，陈国宏，李美娟．综合评价方法分类及研究进展［J］．管理科学学报，2004，7（2）：69～79.

[101] 王铁套，王国营，陈越．基于模糊综合评价法的网络舆情预警模型［J］．情报杂志，2012，31（6）：47～58.

[102] 钟嘉鸣，李订芳．粗糙集与层次分析法集成的综合评价模型［J］．武汉大学学报（工学版），2008，41（4）：126～130.

[103] 李远远．基于粗糙集的指标体系构建及综合评价方法研究［D］．武汉：武汉理工大学，2009.

[104] 许满贵．煤矿动态综合安全评价模式及应用研究［D］．西安：西安科技大学，2006.

[105] 张国立，张辉，孔倩．模糊数学基础及其应用［M］．北京：化学工业出版社，2011.

[106] 杨纶标，高英仪，凌卫新．模糊数学原理及应用［M］．广州：华南理工大学出版社，2011.

[107] 陈良琼，张宗领．影响房地产评估价格的特征因素及量化［J］．山西建筑，2011，37（6）：207～208.

[108] 刘思峰．灰色系统理论的产生与发展［J］．南京航空航天大学学报，2004，36（2）：267～271.

[109] 伏玉笋，田作华，施颂椒，等．灰色系统理论、数据预处理及其应用［J］．上海交通大学学报，2001，35（2）：268～271.

[110] 李习平．基于GM（1，1）理论的中国居民消费价格指数预测模型研究［J］．全国商情（经济理论研究），2009，27（4）：133～134.

[111] 周健，刘占才．基于GM（1，1）预测模型的兰州市生态安全预警与调控研究［J］．干旱区资源与环境，2011，25（1）：15～19.

[112] 殷乃芳，孙磊．基于灰色－马尔柯夫模型的建筑安全事故死亡人数预测［J］．工程管理学报，2010，14（6）：652～655.

[113] 唐立新，杨自厚，王梦光，等．钢铁企业生产管理与生产工艺特点分析［J］．冶金自动化，1996，20（1）：25～27.

[114] 杨富．冶金安全生产技术［M］．北京：煤炭工业出版社，2010.

[115] 贺连芝．钢铁企业安全管理模式的研究［D］．武汉：武汉科技大学，2011.
[116] 陈宝智．安全原理［M］．北京：冶金工业出版社，2004.
[117] 李美庆．安全评价员实用手册［M］．北京：化学工业出版社，2007.
[118] 白梅．钢铁企业非致死性职业伤害个人心理和生理特征的研究［D］．广西：广西医科大学，2009.
[119] Saaty T L. The Analytic Hierachy Process［M］. New York：Hill，1980.
[120] 王莲芬，许树柏．层次分析法引论［M］．北京：中国人民大学出版社，1990.
[121] 金龙哲．矿山安全工程［M］．北京：机械工业出版社，2011.
[122] 王安麟．复杂系统的分析与建模［M］．上海：上海交通大学出版社，2004.
[123] 冯志华，何学秋．复杂性理论在煤矿安全管理中的应用［J］．煤矿安全，2006（7）：61～64.
[124] 秦洁璇，李翠平，李仲学，等．基于支持向量回归机的矿井突水量预测［J］．中国安全科学学报，2013，3（5）：114～119.
[125] 冯志华，何学秋．复杂性理论在煤矿安全管理中的应用［J］．煤矿安全，2006（7）：61～64.
[126] 陈宝智．矿山安全工程［M］．北京：冶金工业出版社，2009.
[127] 张国清．非煤露天矿山易发事故及防范措施［J］．建材技术与应用，2011（6）：42～44.
[128] Maiti J，Bhattacherjee A. Evaluation of risk of occupational injuries among underground coal mine workers through multinomial logit analysis［J］. Journal of Safety Research，1999，30（2）：93～101.
[129] Claude E Shannon，Warren Weaver. The Mathematical Theory of Communication［M］. University of Illinois Press，1963.

冶金工业出版社部分图书推荐

书　　名	作　者	定价(元)
中国冶金百科全书・安全环保卷	本书编委会	120.00
钢铁企业安全生产管理（第2版）	那宝魁	65.00
安全管理基本理论与技术	常占利	46.00
矿山企业安全管理	刘志伟	25.00
矿山事故分析及系统安全管理	招金公司	28.00
非煤矿山安全知识15讲	吴　超	20.00
地下轮胎式采矿车辆人机安全工程	高梦熊	75.00
安全学原理（本科教材）	金龙哲	27.00
安全系统工程（本科教材）	谢振华	26.00
安全评价（本科教材）	刘双跃	36.00
燃烧与爆炸学（本科教材）	张英华	30.00
物理污染控制工程（本科教材）	杜翠凤	30.00
矿山安全工程（本科教材）	陈宝智	30.00
矿山环境工程（第2版）（本科教材）	蒋仲安	39.00
防火与防爆工程（本科教材）	解立峰	45.00
矿井通风与除尘（本科教材）	浑宝炬	25.00
冶金安全防护与规程（本科教材）	刘淑萍	39.00
化工安全（本科教材）	邵　辉	35.00
事故调查与分析技术（本科教材）	刘双跃	34.00
金属矿山环境保护与安全（高职高专教材）	孙文武	35.00
煤矿钻探工艺与安全（高职高专教材）	姚向荣	43.00
炼钢厂生产安全知识（培训教材）	邵明天	29.00
冶金煤气安全实用知识（培训教材）	袁乃收	29.00